课题资助信息：

贵州省高校人文社会科学研究项目资助

编号：2023GZGXRW110

选题：中国特色哲学社会科学学科体系、学术体系、话语体系建设

光明社科文库
GUANGMING DAILY PRESS:
A SOCIAL SCIENCE SERIES

·历史与文化书系·

西方军事著作汉译史研究

（1912-1949）

周华北 ｜ 著

光明日报出版社

图书在版编目（CIP）数据

西方军事著作汉译史研究：1912-1949 / 周华北著
. -- 北京：光明日报出版社，2024.6
ISBN 978 - 7 - 5194 - 7997 - 8

Ⅰ.①西… Ⅱ.①周… Ⅲ.①军事科学—名著—翻译
—语言学史—研究—西方国家 Ⅳ.①E②H159 - 092

中国国家版本馆 CIP 数据核字（2024）第 111659 号

西方军事著作汉译史研究：1912-1949

XIFANG JUNSHI ZHUZUO HANYISHI YANJIU ：1912-1949

著　　者：周华北

责任编辑：杨　茹　　　　　　　责任校对：杨　娜　董小花
封面设计：中联华文　　　　　　责任印制：曹　净

出版发行：光明日报出版社
地　　址：北京市西城区永安路 106 号，100050
电　　话：010-63169890（咨询），010-63131930（邮购）
传　　真：010-63131930
网　　址：http：//book. gmw. cn
E － mail：gmrbcbs@ gmw. cn
法律顾问：北京市兰台律师事务所龚柳方律师

印　　刷：三河市华东印刷有限公司
装　　订：三河市华东印刷有限公司
本书如有破损、缺页、装订错误，请与本社联系调换，电话：010-63131930

开　　本：170mm×240mm
字　　数：278 千字　　　　　　　印　　张：16.5
版　　次：2024 年 6 月第 1 版　　印　　次：2024 年 6 月第 1 次印刷
书　　号：ISBN 978 - 7 - 5194 - 7997 - 8
定　　价：95.00 元

自 序

综观中国军事翻译史，从 19 世纪 60 年代洋务派创建新型海军到甲午中日战后清政府编练新军，在每一次重大的军事变革中，军事翻译都扮演着领航和先导的作用。当然，民国时期的军事变革也不例外。然而，学术界对民国时期的军事翻译活动的研究多集中于军事口译方面，对这一时期西方军事著作汉译活动的研究却比较欠缺，本书正是针对这一缺陷而开展的专门研究。

从本质上讲，军事翻译活动是一种历史性的文化生产实践，如何解释这种文化实践活动？布迪厄（Pierre Bourdieu，也译为：布尔迪厄）的文化生产理论为我们提供了强有力的理论工具。行动者在哪里实践、如何实践、用什么实践，这是社会实践观要回答的三个基本问题。换句话说，行动者的实践空间、实践逻辑和实践工具各是什么？场域、惯习和资本这三个概念正是布迪厄对这三个问题的回答。本书结合布迪厄的文化生产理论，着重考察了民国时期军事翻译场域的发展历程、译者的资本构成、译者的惯习特征、军事翻译政策的变迁、军事翻译场域的规范、译者的翻译策略和西方军事著作在中国的接受等问题。另外，笔者以翻译版本最多的《战争论》（Vom Kriege）为个案，分析了它在中国军事翻译场域中的传播特点。通过对民国时期军事翻译场域的描述与分析，本书试图找出民国时期西方军事著作汉译活动的历史规律。

本书是由我的博士论文修改而成。2014 年 9 月，我考入中央民族大学外国语学院，师从何克勇教授攻读翻译学博士学位，出于个人兴趣，进校不久便确立了民国时期军事翻译活动研究的选题。由于年代久远，民国时期的军事译著均为缩微文献。为了掌握一手资料，在国家图书馆缩微文献库，我查阅了从 1911 年至 1949 年几乎所有的军事译著文献，总计 874 部，收集到 200 多份有价值的译者序言等珍贵资料，为本书的写作打下了坚实的基础。在国图收集资料的过程整整持续了三年，这份执着也成为我在今后学术生涯中攻坚克难的宝贵精神财富。

在此，我要向恩师何克勇先生表示衷心的感谢！民国时期西方军事著作汉译课题的研究，从选题到搜集资料及撰写的整个过程，得到了先生精心、细致、深入地指导，书中也凝结着先生的大量心血！另外，在开题与预答辩会上，我还得到过中央民族大学外国语学院马士奎教授、北京航空航天大学外国语学院文军教授、北京师范大学外国语学院张政教授的亲切指导和鼓励。我学识浅陋，有幸忝列何先生门墙，并得到以上多位名师传道授业，谨向诸位先生致以真诚的感谢！

本书中，民国时期军事译著的数量等数据是基于《民国时期总书目·军事（1911—1949）》（田大畏，陈汉玉，北京图书馆编，书目文献出版社，1994 年）一书统计的，未列入此书的军事译著难免有所遗漏。民国时期西方军事著作汉译史的写作体例还有许多种，本书只是借用了翻译社会学的视角进行撰写，为研究者提供了一点资料和管见。敬请学界同仁和读者批评指正！

周华北

2023 年 7 月 7 日于贵州理工学院寓所

目 录
CONTENTS

绪　论

第一节　研究的缘起

笔者在阅读张蕾芳（2010）翻译的《战争论》时得知，《战争论》在中国的译介早已有之。《战争论》译自 *Vom Kriege*，是普鲁士王国著名军事理论家卡尔·冯·克劳塞维茨（Carl Von Clausewitz）最重要的一部军事名著。经查阅，民国时期 *Vom Kriege* 的汉译活动相当频繁，根据《民国时期总书目·军事（1911—1949）》，翟寿褆译本《大战学理（上、下册）》（1915）是民国时期 *Vom Kriege* 的第一个汉译本，其后又出现了柳若水译本《战争论》（1934）、训练总监部译本《战争论（上、下卷）》（1937）、傅大庆译本《战争论》（1940）和黄焕文译本《大战学理（上、下册）》（1941）。在这些译本中，有的是全译本，有的是编译本。在短短的 38 年间，《战争论》被不同的译者或翻译机构译介了多次。造成这种现象的原因是什么呢？它们具体翻译的过程是什么呢？在查阅《民国时期总书目·军事（1911—1949）》之后，笔者发现，从辛亥革命到中华人民共和国成立的这段时间，国人译介了大量的西方军事著作，这些译介活动非常有研究价值。在风雨如晦、战火纷飞的年代，是什么原因促使一大批译者从事军事翻译呢？这些译者的特点是什么？他们是如何走上军事翻译道路的？他们翻译的目的是什么？他们采取了哪些翻译策略？他们选择原本的标准是什么？这些军事译作在社会中的接受情况如何？它们的社会功能和影响又是怎样？这一系列的疑问和困惑正是笔者在本书中将要探讨的问题。

第二节　相关概念的界定

一、"军事翻译"的界定

关于"军事翻译"，当前的学术界并没有给出统一的定义。在国际上，"军事翻译"经常出现在翻译与冲突、战争的相关研究中，"军事翻译"的概念并没有被明确提出。2015 年，在《译者》（The Translator）第 21 卷第 2 期中，Elliott Colla 发表了 Dragomen and Checkpoints 一文，Elliott Colla 认为"军事翻译（military translation）不应该仅仅被视为一套非常重要的训练实践、机构投资和组织战略工程，它还深深地植根于对语言和文化的军事化理解中"①，很显然，Elliott Colla 的定义仅仅是对军事翻译的属性进行了阐释，并没有涉及军事翻译的本质和内容，称不上是对军事翻译的定义。在国内，穆雷和王祥兵（2014）首次对"军事翻译"进行界定，他们认为"军事翻译"是"在国防建设、战争的准备与实施、非战争军事行动、军事科学研究等与军队或战争相关的活动事项中，牵涉到的把一种语言文字的意义用另一种语言文字通过各种形式表达出来，以及把代表语言文字的符号、数码、手势等用语言文字表达出来的社会实践活动"②。该定义不仅包括一般意义上的军事笔译和军事口译，还把军队作战期间的电文翻译、旗语翻译等翻译形式都囊括了进去，涵盖了雅各布森所说的三种翻译形式——语内翻译、语际翻译和符际翻译。可以说，穆雷对"军事翻译"的定义较为全面、准确，在本书中，笔者倾向于采用穆雷对"军事翻译"的定义。

二、"军事著作"的界定

顾名思义，"军事著作"指的是有关军队和战争的图书。在古代，军事著作

---

① COLLA E. Dragomen and Checkpoints [J]. The Translator, 2015, 21 (2)：137. "Viewed as an overarching set of trained practices, institutional investments and organizational strategies, military translation is not just an instrumentalised project; it is also rooted in a weaponised understanding of language and culture."

② 穆雷，王祥兵. 军事翻译研究的现状与展望 [J]. 外语研究，2014，143 (1)：82-83.

也称为"兵书"或"兵学"①，直到近代才有"军事学"之称②。陈浩良（2008）认为，"军事著作是军事理论的主要载体和表现形式，是人类认识军事问题的思想精华和科学结论。军事著作是军事图书的主体部分，一般是指出版的军事图书和发表的军事论文。军事著作具有较强的实践性、时代性、阶级性等特性。这些特性决定了不同时期的军事著作的内容和表现形式是各不相同的"③。可见军事著作有其独特性。关于军事著作的分类，不同时期的分类方法也不一样，比较有代表性的分类方法有两种：《中国图书馆分类法》（1999 年，第 4 版）对军事图书的分类和《军事信息资源分类法》（2005 年 10 月 1 日实施）对军事信息资源的分类。前者将军事图书分为"军事理论、世界军事、中国军事、各国军事、战略学、战役学和战术学、军事技术、军事地形学及军事地理学等 9 类……这也是广泛应用于军队图书馆的军事图书及其军事著作的分类法"④；后者把军事信息资源分为 23 个大类，包括"军事思想、军事科学总论、战争、战略、战役、战术、军队指挥、国防与武装力量建设、军事工作、军事教育训练、军队政治工作、军事后勤、军事装备工作、国际军事、军事法、军事历史、军事人物、军事环境、军事技术、武器装备、军事工程、军事通信和军事综合信息资源"⑤。对于军事著作的两种分类方法，笔者比较赞同第二种分类方法。在第一种分类方法中，"世界军事"包含了"各国军事"，两者并列放在一起，容易造成混淆，而第二种分类方法则没有这种弊端。不过，从这两种分类方法可以看出，随着军事科学的不断发展，军事著作的分类逐渐呈现出规范化和精细化的趋势。

第三节　研究问题与主要内容

一、研究问题

民国时期是中国历史上的一个大动荡、大变革的时期，辛亥革命推翻了两

---

① 闫俊侠. 晚清西方兵学译著在中国的传播（1860—1895）[D]. 上海：复旦大学，2007：1.
② 闫俊侠. 晚清西方兵学译著在中国的传播（1860—1895）[D]. 上海：复旦大学，2007：1.
③ 陈浩良，骆建成，戴萍. 军事著作的分类与结构 [J]. 情报资料工作，2008（4）：73.
④ 陈浩良，骆建成，戴萍. 军事著作的分类与结构 [J]. 情报资料工作，2008（4）：75.
⑤ 陈浩良，骆建成，戴萍. 军事著作的分类与结构 [J]. 情报资料工作，2008（4）：75.

千多年的封建帝制，民主共和的观念深入人心。在这一时期，政治环境变幻无常，战争几乎成了时代的主旋律，在短短的 38 年间，排除那些军阀混战，中国先后经历了辛亥革命战争、抗日战争和解放战争等多次大规模战争，两次世界大战的爆发也使中国社会环境变得日益复杂。中华民国政权形式也经历了三个主要时期，即南京临时政府时期（1912 年 1 月至 3 月）、北洋政府时期（1912 年 3 月至 1928 年）和南京国民政府时期（1927 年至 1949 年）。另外，各种新思想、新思潮的传入和两次世界大战的爆发也深刻地改变着人们的思想和行为。毫无疑问，在复杂的国内外环境下，民国时期的军事翻译活动不仅是一种跨文化交际活动，也是一场规模宏大的社会实践活动，具体地说，更是一种历史性的文化生产实践，如何解释这种文化实践活动？布迪厄的文化生产理论为我们提供了强有力的理论工具。行动者在哪里实践、如何实践、用什么实践，这是社会实践观要回答的三个基本问题，换句话说，行动者的实践空间、实践逻辑和实践工具各是什么？布迪厄用场域、惯习和资本这三个概念对这三个问题进行了回答：行动者的实践空间是形形色色的场域，实践逻辑是行动者的惯习，实践的工具是行动者的资本。场域、惯习和资本以及三者之间的关系，便构成了布迪厄文化生产理论的主要内容。在社会学领域中，布迪厄的文化生产理论是解释社会文化实践活动强有力的工具，因此，本书拟结合文化生产理论对民国时期的西方军事著作汉译活动进行解读。

　　布迪厄认为，场域是实践发生的场所，行动者凭借自身的惯习和资本进行社会实践。根据这一理论，在民国时期，军事翻译场域是西方军事著作汉译活动发生的实践空间，在军事翻译场域内，不同的译者凭借自己的各种资本和惯习进行军事翻译实践。因此，对民国时期的军事翻译场域、西方军事著作汉译译者群的资本和惯习的考察，是洞悉西方军事著作汉译活动历史规律及译者翻译策略等问题的重要环节。基于此，本书研究的问题有四个：一、民国时期西方军事著作汉译活动产生的场域，或者说，民国时期的军事翻译场域是否存在？二、在西方军事著作汉译活动中，译者的惯习是什么，他们具有什么样的资本，军事翻译场域是如何运作的？三、在民国时期的军事翻译场域中，军事翻译标准及翻译策略是什么？四、作为一部世界级军事名著，*Vom Kriege* 在民国时期军事翻译场域中的传播历程如何？

　　由于复杂的社会历史环境，这一时期的军事翻译实践有其独特性。首先，国家政权的频繁更迭和社会环境的巨变，导致不同历史阶段产生了不同的军事翻译政策，如北洋政府时期和南京国民政府时期的军事翻译政策就有明显不同，这些翻译政策又塑造了不同时期的军事翻译场域。其次，民国时期西方军事著作汉译活动中的译者构成比较复杂，再加上这一时期从事过西方军事著作汉译活动的译者人数众多，他们具有不同的惯习和资本，如中国共产党方面的军事翻译译者和中国国民党方面的军事翻译译者在翻译惯习、语言资本上就有明显的不同。再次，由于民国时期译介西方军事著作的活动达到了空前的繁荣，使这一时期的军事翻译标准得以不断发展和完善，军事翻译活动中的译者也采取了灵活多变的翻译策略。从场域的观点来看，这是军事翻译场域中翻译规范和译者惯习之间产生互动的结果。通过对这一时期军事翻译标准和军事翻译策略的考察，能进一步探析这一时期的军事翻译活动规律。最后，在民国时期，《战争论》曾被不同历史阶段的不同译者进行了多次翻译，其译介过程可以看作是民国时期西方军事著作汉译活动的一个缩影，因此，对《战争论》译介过程的个案研究，对于深刻理解民国时期西方军事著作汉译活动具有重要意义。

二、主要内容

基于上述研究问题，本书借助布迪厄的文化生产理论，从场域、资本、惯习三个角度考察民国时期军事翻译场域的形成、不同译者群的惯习和资本、军事翻译政策的嬗变、军事翻译场域规范及军事翻译策略等问题，旨在对民国时期西方军事著作汉译活动的起源、发展与影响进行深入探讨，洞悉这一时期西方军事著作汉译活动的历史规律和对当今的启示。

围绕研究问题，全书共分为九个章节。

绪论部分，介绍本书的选题缘由、思路与框架、研究问题及研究意义。

第一章是相关研究问题的文献回顾，并指出西方军事著作汉译活动的理论研究视角，这是民国时期西方军事著作汉译活动研究的学术基础。

第二章梳理民国时期西方军事著作汉译活动的内容，分别考察北洋军阀统治时期、南京国民政府统治前期、抗日战争时期和解放战争时期的西方军事著作汉译活动内容及特点。

第三章考察民国时期军事翻译场域的变迁和译者资本。近代中国的军事翻译场域萌芽于甲午中日战争之后，经过北洋政府时期的缓慢发展，在南京国民政府统治时期得以不断完善。在军事翻译实践中，译者的语言文化资本和军事素质发挥着重要作用，本书将考察不同译者群的文化资本、社会资本及场域斗争等情况。

第四章考察民国时期西方军事著作汉译活动的译者群特点，并借助惯习理论考察不同译者群体的惯习。本书把民国时期的军事翻译译者划分为两大类：职业军人译者群和非职业军人译者群，这两个大类又分别划分为若干小类，每个小类都有自己独特的惯习特征。

第五章考察了民国时期军事翻译政策的流变过程。军事翻译政策的变迁制约着军事翻译场域规范的变化，指导着不同时期军事翻译的实践活动，是中国近代军事翻译话语的重要组成部分。

第六章考察军事翻译场域中的翻译规范或规则的变迁过程，提出军事翻译的标准是"价值性、简洁性、精当性和顺畅性"，并分析军事翻译标准与"信、达、雅"翻译三原则之间的互动关系。

第七章从宏观层面考察民国时期西方军事著作汉译活动中译者的翻译策略。由于不同译者群的惯习不同，他们采取的翻译策略也存在不同。在军事翻译场域中，意译、编译和变译，是译者们经常使用的翻译方法。

第八章考察了不同阶段西方军事著作汉译本在中国的接受与传播情况，这是军事翻译实践活动的落脚点，也是军事翻译活动推动中国军学发展的重要环节。

第九章结合布迪厄的文化生产理论，对民国时期军事翻译场域中《战争论》的翻译实践进行个案研究，揭示军事翻译场域的斗争性本质。

结论部分，总结民国时期西方军事著作汉译活动的特点，回答本书的研究问题，提出民国时期西方军事著作汉译活动研究的学术意义与价值。

第四节　研究方法与数据来源

皮姆（Anthony Pym，2007）在《翻译史研究方法》（*Method in Translation History*）一书中谈到翻译史至少要包括 3 个方面的内容："一为翻译考古学（translation archaeology），负责记录和挖掘翻译活动的基本史实，包括翻译活动发生的经过、时间、地点、原因以及译作的影响等；二为历史批评（historical criticism），负责收集和分析前人对历史上出现的翻译现象的评价；三是解释（explanation），翻译行为在特定历史时期和特定地点出现的原因及其与社会变迁的关系。"① 这个思路与威廉姆斯（Williams，J. ）和切斯特曼（Chesterman，A. ）在《路线图：翻译研究方法入门》（*The Map：A Beginner's Guide to Doing Research in Translation Studies*）一书中对翻译史研究内容的界定是一致的，后者认为翻译史的研究应该包括四大问题，即"谁在翻译，翻译了什么，为什么翻译以及翻译的效果或影响怎样"②。尽管皮姆、威廉姆斯和切斯特曼对翻译史的研究内容都进行了详细的阐述，但他们都没有把"怎样译"或"译者的翻译策略"这个问题囊括进去。笔者认为，对某一时期译者翻译策略的考察，是解读这段时期翻译史的重要环节，翻译史应该包括这一方面的内容。

一、研究方法

总体上讲，本书将遵循皮姆《翻译史研究方法》中的研究思路进行研究。从学科属性上讲，本研究兼有翻译学、军事学、史学三门学科的属性，有明显的跨学科性质。因此，本书的研究方法既有翻译学的思考，也有军事学和史学的考量。总体上讲，本书是以定性研究为主，定量研究为辅的跨学科研究模式，具体研究方法如下：

① 文献学方法。文献学的主要任务之一便是全面而系统地认识自己的研究对象，通过全覆盖式的文献资料普查，对普查材料进行分门别类，这样能够清晰地掌握研究对象的全貌，以便得出正确的结论。因此，调查民国时期西方军事译著的概况是本研究的基础工作，需要采用文献学方法。

②计量史学（quantitative History）方法。它指的是运用数学的方法对历史数据等资料进行定量分析，使史学更加精确。这种方法适用于对某些历史结构的分析，适用于历史变化、发展及规律的分析。具体说来，我们可以对民国不同时期西方军事译著进行统计，制成统计图表，分析某一阶段或不同历史阶段译介西方军事著作活动的现象和规律，这样不仅直观而且更具有说服力。这种方法正是皮姆在《翻译史研究方法》中提出的"频率"（frequencies），他提出，"根据翻译年份为研究对象编制频率曲线图表……有助于研究者证实或否定在研

① PYM A. Method in Translation History ［M］. Beijing：Foreign Language Teaching and Research Press，2007：9-10.
② WILLIAMS J，CHESTERMAN A. The Map：A Beginner's Guide to Doing Research in Translation Studies ［M］. Manchester：St. Jerome Publishing，2004：16.

究过程中产生的许多想法或假设"①。

③文化学方法。"文化学方法既是古代文学研究的一个重要方法，又可用于翻译史研究。研究翻译史要清醒地认识到，译者彼时彼刻所处社会文化环境的时代性及其赋予个人的经验，而且要将其置于当时社会文化的宏观背景下加以审视。"② 民国时期西方军事著作汉译活动的社会语境在不同的历史阶段表现出很大的差异性，因此对民国军事翻译活动的解读一定要结合译者所处的文化环境。

④副文本研究法。"副文本"（paratext）也被译为"衍生文本"，它指的是"所有用于提示标准文本（text proper）的文本材料，如封面、作者名、题目等"。1997 年，法国文论家热拉尔·热耐特在《副文本：阐释的门槛》中详细地区分了十三个类型的副文本，它们包括"出版社的内文本、作者名、标题、插页、献词、题记、序言交流情景、原序、其他序言、内部标题、公众外文本、提示和私人内文本"③。译著的副文本与译者、译本读者、译著的生成语境等要素都有十分密切的关系，它们"可以反映作者、译者的生平经历，尤其是与作品相关的写作、翻译动机、生成过程、出版、传播和译作在原语和译入语的接受情况，经常还会涉及作品的修改、版本变化等方面的信息"④。因此，通过研究民国时期军事译著的副文本信息，可以深刻把握军事翻译活动的特点。

⑤历史比较法。它是指将有一定关联性的历史现象进行比较，进而观察历史发展过程中的一般规律和特殊规律。在本研究中，我们可以把晚清对西方军事著作的译介活动与民国时期对西方军事著作的译介活动进行对比，也可以对不同历史时期的军事译书机构和军事翻译家进行对比，在比较中把握军事翻译的规律。

⑥翻译学方法。翻译史研究归根结底是翻译学研究的一部分，广阔的翻译理论为翻译史研究提供了丰富的理论视角，如翻译目的论对翻译活动动因的考察，翻译社会学理论对于译者惯习、译者资本以及译者惯习支配下的翻译策略的选择等。

---

① PYM A. Method in Translation History ［M］. Beijing：Foreign Language Teaching and Research Press，2007：11.

② 邱少明. 文本与主义：民国马克思主义经典著作翻译史（1912—1949）［M］. 南京：南京大学出版社，2014：29.

③ 邵霞. 副文本与翻译研究——从序跋角度窥探小说翻译［J］. 西华大学学报（哲学社会科学版），2016，35（3）：85.

④ 邵霞. 副文本与翻译研究——从序跋角度窥探小说翻译［J］. 西华大学学报（哲学社会科学版），2016，35（3）：85.

总之，民国时期西方军事著作汉译活动的研究方法应该是多元化和跨学科性质的，翻译学、历史学、军事学和语言学相关研究方法的综合运用是保证本研究科学性的重要前提。

二、数据来源及操作定义

"《民国时期总书目》收录从 1911 年到 1949 年 9 月我国出版的中文图书，是一部大型的回溯性图书。这部书目，主要收录了北京图书馆、上海图书馆和重庆市图书馆收藏的中文图书，并补充了一些其他图书馆的藏书，基本上反映了这个时期出版的中文图书的面貌。"① 因此，根据《民国时期总书目》得到的数据应该具有充分的说服力。

在本研究中，所有数据均依据《民国时期总书目·军事》（以下简称《军事总书目》）得出。在《军事总书目》的"凡例"中，编者对该书目的著录项目进行了说明："本书目的著录包括流水号、书名、著者、出版、形态、丛书、提要附注、馆藏标记八个项目"②，其中"著者"包括著者、译者、校对者、编辑等信息。顾名思义，"军事译著"指的是翻译过来的军事著作，通常是把外国的军事著作用本国语言翻译得来，因此，是否具有原著信息是判断一本军事著作是否为译著的必要条件。根据这个标准，本研究中的"军事译著"认定分三种情况：第一，凡在"著者"信息中标注"某某译"字样的，无论是重译、编译、节译、译述、著译还是撰译，都认定为译著；第二，在"著者"信息中没有标明"某某译"字样，但在"书目形态"介绍中明确说明"译者不详"的，也认定为译著；第三，在"著者"和"书目形态"信息中，虽然没有译者信息，但明确标明该书的外国作者时，也认定为译著。

第五节　研究的创新点与意义

一、研究的创新点

关于西方军事著作汉译活动的研究属于专题史范围，目前国内学术界对该

① 北京图书馆.民国时期总书目［M］.北京：书目文献出版社，1994：5.
② 北京图书馆.民国时期总书目［M］.北京：书目文献出版社，1994：7.

课题的研究大都集中于晚清时期的西方军事著作汉译活动，对民国时期西方军事著作汉译活动的研究则很欠缺，详情请见参考文献综述部分。本书正是基于此缺陷而做的一种尝试。因此，本书的创新点主要表现在以下几个方面：

首先，本书以翻译学的相关理论为指导，详细地考察了民国时期西方军事著作汉译的数量与种类、军事翻译活动的发起、军事译著的审查、出版及接受等情况，此系国内首次对该专题史进行系统研究；

其次，结合布迪厄的文化生产理论，本书以翻译学、历史学、军事学和语言学的相关理论为指导，详细梳理了民国时期西方军事著作汉译活动中不同译者（群）的构成、译者惯习、军事翻译场域规范及译者的翻译策略等情况，并系统而深入地分析了这些翻译现象产生的原因，首次对民国时期西方军事著作汉译活动中的译者群进行了系统性的研究；

最后，本书所依据的相关材料是根据民国时期约200份军事译著的"译者序""译者弁言"等军事译著的副文本信息得到的，这些材料依托国家图书馆民国缩微文献库所得，非常难得，很多历史材料系首次采用，具有重要的史学价值。

二、研究的意义

本研究的意义，主要体现在以下四个方面：

首先，本书系首次对民国时期西方军事著作汉译史进行系统化研究，详细梳理了这一时期西方军事著作汉译活动的内容、译者构成、翻译策略、翻译标准等情况，极大地丰富了民国时期的军事翻译史研究，对于正确和全面地认识这一时期军事翻译史具有重要的意义。

其次，本书详细勾勒了民国时期军事翻译场域的发展历程，民国时期西方军事著作汉译活动走向繁荣与这一时期军事翻译场域的成熟与健全是分不开的。这一历史现象对于构建新的历史环境下的军事翻译场域具有重要的借鉴意义。例如，国家层面决策者以及在军事翻译场域占主导地位的行动者，可以通过成立重要的军事翻译组织、制定军事翻译行业规范、设立军事译员资格认证考试等方式，提高军事翻译的准入门槛，从数量和质量上增强军事译员的文化资本，提高军事译员社会地位，增强军事译员惯习的稳定性等，这样就能逐步建立健全完善的军事翻译场域，进而促进军事翻译实践的繁荣。

再次，在本研究中，笔者对民国时期西方军事著作汉译活动中的翻译策略进行了详细的论述，认为广大军事翻译译者经常采用的策略为"意译、编译和改译"，这对于当下具体的军事翻译实践具有重要的借鉴意义。

最后，在本研究中，笔者详细讨论了民国时期西方军事著作汉译的翻译标准，认为"价值性、简洁性、精当性和顺畅性"是军事翻译的重要特征，这对于当前军事翻译标准的制定具有重要的参考价值。

第一章

文献综述与理论视角

翻译史是翻译研究的重要组成部分，它的内容比较宽泛，不仅包括对翻译文献、翻译机构、翻译家的描写，而且还包括对翻译理论、翻译方法、翻译政策等要素的勾勒。可以说，在翻译活动中，与翻译有关的一切要素（包括人或非人）的历史描述都可以称作翻译史。

早在 1991 年，吴树凡把军事翻译的内容划分为四大类别："军事理论翻译、军工技术翻译、军事情报翻译和军事涉外翻译"①，根据这一标准，军事翻译史就可以分为军事理论翻译史、军工技术翻译史、军事情报翻译史和军事涉外翻译史四个类别。2013 年，王祥兵认为中国军事翻译史的内容除了包括上述四个类别之外，还应该包含"军事文学翻译史、军事译员史、军事翻译口述史和军事翻译教育史"②。毫无疑问，王祥兵对军事翻译史的划分是对军事翻译史研究范围的进一步细化。不过，这一划分存在一些不足之处：第一，从广义上讲，军工技术就是军事情报，因此，军工技术翻译史和军事情报翻译史之间的界限难以划定，两者之间必须进行严格的界定；第二，军事文学的第一属性是文学，已经脱离了军事科学的范畴，所以军事文学翻译史不属于军事翻译史范畴，应划归到文学翻译史中进行研究；另外，由于翻译批评史是翻译史的重要组成部分，相应地，军事翻译史也应该包括军事翻译批评史。综上所述，笔者认为，军事翻译史应包括八大内容：①军事理论翻译史；②军工技术翻译史；③军事情报翻译史；④军事涉外翻译史；⑤军事译员史；⑥军事翻译口述史；⑦军事翻译教育史；⑧军事翻译批评史。上述划分只是在微观层面对军事翻译史内容进行的理论探讨。实际上，从宏观历史学的角度看，军事翻译史的书写可以从多个角度入手。史书编写的体例通常分为 6 种：第一种为编年体，以年代为线

---

① 吴树凡. 浅谈军事翻译的地位和作用 [J]. 上海科技翻译，1991 (2)：13-14.

② 王祥兵，穆雷. 中国军事翻译史论纲 [J]. 外语研究，2013 (1)：87.

索编排历史事件；第二种为纪传体，通过记叙人物活动反映历史事件；第三种为纪事本末体，以事件为主线，将有关专题材料集中在一起；第四种为国别体，以国家为单位分别记叙历史事件；第五种为通史，不间断地叙述自古及今的历史事件；第六种为断代史，记录某一时期或某一朝代的历史。类似地，军事翻译史也可以根据这6种体例进行书写：①编年体军事翻译史，以年代为线索编排军事翻译事件；②纪传体军事翻译史，通过记叙军事翻译译者的翻译活动反映历史事件；③纪事本末体军事翻译史，以军事翻译事件为主线，将军事翻译的材料集中并加以书写；④国别体军事翻译史，按照国家为单位分别记述各国的军事翻译史；⑤军事翻译通史，连续不断地记述古往今来的军事翻译事件；⑥军事翻译断代史，记录某一时期或某一朝代的军事翻译史。

总之，军事翻译史的书写应该是微观角度和宏观角度的结合，本章将对军事翻译史，特别是西方军事著作汉译史的相关研究文献进行梳理和总结，并在此基础上阐释其理论视角。

第一节　军事翻译史研究文献综述

一、国内军事翻译史研究

关于军事翻译史的研究，国内学者早已从不同的视角进行了有益的探索。笔者分别以"主题+军事翻译""主题+军事译著""主题+军事译员"为搜索条件，在中国知网和万方数据库中共搜索到62篇关于中国军事翻译史的研究文献，根据这些文献的研究主题，笔者制作了中国军事翻译史研究文献信息表1-1。

笔者把该领域的文献分为四类：以军事翻译史实为线索、以军事作品的译介为线索、以军事翻译译者为线索和以军事翻译理论为线索。根据表1-1，中国军事翻译史的研究存在以下特点与不足：第一，从总量上看，中国军事翻译史的研究规模较小，军事翻译史研究的文献数量较少（王祥兵，2013；穆雷，2014），这与有着大量军事翻译史实的历史现状是不匹配的，中国军事翻译史的大量史实需要进一步挖掘和研究。第二，从内容上看，中国军事翻译史的研究文献主要集中于对个体军事翻译译者的研究（陈石英，1988；邵雪萍，2002；王宏志，2011），缺乏对军事翻译译者群的相关研究。第三，从时间上看，主要

表1-1　中国军事翻译史研究文献信息表①

内容类别	出版类别	数量	文献信息
以军事翻译史实为线索	专著	1	《抗战时期的军事翻译史》（罗天，2014）
	专辟章节论述中国军事翻译史的专著类文献	6	《中国口译史》中第三章"军事战争中的口译"，（黎难秋，2002：154-176）
			《中国科学翻译史》第一编"中国科学口译史"第十章"民国时期（1912—1949）的口译活动"，（黎难秋，2006：175-179）
			《中国翻译通史》（现当代部分第一卷）（哲学社会科学的翻译篇第9章"军事"）（马祖毅，2006：375-397）
			《晚清军事需求下的外语教育研究》（第六章"晚清军事翻译"）（粟进英，易点点，2010：141-175）
			《抗战时期重庆翻译研究》中第二章"抗战时期重庆的军事翻译"（廖七一等著，2015：131-187）
			《民国乎？军国乎？第二次中日战争前的民国知识军人、军学与军事变革》中第二章"民国军事教育体制、军事期刊与知识军人"（邝智文，2017：83-146）
	博论	1	《延安时期的翻译活动及其影响研究》中第五章"延安时期的翻译人才培养"（袁西岭，2014）
	期刊论文	8	《抗战时期的翻译与战时文化》（邹振环，1994）
			Translators and Interpreters during the Opium War between Britain and China（1839—1942）（王宏志，2007）
			《第一次鸦片战争中的译者，上篇：中方的译者》（王宏志，2011）
			《滇缅战役中的军事翻译》（罗天，2011a）
			《分割的权力，各异的翻译——从权力话语的角度看抗战时期的翻译活动》（罗天，2011b）
			《通事与奸民：明末中英虎门事件中的译者》（王宏志，2012）
			《中国近代军事翻译及其对当代影响研究》（沈韵，2015）
			《纽伦堡审判与四国语言的同声传译》（胡愈，2014）

---

① 本表是在"中国军事翻译史研究文献统计表"的基础上制作的，详见：王祥兵，穆雷. 中国军事翻译史论纲［J］. 外语研究，2013（1）：85.

续表

内容类别	出版类别	数量	文献信息
以军事作品的译介为线索	博论	1	博论：《晚清西方兵学译著在中国的传播（1860-1895）》（闫俊侠，2007）
	硕论	1	《江南制造总局的海防译著研究》（曹世霞，2014）
	期刊论文	6	《军事翻译的巨匠 军事改革的先驱——评新书〈军事翻译家刘伯承〉》（晋琇，1988） 《〈战争论〉在中国的翻译和传播》（任力，1991） 《晚清编译德国军事著作活动考评》（孙立峰，2007） 《近代中国对西方军事著作翻译述评》（商海燕，2011） 《江南制造局翻译馆与西方军事书籍的译介出版》（马福华，2013） 《〈孙子兵法〉英译及其研究综述》（徐珺，田芳宁，2016）
以军事翻译译者为线索	专著	1	《军事翻译家刘伯承》（陈石平，成英，1988）；
	博论	1	*Surviving in the Violent Conflict：Chinese Interpreters in the Second Sino-Japanese War*（1931—1945）（Guo Ting，2009）（英国）
	硕论	1	硕论：《抗战时期宋美龄的军事外交翻译研究》（高冰清，2013）
	期刊论文	32	个体译员：林则徐、马礼逊、马儒翰、郭实腊、艾嘉略、张元济、伍修权、杨刚、凌青、夏文运、刘伯承、周锡卿、高文彬、徐坚、刘祖慰、孙维韬、蒋百里、黎成德、王乾德、柴成文、张泽石、过家鼎、舒高第、刘亚楼、焦敏之（限于篇幅，本部分文献出处在"参考文献"中从略） 集体译员：滇缅战役中国远征军译员（左和金、梅祖彦、王瑞福、张良皋、曹越华、程君礼等）、抗战时期盟军中的中国译员
以军事翻译理论为线索	期刊论文	3	《浅谈军事翻译的地位和作用》（吴树凡，1991） 《中国军事翻译史论纲》（王祥兵，穆雷，2013） 《军事翻译研究的现状与展望》（穆雷，王祥兵，2014）

集中于对晚清至甲午战争前和抗日战争时期的军事翻译史实进行研究（王宏志，2007；闫俊侠，2007；孙立峰，2007；粟进英，易点点，2010；马福华，2013；曹世霞，2014），缺乏对甲午战争后到辛亥革命、北洋政府时期等其他历史阶段军事翻译史的研究。除了黎难秋（2006）、马祖毅（2006）分别在《中国科学

翻译史》和《中国翻译通史》中对中国军事翻译史的简要介绍外，通史类型的军事翻译史研究基本上还是片空白。第四，从翻译学研究方法上看，在中国军事翻译史的研究文献中，只有少数学者采用了翻译学的研究方法进行解读与阐释（Guo Ting，2009；罗天，2011；廖七一，2015；郁仲莉，2016），如 Guo Ting（2009）采用布迪厄的社会实践理论对抗日战争中军事口译员的行为进行了解读；罗天（2011）利用权力话语理论对抗日战争中的翻译活动进行阐释；廖七一（2015）用翻译目的论讨论了抗战时期重庆的军事翻译活动。然而，大部分研究者仅仅是从历史学角度进行研究，研究方法比较单一。

作为中国军事翻译史的重要组成部分，西方军事著作汉译史也存在上述的诸多问题。从现有研究来看，以往的研究者所关注的问题主要有 4 个方面：①集中于对晚清时期西方军事著作汉译活动进行研究（施渡桥，1996；闫俊侠，2007；商海燕，2011）；②集中于对德国军事著作汉译活动的研究（任力，1991；孙立峰，2007）；③主要针对江南制造总局译介西方军事著作活动进行研究（黎难秋，1982；闫俊侠，2007；马福华，2013）；④主要针对西方军事著作汉译活动中的个别译者进行研究（陈石平 & 成英，1988；闫俊侠，2007）。从上面的文献梳理可以看出，国内学者对西方军事著作汉译活动的研究还存在许多不足之处，主要表现在以下几个方面：

第一，从研究的时间跨度来看，对西方军事著作汉译活动的研究主要集中在甲午战争前的晚清时期，而对甲午战争后到辛亥革命、北洋政府时期、南京国民政府时期等历史阶段的军事译书活动研究远远不够，甚至出现空白，这也是本书选择以民国时期的西方军事著作汉译活动进行研究的一个重要原因。

第二，对西方军事著作汉译活动研究的理论视野比较狭窄，目前国内学界主要是从传统的历史学和统计学角度对军事译著数量进行统计，对军事译著翻译过程和影响进行描述，以闫俊侠（2007）的博士论文《晚清西方兵学译著在中国的传播（1860-1895）》为例，该论文对 1860 年至 1895 年间的西方军事著作在中国的译介进行了比较系统的研究，其文章主要从西方军事著作的传播、翻译机构、文本价值这三个方面进行考察，应该说作者对这一阶段西方军事著作汉译的研究是比较深入的，对相关文献的挖掘比较全面，从历史学角度的解读也比较深刻，但该论文仅仅是从历史文献学的角度进行考察，从翻译学角度的考察和分析还是比较欠缺的。

第三，目前国内学者对西方军事著作汉译活动的研究，主要还是从译著的内容、军事翻译中的个体译者、军事翻译机构这三个方面进行的，研究应该进一步向纵深方向发展，如对军事翻译中译者群的特点、军事翻译政策、军事翻译策略、军事翻译中译者的待遇及身份等方面进行研究。

第四，就研究方法而言，目前国内学者对西方军事著作汉译活动的研究方法比较单一，只有历史学、文献学和统计学的方法是不够的，还要结合翻译学、军事学和语言学的研究视角对军事翻译现象进行再阐释，本书正是基于以上研究不足和局限性而展开的。

二、国外军事翻译史研究

在国外的翻译研究中，"军事翻译"（military translation）还不是一个意义明确的概念，对它的研究主要表现在语言与战争、语言与冲突、翻译与战争以及翻译与冲突的相关研究中。Elliott Colla（2015）对军事翻译的属性进行了阐述，他认为"军事翻译（military translation）不应该仅仅被视为一套非常重要的训练实践、机构投资和组织战略工程，它还深深地植根于对语言文化军事文化的理解中"①。笔者以"military translation+keywords"为搜索条件，在泰勒弗朗西斯（Taylor & Francis）在线数据库中只搜索到 1 篇论文，以"translation and conflict + title"为搜索条件，在泰勒弗朗西斯在线数据库中只搜索到 4 篇论文。2011 年 4 月，在伦敦帝国战争博物馆召开了一场国际会议，该会议的主旨是"战争中的语言：冲突中的语言接触与实践"（Languages at War：Policies and Practices of Language Contacts in Conflict），该课题得到英国艺术与人文研究委员会的资助。2012 年，该课题的最新研究成果《语言和军事——结盟、占领和构建和平》（*Languages and the Military：Alliances, Occupation and Peace Building*）出版，其中有科研论文 15 篇。在这些论文中，它们关注的焦点问题可以分为三类：第一类是研究军事翻译中口译员的行为和角色问题（Siobhan Brownlie，2007；Elliott Colla，2015；Moira Inghilleri et al.，2010；Sylvie Kleinman，2012）；第二类是研究军事翻译中口译员的伦理和认同问题（Moira Inghilleri et al.，2010；Catherine Baker，2012）；第三类是研究军事翻译中译者与原文本的关系问题（Mona

---

① COLLA E. Dragomen and Checkpoints［J］. The Translator, 2015, 21 (2)：137. "Viewed as an overarching set of trained practices, institutional investments and organizational strategies, military translation is not just an instrumentalised project；it is also rooted in a weaponised understanding of language and culture."

Baker，2007）。

　　具体而言，Colla "审视了阿拉伯语—英语翻译在美国军事战略思维中的作用和美军占领伊拉克过程中军事口译员的辅助角色"，并认为 "在美国占领伊拉克的过程中，军事翻译的历史并不像人文学者所认为的那样——翻译活动产生文化理解，会加深人们之间的感情；与笔译相比，阿拉伯语—英语的翻译是译者用生命进行的"。① Siobhan Brownlie 对军事译者的行为进行了研究，他认为 "在翻译研究中，关于翻译和冲突的话语主要属于'承诺型路径'研究分支，这种方法不提倡独特的翻译方法，强调中立的不可能性，所以必须承认译者是干涉者的角色"②；Sylvie Kleinman（2012）调查了 1792—1804 年法国-爱尔兰对英战争（The Franco-Irish Campaigns against Britain）中法军方面的爱尔兰译者的行为："提供信息、审讯犯人、处理难民、扩大宣传"③；Moira Inghilleri 和 Sue-Ann Harding（2010）对 20 世纪至今爆发的许多冲突中译者行为的相关研究进行了综述，作者认为暴力冲突中的口笔译者，无论他们是否直接参与到战争，他们的角色是复杂的、动态的和多面的④，最后作者总结道，暴力冲突中的译者不可避免地要面临来自 "政治和伦理道德的挑战"⑤；Catherine Baker（2012）以布迪厄文化生产理论为指引，分析了波黑战争（1992—1995）结束后北约维和部队驻扎波斯尼亚期间（1995—2007）口译员文化资本的变迁，着重研究了军事口译员的 "忠诚与身份认同之间的模糊性"⑥。来自国际会议口译员协会的学者 Linda Fitchett（2012），以联合部队在伊拉克和阿富汗的口译员为研究对象，认为 "他们虽然是语言协调者，但他们缺失官方的正式身份，没有作为口译员

---

①　COLLA E. Dragomen and Checkpoints［J］. The Translator，2015，21（2）：132.

②　SIOBHAN B. Situating Discourse on Translation and Conflict［J］. Social Semiotics，2007，17（2）：135.

③　SYLVIE R. Amidst Clamour and Confusion：Civilian and Military Linguist at War in the Franco-Irish Campaigns against Britain（1792-1804）［M］//FOOTITT H，KELLY M. Languages and the Military：Alliances，Occupation and Peace Building. Hampshire：Palgrave Macmillan，2012：25-42.

④　MOIRA I，SUE-ANN H. Translating Violent Conflict［J］. The Translator，2010，16（2）：165.

⑤　MOIRA I，SUE-ANN H. Translating Violent Conflict［J］. The Translator，2010，16（2）：165.

⑥　HILARY F. Introduction：Languages and the Military：Alliances，Occupation and Peace Building［M］//FOOTITT H，KELLY M. Languages and the Military：Alliances，Occupation and Peace Building. Hampshire：Palgrave Macmillan，2012：1.

的牺牲证明，其职业权益也得不到充分的尊重和保护，因多面身份而受到不断地怀疑"①。Mona Baker（2007）运用叙事理论分析了战争中军事翻译译者"对原作或源语言叙事的强化、削弱或修改"。②

从上述的研究文献可以看出，国外学者对军事翻译史的研究有四个特点：首先，研究对象多集中在军事翻译译者身上，而且，大多数的学者以军事口译员群体为研究对象，研究军事笔译译者的论文并不多见；其次，对军事口译员的研究集中于其作为沟通者、调停人等中间角色的扮演上，或者是对他们的伦理问题进行研究，或者是对其角色、身份、地位等问题的综合性研究，表现出研究的视野比较开阔；再次，从研究方法上看，他们采用了叙事理论、话语理论、文化生产理论等不同的理论进行解读与阐释，这种研究方法和研究深度是非常值得借鉴的；最后，从研究的广度上讲，他们广泛选取了不同战争背景下的译者进行研究，甚至包括军事谈判中的译者，这种研究视野也是非常值得借鉴的。

综上所述，通过对中外军事翻译史研究文献的梳理与总结可以得出以下几点启示：首先，本书以"民国时期西方军事著作汉译"作为研究对象是合理的，该研究能丰富中国军事翻译史，特别是民国时期军事翻译史的某些缺陷，具有重要史学意义；其次，对军事翻译史中的译者进行多角度的研究，应该成为军事翻译史研究中的重心之一，这与皮姆（Pym）在《翻译史研究方法》（*Method in Translation History*）中的观点不谋而合；最后，在"民国时期西方军事著作汉译"研究中，应采取多元化的研究方法，特别要注重从翻译学视角对军事翻译史实进行阐释。

第二节　布迪厄的文化生产理论

自 20 世纪末以来，法国著名社会学家和人类学家皮埃尔·布迪厄（Pierre Bourdieu，1930—2002）的文化生产理论已成为广大翻译研究者的重要理论武器

---

① FITCHETT L. The AIIC Project to Help Interpreters in Conflict Areas ［M］//FOOTITT H, KELLY M. Languages and the Military: Alliances, Occupation and Peace Building. Hampshire: Palgrave Macmillan, 2012: 177-184.

② BAKER M. Reframing Conflict in Translation ［J］. Social Semiotics, 2007, 17 (2): 151.

（Simeoni，1998，2005；Gouanvic，2002，2005；Inghilleri 2003，2008；Wolf，2002，2007）。场域（field）、惯习（habitus）和资本（capital）这三个概念是布迪厄社会学思想中的三个核心概念，可以说是解读布迪厄社会实践理论的钥匙，已被广泛运用于各种具体的翻译研究中，"翻译场域""译者惯习""译者资本"这些概念应运而生，它们构成了翻译社会学的理论基石。因此，对"场域、惯习、资本"三个核心概念的理解是运用布迪厄社会学理论的前提条件。

一、场域、资本的概念及属性

根据布迪厄的观点，"场域"（field）是指"在各种位置之间存在的客观关系的一个网络（network），或一个构型（configuration）"①。其中"位置"有三方面的含义：第一，位置存在于场域之中，并且具有客观性，表现为各种关系交织而形成的网结，"在同人们的主观意愿和行为选择的关系中，位置起着客观前提和社会规定性作用"②；第二，权力资本或社会资源与社会位置之间存在双向因果关系，社会行动者因占有不同的位置而获得社会资源或权力资本，反过来，他们也只有获得某种社会资源或权力资本才能占有某种社会位置；第三，因为位置含有社会资源和权力资本，因此它成为场域内矛盾冲突的焦点，在复杂而激烈的社会斗争中，位置经常因社会资源和权力资本的变化而发生变化。布迪厄认为，一方面，场域中的行动个体对场域具有建构作用，另一方面，行动个体的建构图式又受制于一定的场域结构，场域与行动个体之间存在着相互建构的关系，作为一种客观关系的网络，场域具有多个方面的特征。第一，作为一个社会空间，场域具有相对独立性。第二，作为一个系统，场域中的关系具有客观性，不以人的主观意志为转移。第三，场域中充满了各种力量之间无休止的斗争，它是一个斗争的空间。第四，场域的界限是模糊的。"场域的界限只能通过经验研究才能确定。尽管各种场域总是明显地具有各种或多或少已经制度化了的'进入壁垒'（barriers to entry）的标志，但它们很少会以一种司法限定的形式出现……场域的界限位于场域效果停止作用的地方。因此，在每一个具体的研究事例中，你都必须努力运用各种手段来估量这种在统计上可以探

---

① 布迪厄，华康德. 反思社会学导引［M］. 李猛，李康，译. 北京：商务印书馆，2015：122.
② 刘少杰. 后现代西方社会学理论［M］. 北京：社会科学文献出版社，2002：200.

明的效果开始下降的关键点。"① 第五，场域的动力源于不同资本之间的运作和转换。每一个场域都有自己特定的利益和"幻象"，这种利益和"幻象"由场域所创造，并由场域所维持。由于每个社会行动者在场域中占据的位置不同，并且占有这一位置的过程也各不相同，所以他们有千差万别的利益。因此，"有多少场域，就有多少种'利益'，也就是说每一个场域都同时预设和产生着某种特定的利益形式，与具有其他交换媒介形式的场域不可完全通约"②。场域的动力源于场域的结构形式，尤其是源于场域中彼此对立的"各种特殊力量之间的距离、鸿沟和不对称关系"③，这些不同的力量形成了不同的资本，资本的运作离不开场域。

布迪厄认为，"资本是积累的（以物质化的形式或'具体化的''肉身化的'形式）劳动，当这种劳动在私人性，即排他的基础上被行动者或行动者小团体占有时，这种劳动就使得他们能够以具体的或活劳动形式占有社会资源"④。无论是体力劳动还是脑力劳动，只有通过积累，劳动才能成为资本，即实现了对社会资源的占有。布迪厄认为，资本可以划分为三种形式，即经济资本（economic capital）、社会资本（social capital）、文化资本（cultural capital）。"经济资本"即马克思政治经济学理论中所说的资本，它是生产资料的一部分，包括诸如土地、工厂、劳动、经济财产、各种收入、各种经济利益等形式，这种资本可以与金钱直接发生关系，从而直接带来经济效益，也是资本定义与发展的最初形式。"社会资本"是凭借拥有的社会关系网而占有的社会资源或财富。经济资本是实实在在的，可以看得见摸得着，是实体化的，如个体所拥有的土地、工厂和金钱等；而社会资本则无法直接体现，它是"实际的或潜在的资源的集合体，那些资源是对某种持久性的网络占有密不可分的，而且是一种体制化关系的网络"⑤。在日常生活中，个体通过参加各种组织和团体，结交自己喜欢的人群，构建各种人际关系，这就是社会个体聚集社会资本的一种方式。

① 布尔迪厄，华康德．反思社会学导引［M］．李猛，李康，译．北京：商务印书馆，2015：126.
② 布尔迪厄，华康德．反思社会学导引［M］．李猛，李康，译．北京：商务印书馆，2015：146.
③ 布尔迪厄，华康德．反思社会学导引［M］．李猛，李康，译．北京：商务印书馆，2015：127.
④ 布尔迪厄，华康德．反思社会学导引［M］．李猛，李康，译．北京：商务印书馆，2015：189.
⑤ 包亚明．文化资本与社会炼金术［M］．上海：上海人民出版社，1997：202.

因此，从某种意义上说，人际网络的广度和社会关系的深度是衡量社会行动者所拥有社会资本的尺度。"文化资本"指的是由社会行动者的文化水平所能产生效益的非金钱物质的资本，也就是从文化上讲，对社会行动者有利或不利的资本形态。布迪厄把"文化资本"进一步划分为三种形态：文化资本的身体形态、客观形态和制度形态。文化资本的身体形态指的是社会行动者所拥有的知识、技能、教养、才能等文化产物，这些文化产物是习得性的，通常经家庭环境及学校教育生成，并内化于社会行动者身体的一部分，这种形态的文化资本积累过程极其漫长，并需要投入大量的精力，最终只能体现于特定的个体或群体身上，而且不能依靠馈赠、买卖等方式传承。文化资本的客观形态，指的是文化资本的物化状态，如书籍、绘画、器物等客观实物，它们都是具有文化价值的客观实体，这种文化资本能够直接传承。制度形态的文化资本，指的是"将行动者掌握的知识与技能以某种形式获得国家和社会的合法保障，并通过授予合格者文凭和资格证书等社会公认的形式将其制度化"①，这是一种"将个体层面的身体化文化资本转换成集体层面的客观形态文化资本的方式"②。在制度形态文化资本形式中，文凭是一种典型的形式。通常情况下，文化资本的积累是靠文化资本的再生产进行的，而这种再生产主要有两种途径：早期家庭教育和学校教育，家庭和学校成了文化资本再生产的主要场所。在早期家庭教育中，父母的文化资本（即父母的文化修养和个人兴趣等）通过孩子们无意识地模仿而被内化，这就是早期家庭教育中文化资本的再生产。

在场域中不同资本拥有不同的价值，社会行动者所掌握的资本是他们在场域中进行斗争或竞争的基础，为了占有更有利的位置和避免自身资本的贬值，他们需要获得更多高价值的资本，这就是场域中不同资本类型相互转化的内因。社会行动者要想维持在场域中的位置，他们之间必须进行资本类别的转换，这也是经济资本、社会资本与文化资本三者之间相互转换的必要性。文化资本的积累以经济资本为前提，只有以充足的经济资本做后盾，社会行动者才能有更多的时间接受教育，进而实现文化资本的积累，这就是通过对教育的投入，经济资本可以转化为文化资本，反过来文化资本也可以转化为经济资本。社会行

---

① 邹海蓉，刘辉. 从文化再生产到社会再生产：布迪厄文化资本理论研究述评［J］. 湖北经济学院学报（人文社会科学版），2011，8（12）：15.
② 邹海蓉，刘辉. 从文化再生产到社会再生产：布迪厄文化资本理论研究述评［J］. 湖北经济学院学报（人文社会科学版），2011，8（12）：15.

动者的技术和才能等进入市场流通领域后，就可以转化为生产力，进而转化为经济资本；经济资本与社会资本之间也可以相互转化。社会资本的再生产要求社会行动者之间进行交往，而社会交往都是以时间和金钱为代价的，也就是需要付出经济资本，可见社会资本的积累需要耗费经济资本，反过来，社会行动者社会资本的增加会相应地丰富其经济资本；通常情况下，社会行动者文化资本的不断积累会提高社会行动者的个人地位，这样就有机会形成更多的社会关系和网络，这时文化资本就转化为社会资本，反过来，富有社会资本的社会行动者在追求高层次的精神文化享受时，会与富有文化资本的社会行动者交往，这样社会资本就转化为文化资本。

二、惯习的概念及属性

布迪厄认为，"所谓惯习，就是知觉、评价和行动的分类图式构成的系统，它具有一定的稳定性，又可以置换；它来自社会制度，又寄居在身体之中"①。从该定义可知，惯习的本质是一系列历史关系所构成的系统，它积淀于行动者的身体之中，表现为感知、评判和行为的"各种身心图式"。

作为一种"性情倾向系统"，惯习的特点主要表现在以下几个方面：第一，惯习具有持久性、可转移性和系统性。第二，惯习具有主观性，但这种主观性又与客观结构紧密相连。第三，惯习是个体性和集体性的统一体。所谓的"个体性"是指惯习"来自社会制度，又寄居在身体之中（或者是生物性的个体里）"②，如艺术场域里的甲演员与乙演员，可能因为两者在社会空间和艺术空间的位置不同，就会有不同的个人惯习，这就是惯习的个体性；所谓的"集体性"是就惯习的结构而言，处于同一场域中的不同社会行动者，在相同或相似的社会化路径中可能形成结构上相似的惯习，这就是惯习的集体性。第四，惯习是历史性、开放性和能动性的统一体，是社会性在社会行动者身上的历史积淀，这种历史积淀就是惯习的历史性。布尔迪厄认为惯习具有"双重历史性"，一方面，浸润着过往历史的惯习指导着社会行动者（个体或群体）当前的社会实践，另一方面，新的客观现实又形塑着社会行动者的新的惯习。关于惯习的

---

① 布迪厄，华康德. 实践与反思：反思社会学导引 [M]. 李猛，李康，译. 北京：中央编译出版社，1998：170-171.

② 布迪厄，华康德. 实践与反思：反思社会学导引 [M]. 李猛，李康，译. 北京：中央编译出版社，1998：171.

"开放性"和"能动性"，布迪厄指出，惯习"是一个开放的性情倾向系统，不断地随经验而变，从而在这些经验的影响下不断地强化，或是调整自己的结构。它是稳定持久的，但不是永久不变的"①。惯习的开放性体现在它的非封闭性，它继承着历史，但又不是对历史的重新描摹，它对历史经验是一种创造性地重建，而这种创造性地重建就表现出惯习的能动性。可以说，惯习是继承历史与建构历史的统一体。第五，惯习的运作方式具有无意识性。尽管惯习具有历史性和结构上的客观性，但其表现的过程却是极其自然的，无法用语言描述，并且社会行动者也无法自我审视。

三、场域、资本、惯习之间的关系

每个社会行动者在场域中的位置是由其所拥有的资本决定的，而这一位置又塑造着社会行动者的惯习。惯习与社会行动者在场域中所处的位置存在着互动关系：惯习决定社会行动者的社会位置感，社会行动者的位置又不断地塑造着惯习。社会行动者惯习上的差异说明其拥有资源的不平等性。由于不同社会行动者的资本在数量和质量上存在着差异，他们之间的社会地位也并不相同，拥有众多资本的人群就构成了统治阶级，如政府官员、银行家、企业家等；而拥有资本较少的人群就成为被统治阶级，如体力劳动者等。"资本在场域中不是平均分配的，资本既是历史积累的结果，是一种排他性资源，同时又是新一轮社会活动的起点，不同类型、不同数量的资本分布结构，体现着社会的资源和权力结构，这种起点的不同决定了竞争活动的不平等，所以，并不是每个人都会如愿以偿地实现自己的目标。"②

布迪厄还给出了利用场域理论进行社会分析的方法，他说，"首先，必须分析与权力场域相对的场域位置"③，如当研究翻译场域时，就要分析翻译场域与权力场域之间的关系，我们发现翻译场域被包含在权力场域之中，而且在权力场域内，翻译场域占据着被支配的地位；其次，"必须勾画出行动者或机构所占据的位置之间的客观关系结构，因为在这个场域中，占据这些位置的行动者或

---

① 布迪厄，华康德. 实践与反思：反思社会学导引 [M]. 李猛，李康，译. 北京：中央编译出版社，1998：178.

② 林克雷，李全生. 广义资本和社会分层：布迪厄的资本理论解读 [J]. 烟台大学学报（哲学社会科学版），2007（4）：64.

③ 布尔迪厄，华康德. 反思社会学导引 [M]. 李猛，李康，译. 北京：商务印书馆，2015：131.

机构为了控制这一场域特有的合法形式的权威，相互竞争，从而形成了种种关系"①；最后，"必须分析行动者的惯习，亦千差万别的性情倾向系统，行为者是通过将一定类型的社会条件和经济条件予以内在化的方式获得这些性情倾向的，而且在所研究场域里某条确定的轨迹中，我们可以找到促使这些惯习或性情倾向系统成为事实的一定程度上的有利机会"②。在方法论上，布迪厄还主张要把客观位置的空间与主观立场的空间放在一起进行分析，不过在平常情况下，"位置的空间仍然倾向于对立场的空间起到支配的作用"③。

第三节　译者惯习、译者资本与翻译场域

一、译者惯习与译者资本

首先提出"译者惯习"（translator's habitus）的学者是丹尼尔·西米奥尼（Daniel Simeoni，1998），在其 *The Pivotal Status of the Translator's Habitus* 一文中，他认为"译者惯习"是"个体的社会性和文化历史复杂化的结果"④（the elaborate result of a personalized social and cultural history），而且"目前还不能用客观的技术与实验和汇集的数据证明它的效能"⑤。可见，Simeoni 认为至少在目前来说"译者惯习"是无法量化的。根据布迪厄的理论，惯习是一个"持续的、可转换的性情倾向系统"、一种"结构形塑机制"（structuring mechanism），它反映着个体在成长、家庭教育、学校教育、工作等社会化进程中不断被内化了的思维和性情定势，具有历史性、开放性及能动性等特点。类似的，"译者惯习"是指：在翻译活动或过程中译者所具有的持续的、可转换的性情倾向系统，它也具有持续性、开放性和能动性等特点。骆萍（2010）也对"译者惯习"的定义

---

① 布尔迪厄，华康德. 反思社会学导引［M］. 李猛，李康，译. 北京：商务印书馆，2015：131.
② 布尔迪厄，华康德. 反思社会学导引［M］. 李猛，李康，译. 北京：商务印书馆，2015：131.
③ 布尔迪厄，华康德. 反思社会学导引［M］. 李猛，李康，译. 北京：商务印书馆，2015：131.
④ SIMEONI D. The Pivotal Status of the Translator's Habitus［J］. Target，1998（1）：32.
⑤ SIMEONI D. The Pivotal Status of the Translator's Habitus［J］. Target，1998（1）：32.

及特征进行了解读，她认为，"译者惯习"是"译者在翻译过程中体现出的思维习惯和思维定式，是译者早期的信仰不断内化，在历史语境中塑造而成的，它内化于特定历史阶段的意识结构之后，作为一种'前结构'的行为模式，指挥和调动译者的翻译方向，赋予翻译行为以特定的意义，是译者行为规则、翻译策略等实际表现及精神方面的总根源，强调译者的主观能动性与社会客观环境之间的互动关系"①。简言之，"译者惯习"是被译者内化了的社会性情倾向系统，它指导着译者的翻译实践。

就国际范围来看，自丹尼尔·西米奥尼（Daniel Simeoni，1998）首次提出"译者惯习"之后，西奥赫曼斯（Hermans，1999）、让-马克古安维克（Jean-Marc Gouanvic，2005）、雷讷梅拉尔茨（Reine Meylaerts，2008）等学者从不同侧面研究了译者惯习的作用。国内学界也有意识地对翻译场域中的"译者惯习"进行了研究，如屠国元（2015）、邵璐（2011；2012）、唐芳（2011；2012）、骆萍（2010；2013）、刘立胜（2012）、鄢佳（2013）也对"译者惯习"在翻译研究中的作用进行了深入的研究。

布迪厄把资本定义为"积累的劳动"，那么"译者资本"就可以定义为"在翻译活动中，译者所积累的劳动"，这里的"劳动"指的是在翻译场域中发生的、与译者翻译活动密切相关的劳动，如译者进行具体文字转换时的脑力劳动、译者为出版译著或扩大译著影响而进行的劳动等。当然，根据布迪厄对资本的分类，译者资本也包括译者的文化资本、译者的经济资本与译者的社会资本。译者的文化资本，即指译者文化形式的资本，包括译者所拥有的知识、技能、教养、才能等文化产物，这是译者文化资本的身体化形态。如译者的留学经历赋予了其较强的外语能力，这成为译者从事翻译的必要条件；译者的译著等实物形式是译者文化资本的物化形态；译者所拥有的译著审查证、毕业证等证书是译者文化资本的制度化形态。译者的经济资本指的是译者的劳动、经济收入等能直接带来经济利益的资本，如译著出售所带来的经济利益、译者所做的有偿翻译等。译者在翻译场域中的社会人际关系网络则构成了译者的社会资本，在翻译场域中，译者与出版社、发起人、委托人、审查者等社会行动者之间都会发生联系，进而形成社会关系，这就是译者的社会资本。

同样，译者资本的三种形态也可以相互转化，如在图书市场上，由于译者

---

① 骆萍．翻译规范与译者惯习——以胡适译诗为例［J］．西安外国语大学学报，2010，18（2）：75-76.

的译著十分畅销，译著的大量出售给译者带来可观的经济效益，这时译著作为译者的文化资本就转化为经济资本。在翻译场域中，为了扩大译著的影响和增加出售量，译者通常会利用自己的各种社会关系寻求社会权威人士为其译著题词、作序或写书评，这些题词、书评或序言都成为译著的一部分，此时译者的社会资本转化为译者的文化资本，译著的畅销又增加了译者的知名度，使译者的社会交往更加广泛，这时，译者的文化资本又转化为社会资本。

二、翻译场域的运作

根据上文，"场域"是指不同位置之间存在的关系网络，而且这种网络具有客观性，各种位置上存在着不同类型的资本和资源。在惯习的作用下，为了占据有利的位置，社会行动者围绕场域中的不同资本或资源进行激烈的竞争或斗争，这就是布迪厄场域理论的分析模式，或者说是布迪厄社会实践理论的运转模式，这种分析模式可以用公式进行描述："［（惯习）（资本）］+场域=实践"①。因此，场域可以被看作"一个围绕特定的资本类型或资本组合而组织的结构化空间"②。类似地，翻译场域可以被定义为："一个围绕译者资本或译者资本组合而形成的结构化空间"，当然，译者资本也就是翻译场域中的社会行动者的资本，它包括译者的文化资本、经济资本和社会资本等。

根据布迪厄的场域理论，邵璐（2011）在《翻译社会学的迷思——布迪厄场域理论解释》一文中首次制作了翻译场域的运作示意图，如图（1-1）所示：

在布迪厄看来，权力场域是"元场域"，社会行动者的一切社会实践都在这个元场域中进行，权力场域中包含着大大小小的各种子场域，各种子场域与权力场域之间存在着包含与被包含的关系，子场域都是权力场域的衍生物，当然，翻译场域也不例外。在图（1-1）中，横轴和纵轴分别表示空间和时间，"资本的三种形式以及他们可转变的各类形式由箭头所示，其中虚线箭头表示在一定情况下才能转变，而非即时转变。……每个译者都带着翻译筹码，即拥有文化资本，他们都会追求幻想，所以翻译场域的运作可被看作"每个译者都会带着

---

① BOURDIEU P. Distinction：A Social Critique of the Judgement of Taste ［M］. Cambridge：Harvard University Press，1984：101.

② 斯沃茨. 文化与权力：布尔迪厄的社会学 ［M］. 陶东风，译. 上海：上海译文出版社，2006：136.

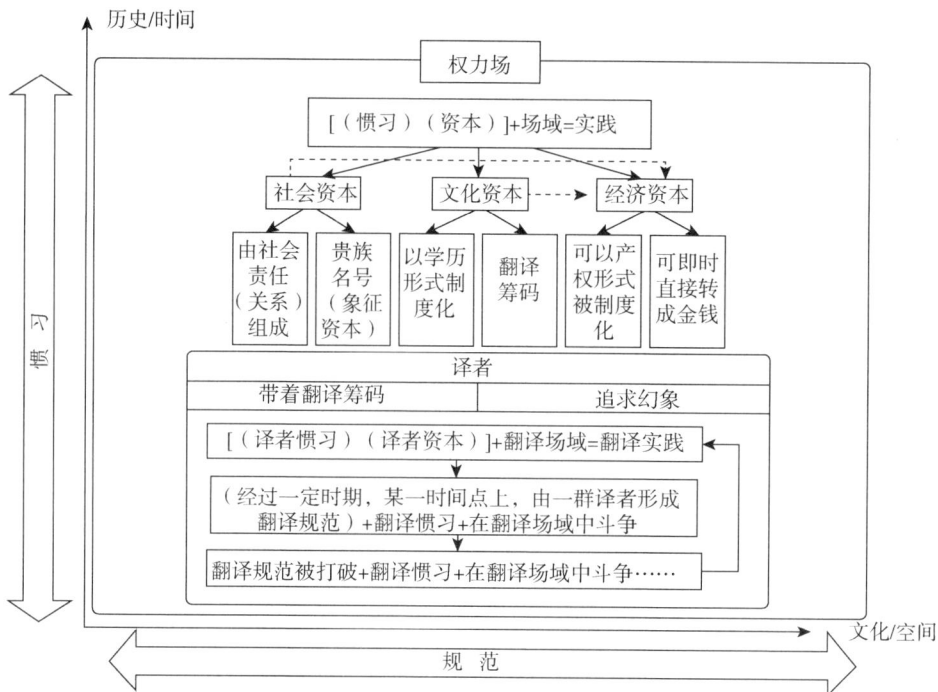

图1-1　翻译场域的运作图示①

自身的惯习和资本，在翻译场域中，从事翻译实践。经过一段时期，在某一时间点上，一群译者就会形成翻译规范，各个译者继续带着各自惯习和资本，继续在翻译场域进行全力斗争，随后翻译规范被打破，周而复始，不断呈螺旋状上升"②。从图1-1可以看出，在翻译场域中，对译者资本、译者惯习、翻译场域规范以及场域斗争的剖析是深刻理解翻译实践的关键所在。

三、文化生产理论框架的运用

在民国时期的西方军事著作译介活动中，由于大规模非职业军人知识分子的加入，从事过军事翻译的译者主体十分庞大。在他们的推动下，军事译书活动达到了史无前例的繁荣，这导致了许多独特军事翻译现象的产生。例如，在北洋政府和南京国民政府统治时期，黎元洪、蒋介石等国家领导人曾多次为某

---

① 邵璐．翻译社会学的迷思——布迪厄场域理论释解［J］．暨南学报（哲学社会科学版），2011，33（3）：128.

② 邵璐．翻译社会学的迷思——布迪厄场域理论释解［J］．暨南学报（哲学社会科学版），2011，33（3）：129.

些军事译著题词；在不同的政权体系内，许多译者主体担任要职，译者之间的人际关系错综复杂；面对同一本军事著作，中国共产党方面和中国国民党方面译者的翻译策略明显不同等。如何解释这些翻译实践现象？布迪厄的文化生产理论为我们提供了广阔的视角，其优点就是抛弃了主客二元对立的思维模式，把译者主体和社会环境融为一体进行思考。译者惯习能够有效地解释受意识形态、个人兴趣、职业操守等因素操控的翻译现象；译者资本的概念能够很好地解释军事翻译活动中译者主体之间的人际关系等情况，这是其他翻译理论所力不从心的地方；翻译场域的概念为我们理解民国时期军事翻译标准的变迁提供了理论工具。因此，译者惯习、译者资本和翻译场域理论能够更好地解释民国时期西方军事著作汉译活动中的某些翻译现象，这是笔者采用场域理论构建本书理论框架的重要原因。

根据布迪厄的理论，场域的自治性和逻辑性是判断一个场域是否存在的标准，根据这一标准，笔者首先把民国时期的军事翻译场域划分为萌芽期、缓慢发展期、成熟完善期等几个阶段；接着分析了每个发展阶段军事翻译场域中的译者资本，特别是译者外语文化资本的获得情况；然后讨论了不同译者群的职业惯习、意识形态惯习、翻译惯习等惯习特征；最后解释了民国时期军事翻译场域中的译者翻译策略和场域斗争现象。本着"论从史出"的原则，第二章将主要描述民国时期西方军事著作汉译活动的内容。

第二章

民国时期西方军事著作汉译的内容

第一节　西方军事著作汉译概况

民国时期是中国军事翻译史上的一个大发展、大繁荣时期，根据笔者的统计，这一时期出版的军事译著总计 874 部①，《军事总书目》共收涵盖军事理论、世界军事、中国军事、各国军事、战略战术、军事技术、军事地形学和军事地理学八个类别，与晚清的军事译著相比，② 前者的数量几乎是后者的 10 倍③，足见这一时期军事翻译活动的繁盛。从中华民国创建到 1949 年中华人民共和国成立，中国历史上先后经历了北洋军阀统治时期和南京国民政府统治时期。由于社会环境的变迁，不同时期的军事翻译实践也各不相同，时代变迁的烙印深深地印刻在出版的军事译著上。根据这些军事译著出版时间的不同，笔者制作了它们的分年统计曲线图，具体情况如图 2-1 所示：

图 2-1 显示：从 1912 年到 1928 年，军事译著的出版量比较平稳，有波动，但不太大，都在 10 部以下，平均大概 6 部。1929 年始有大的增长，1935 年到达峰顶，然后缓慢下降，1939 年降至谷底，但也有 25 部左右；1941 年又掀起一个高潮，1944 年又陷入谷底；到 1947 年又达到一个峰顶，1949 年急剧下降，1950 年达到谷底。显然，民国时期军事译著的出版分布具有明显的阶段性特征：

第一，这一时期军事译著的出版时间主要集中于 1929 年至 1948 年的 20 年

---

① 此处笔者统计的数据包括"无原著语别"和"无出版时间"的译著。黎难秋统计到的译著为 784 部。

② 这里的晚清指的是 1860 年至 1895 年。

③ 根据闫俊侠的统计，从 1860 年至 1895 年，译介到中国的军事译著至少有 97 部。

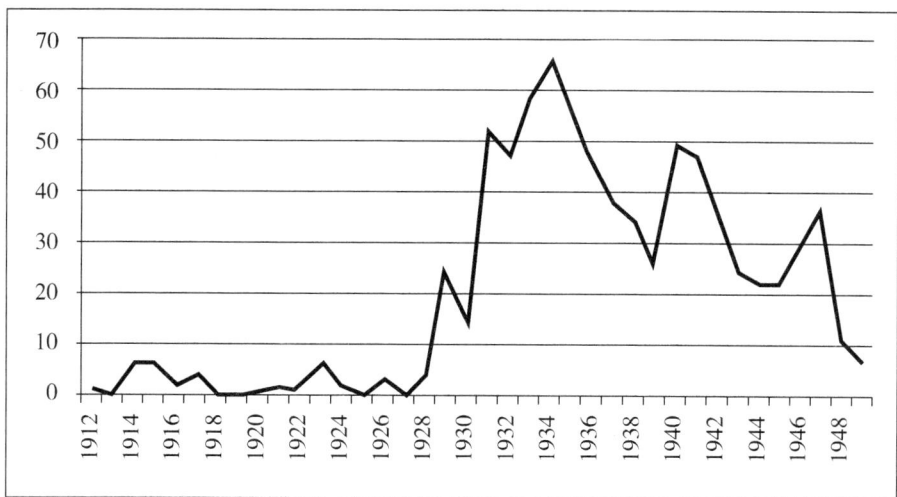

图 2-1　民国时期军事译著数量分年统计曲线图①。

注：横坐标表示译著出版年份，纵坐标表示译著的种数。

间。从 1912 年到 1928 年，军事译著的出版量始终在个位数徘徊，每年平均 6 种左右。

第二，西方军事著作汉译活动兴起于 1929 年，这一年出版的军事译著数量达 24 种之多，约占 1912 年至 1928 年军事译著总量的 62%。遗憾的是，由于受 1930 年军阀混战的影响，这种强劲的发展势头陷入第一个低谷，1930 年出版的军事译著数量急剧下降，仅有 14 种；1931 年至 1936 年是民国军事翻译活动的黄金时期，经统计，这一时期平均每年军事译著的出版量都在 45 种以上。

第三，1937 年至 1945 年年间，军事译著的出版量轨迹呈现过山车般大起大落的态势。军事译著的数量，先是从 1937 年的 38 种直线下滑到 1939 年的 26 种，接着于 1940 年达到第二个峰值 49 种，然后又缓缓下降至 1945 年的 22 种。

第四，自 1945 年军事译著出版量触底后，1946 年开始呈上升趋势。1947 年军事译著的出版量达 37 种，1948 年开始回落，至 1949 年跌入谷底。

根据上述对军事译著出版量轨迹的描述，笔者认为这一时期的西方军事著作汉译活动可以划分为四个阶段：军事翻译沉寂期（1912 年到 1928 年）、军事翻译繁荣期（1929 年至 1936 年）、军事翻译深化发展期（1937 年至 1945 年）和军事翻译衰退期（1946 年至 1949 年）。

---

① 本图中的数据不包括"无出版日期"的译著。

一、军事翻译历史分期

虽然中华民国的成立开辟了中国历史的新纪元，人们的思想得到了空前的解放，但在南京国民政府成立之前，国内政局变化无常，军阀混战连年不断，军事翻译失去了和平的外部环境，这是从 1912 年到 1928 年西方军事著作汉译活动萎靡不振的主要原因。所以，笔者称这一阶段为军事翻译的沉寂期。

1928 年年底，张学良宣布"东北易帜"后，南京国民政府实现了国家的统一，尽管只是形式上的统一，但至少为军事翻译活动的繁盛创造了有利的外部条件。从 1929 年至 1936 年间，军事翻译活动的繁盛主要有两个原因：一方面，这一时期蒋介石开始着手进行整军建设，大力发展军事教育和成立各种军事学术研究会，这一举措极大地促进了对国外军事书籍的译介；另一方面，自晚清以来，知识分子"从军热"持续发酵，"军国民思潮"不断滋长，广大知识分子都异常关心军事，"位卑未敢忘忧国"的社会风气形成，这是这一时期西方军事著作汉译活动日益繁荣的重要原因。

1937 年卢沟桥事变爆发后，国人反日情绪日益高涨，译介日本军事书籍的兴趣日益减少，这直接导致了 1937 年以后汉译西方军事著作数量的直线下降，直到 1939 年降至最低点，仅有 26 种。随着第二次世界大战、苏德战争和太平洋战争的爆发，苏联和美国相继卷入战争，人们开始关心时局的变化，译介来自德国、苏联和美国的军事著作的数量开始增多，这导致了 1940—1942 年军事译著的增多。随着第二次世界大战的结束，人们对世界军事的关注度也随之减少，军事翻译再次走向衰退。从军事译著的源语类型来看，这一时期的军事翻译活动打破了抗战爆发前以日本军事著作为主要译介对象的局面，美国、苏联、德国等军事强国的著作逐渐得以译介，中国的军事学朝纵深方向发展。因此，笔者称这一时期为军事翻译的深化发展期。

第二次世界大战结束后，随着解放战争爆发和美国公开扶蒋反共政策的确立，从军事装备到军事人员训练，美国对南京国民政府都给予了极大的支持，翻译美国的军事著作成了这一时期西方军事著作汉译活动的一个鲜明特征，这是 1946 年和 1947 年军事译著数量明显增长的主要原因。随着国民党政权的溃败，共产党方面的军事翻译逐渐活跃起来，特别是译介来自苏联的军事书籍。从 1948 年到 1949 年，尽管整个军事著作译介活动进入衰退期，但中国共产党方面的译介活动却表现不俗，这是 1949 年西方军事书籍汉译活动没有止步的根本原因。

综上所述，从总体上看，民国时期西方军事著作的汉译活动与中国历史的发展历程、外部环境及国民心态密切相关，充分说明了军事翻译活动的本质是一种社会性、历史性的实践。

二、军事译著的源语分布特征

从语别上看，在这874种军事译著中，无原语信息的译著有252种，占译著总数的27.8%；以日语为源语的译著共有212种，占24.3%；以英语为源语的译著共144种，占16.5%；以德语为源语的译著共有123种，占14.1%；以俄语为源语的译著共有99种，占11.3%；法语及其他语种的译著共有44种，占6.0%，具体情况如图2-2所示：

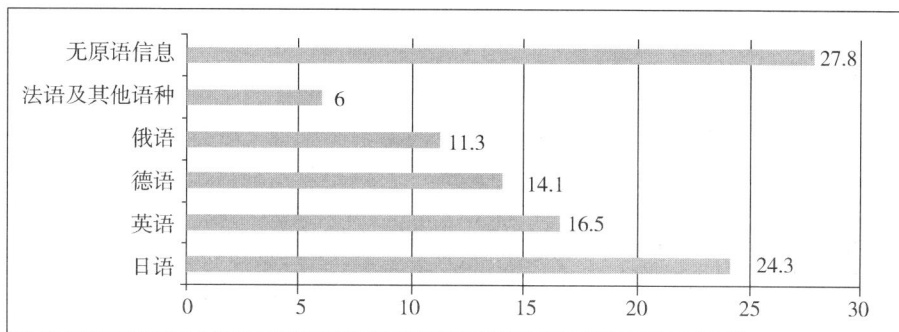

图2-2 民国时期军事译著源语比例（单位:%）

根据图2-2，日语、英语、德语、俄语是民国时期翻译外国军事书籍的主要语种来源，这代表了民国时期学习西方先进军事科技和理论的一种态度，然而，在不同的历史时期，不同语别军事著作的译介活动也完全不同。因此，笔者又制作了日语、英语、德语及俄语为源语的军事译著在不同时期的分布比较图，详情如图2-3。

从图2-3可以看出以下几点：第一，从1912年到1928年，译自日语、英语与德语的军事书籍数量都处于比较低的水平，对俄语军事书籍的译介则完全处于停滞状态；第二，从1929年到1936年，译自日语的军事书籍完全占主导地位，其次是译自德语的军事书籍，最后是译自英语与俄语的军事书籍，并且它们的数量不分伯仲；第三，从1937年至1940年，译自日本的军事书籍数量明显减少，不过，来自这四种语言的军事译著数量基本上不分高低，呈此起彼伏的

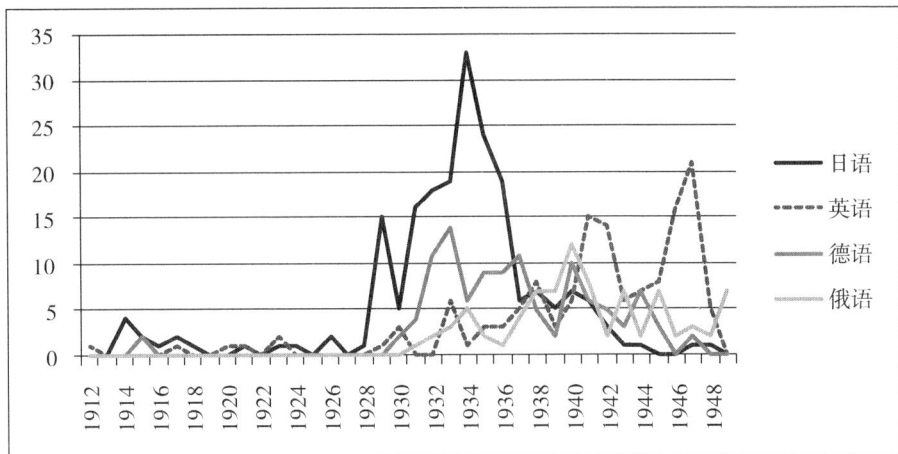

图 2-3　民国时期四大语种军事译著分年统计比较图

状态；第四，自 1941 年至 1945 年，译自英语的军事书籍的数量明显增多，高于同期其他语种水平，译自日语的军事译著数量最少，1945 年时竟然处于停滞状态；第五，从 1946 年起，译自英语的军事译著数量出现了较大幅度的增长，明显高于其他语种的军事译著，并于 1947 年达到峰值，与此同时，译自俄语的军事译著数量明显高于日语和德语；第六，1949 年对日语、德语与英语军事书籍的译介活动完全停止，而对于俄语军事书籍的译介则保持了较高的增长。

　　1929 年至 1936 年是民国时期西方军事著作汉译活动的繁盛时期，从数量上看，来自日语的军事译著占绝对优势，其次是来自德语的军事译著。在这八年中，译自日语的军事著作数量占绝对优势的原因主要有三个：首先，自晚清以来，赴日留学运动造就了大批精通日语的专门人才，从 1896 年至 1911 年中国留日人数在 4 万到 5 万余人，其人数总量大大超过在其他国家留学的人数，这为翻译日语类军事译著提供了强大的人才储备；其次，自晚清到九一八事变期间，政府官派或自费赴日学习军事的留学生规模在军事留学生群体中所占的人数最多，他们成为这一时期军事翻译人员的重要组成部分；最后，"蒋介石崇尚日本军队"[1]，日伪政权也从事日语类的军事著作的译介，这也成为日语类军事著作汉译一枝独秀的重要原因。在这一时期，来自德语类的军事译著的数量也表现不俗，其主要原因在于：1931 年九一八事变后，日本侵略中国之野心昭然若揭，南京国民政府需要建立现代化的军备和国防以抵抗日本侵略，这促使了南京国

---

[1]　黎难秋.中国科学翻译史［M］.合肥：中国科学技术大学出版社，2006：461.

民政府与德国之间的军事合作进一步加深，特别是 1933 年中德关系进入"蜜月期"，大批德国军事装备与技术被引进中国，是德语类军事译著异军突起的主要原因。

1937 年后，随着全面抗战的爆发，中日关系全面恶化，译介日语类军事书籍的活动也随之急转直下；1938 年，德国承认伪满洲国独立，德国停止向中国派遣军事顾问，中德关系陷入低谷，这是这一时期德语类军事著作汉译活动衰落的主要原因。苏德战争和太平洋战争的相继爆发引起了全世界的广泛关注，译介来自俄语、德语和英语的军事著作又成为时尚，这就是 1941—1945 年这三大语种的军事译著数量有所增长的主要原因。二战结束后，德、日成为战败国，对来自德语和日语的军事著作的译介基本上停止，相反，由于美国公开支持蒋介石政府打内战，大批美式军事装备与技术被引进，这是这一时期译介英语类军事著作活动繁盛的主要原因。随着蒋介石政权的溃败，在解放战争后期，中国共产党方面对苏联军事书籍的译介成为军事翻译活动的主旋律。

上述分析证明，军事翻译的本质是一种社会性和历史性的实践，历史需要和现实需求是军事翻译活动兴起的根本原因。

第二节　军事翻译沉寂期

根据本章第一节对民国时期西方军事著作汉译活动的历史分期划分，"军事翻译沉寂期"指的是从 1912 年到 1928 年，之所以称这段时间为"沉寂期"，是因为这一时期的军事书籍译介活动非常低迷，经笔者统计，在这 17 年中仅有 39 种军事译著出版①，约占整个民国时期军事译著总量的 4.5%。

一、甲午中日战后的军事翻译

1894 年甲午中日战争的失败，清王朝开始对西方军事书籍的译介有了新的认识，他们开始着手翻译西方的军事思想等高层次的军事著作，如《战略要说》《大战学理》等。1905 年日俄战争后，日本的胜利使晚清政府从模仿德国转而向日本学习，进而开始译介日本的军事书籍，例如《高等兵学教科书》《马队战术》《野外战术实施记事录》《应用战术笔记》等。可以说，在晚清政府组建新

---

①　该数据不包括"无出版日期"的军事译著。

军的过程中，对西方军事著作的译介活动发挥了重要的作用，这些军事译著"对新军的编练起着理论基础的作用"①，如 1899 年新军领袖袁世凯、段祺瑞曾编译军事著作《训练操法详晰图说二十二卷》。"清末新政时期虽然介绍了一些西方的军事理论，但仅停留在翻译、介绍阶段，并未进行深入探究，成为完善的本土化军事理论科学。"② 辛亥革命后，国内译界对西方军事理论的翻译开创军事理论本土化的先河。

二、北洋政府时期军事翻译的内容

（一）军事技术、装备类

自清末洋务运动以来，西方军事技术、武器装备书籍的译介一直是军事翻译活动的重点，进入民国后国人对西方先进军事技术的译介并没有止步。1914年 8 月，第一次世界大战爆发，战争中新式武器发挥了重要的作用，如在索姆河战役中，机枪曾发挥强大的威力，德军凭借马克沁重机枪使英军损失惨重，潜艇也被运用到战斗中。一战中出现的新式武器及装备，自然成了这一时期军事翻译关注的对象，例如《兵器学》《潜水艇》和《各国机关枪战术》都是这方面的代表作。《兵器学》是军官用书，讲述了瞄准及躲避、兵器制造及保存、外国兵器、野战攻守城等内容；《潜水艇》是上海商务印书馆出版的一部军事译著，它介绍了潜艇的变迁史、种类、结构、战略战术、鱼雷、水雷等知识；《各国机关枪战术》介绍了欧洲列强的机枪类别、制式、构造和日本机枪等内容。

（二）军事理论

除了继续译介西方军事技术与装备的军事书籍之外，这一时期的译介内容还扩展到军事学的其他方面，如军事理论、战略战术、战争战史、军事地理等方面。在这一时期的军事翻译活动中，一个最明显的特征是清末留学生群体开始忧虑中国的军事学发展问题，他们凭借自身的语言优势纷纷译介外国先进的军事理论，并积极阐述自己的军事见解。如留学法国巴黎的刘文岛和廖世勋夫妇译《新军论》，在"译《新军论》趣旨"中，刘文岛说"以国民防御与国际

---

① 李孝燕．袁世凯与中国军事教育近代化［D］．石家庄：河北师范大学，2015：13.
② 甘少杰．清末民国早期军事教育现代化研究（1840—1927）［D］．保定：河北大学，2013：40-41.

和平相连锁者也……废战不忘兵"①。在民国草创时期，这种全民防御的思想是非常超前的，体现了译者对外国军事理论的消化性吸收。再如，1918 年 7 月 29 日，王廷愈在其译著《战术学教程讲授录》的"序言"中说，

> 研究战术，首重应用。……战术原则必须征以应用、例式吾校，战术学得此书以为辅助，则战术活用之旨可以征而益明，宜亟译之以公我袍泽……谫陋如愚，何敢骤事译述？只以同学戴君联玺，留学日本士官学校，忧我国军学微而不振。常殷肯以译述相劝，谓我以供同人研究……②

从这段序言中可以看出，日本士官学校留学生是推动外国先进军事理论在国内译介的重要力量，他们选择"第一善本"进行译介，充分显示出译者在原本选材上的主动性。这一时期比较重要的军事理论译著包括：《大战学理》《新军论》《战术难题之解决》《野战炮兵战术》等。尽管甲午中日战争的惨败使一部分有识之士把目光转向对西方军事理论的译介上，如袁世凯曾"请唐绍仪等翻译了部分国外军事理论，汇编成书，作为参考"③，但清末对外国军事理论的译介还是十分欠缺。《大战学理》译自世界著名军事理论家克劳塞维茨（K. Clausewitz）的名著 *Vom Kriege*，全面介绍了战争的本质、战略、兵力、攻守等内容，根据笔者考证，该译本是民国时期 *Vom Kriege* 第一个中译本，对西方军事理论在中国的传播具有重要意义。《战术难题之解决》论述了 25 个战术难题，是民国时期第一部战术方面的译著。《野战炮兵战术》介绍了野战炮兵的战斗具、编成、基本战术及其与其他兵种的联合战术，它是民国第一部有关炮兵兵种战术的译著。

（三）战史类

1917 年 8 月，北洋政府向德国和奥匈帝国宣战，正式参加第一次世界大战。对战争的思考以及对中国处境的考虑，成为译界对战史进行翻译的重要因素，如 1920 年 7 月，张庭英在其译著《凡尔登战纪》（1921）的"序言"中说：

> 近来关于欧战的记载，没有一本可供军人研究；《欧战全史》及《史要》等书所记载的都是关于四年大战的原委及经过的大概：好似坐汽车，

---

① 刘文岛，廖世勋 . 译《新军论》趣旨［M］//卓莱 . 新军论 . 刘文岛，廖世勋，译 . 上海：商务印书馆，1922：1.
② 仓石忠一郎 . 战术学教程讲授录［M］. 王廷愈，译 . 译者刊：［出版地不详］，1918：1.
③ 李伟 . 北洋新军军事文化探析［D］. 武汉：华中师范大学，2008：23.

过长街，只见市面招牌，并不知各铺家所卖的是什么东西。若对于欧战只想得其大概，看那些书籍就可以了。至若军人非考察那真正的内容不可。这一部战纪大半是为军人打算。说到这个地步，我有几句话向我们军人提一提：德国人的野心被法国人的自卫精神与能力打消了；德人能享共和幸福，应该感谢法国人。我们邻国人的野心勃勃，实在是我们惯养成的；假使我们的自卫精神与能力像法国人的一样，那邻国人的野心也就自然消灭了。①

张庭英翻译《凡尔登战纪》的一个重要原因是"供军人研究"，在原作选材上，译者摒弃了其他译著如《欧战全史》不能深入研究的弊端，选择能深刻说明问题的《凡尔登战纪》进行译介，而且在序言中，译者还表达了自己对国人的期望，希望国人也要有像法国人一样的自卫精神。类似的，这一时期关于第一次世界大战或其他战史的主要军事译著有：刘润生译的《由欧洲大战所得军事上之教训》，它是一部关于第一次世界大战战史的研究与评论；刘华式译的《日俄海战史》记述了 1904—1905 年日俄战争中两国海战的情况；黄郛译的《旅顺实战记》，又名《肉弹》，原作者是日本人樱井忠温，严格地说该书，并非民国时期的译著，它由中华书局于清末宣统元年（即 1909 年）出版，书中详细介绍了日俄战争中日军从俄国夺走旅顺的历史经过，1924 年该书第 6 版出版，译者呼吁国人"对外贵乎能知己知彼，对内尤不应因噎废食"，又感觉"吾国民欲达收回旅大之目的者，非有更进一层之努力"；黄慕松译述的《世界大战中之德军》，其内容主要涉及世界大战中的德国国防建设与战备情况。

（四）军事制度类

关于西方军事制度和军事教育书籍的译介，其主要译者为军事留学生群体。自晚清以来的大批军事留学生，他们在留学期间受到外国先进军事制度和军事教育的耳濡目染，回国后他们毫无保留地译介给国人，以为我所用，如 1915 年 2 月 15 日，在给周斌译的《步兵操典证解》序言中，蒋方震说道：

日本明治七八年间取资于法，嗣后德军学说日盛，则再改而效德。日俄战争前之操典第二部，直译德之原文而已。日俄战役以还，则以其经验之结果，有改正之议。日人方自诩为独有心得，而德人乃取其经验先成书

---

① 张庭英. 序言［M］//泰晤士报社. 凡尔登战纪. 张庭英，译. 上海：商务印书馆，1921：2-4.

焉。乃复取德之所成者，加以研究，以成今日之操典，诚今日世界中之最新本也。而释之者，乃迤引日俄诸战役以为解，殆所谓探本穷源者也。周君译之，以绱国人。呜呼，读者于此须知，此区区小册中，实含有无量数之泪点血痕在也。①

周斌（1895—1949），日本士官学校炮科第四期毕业生，从蒋方震的序言可知，《步兵操典证解》是"今日世界中之最新本"，就原作的选材而言，充分体现了军事翻译的时代性特点。这一时期，就军事制度而言，比较重要的译著还有《野战炮兵操典详解》《见习军官修养》等。

三、北洋政府时期军事翻译的特点

从军事译著的数量上看，北洋政府时期的军事翻译活动实在不值得一提。但是，从译介的内容上看，这一时期国人对西方军事著作的译介并不是盲目的，具有与时俱进的特点，特别是国内部分"知识军人"与知识分子紧跟国际军事动态和军事科技发展前沿的精神。例如，在民国初期，"民国军队仍在使用前清翻译自日本的 1909 年操典（《民国二年操典》），但各地所用的版本、翻译均有不同，使训练不能整齐划一。陆军部亦认为'兵器改良，日新月异，战术筑垒，因之变迁，难免无昔是今非之处'，故训练总监王士珍于 1915 年下令步、骑、炮、工等兵监派员至各部队逐条实验并修订民二操典，然后于同年 11 月试用新版本"②，从这一例子可以看出，以王士珍（1861—1930）为首的民国"知识军人"对军事学的发展还是有相当的远见的，这是促使这一时期军事翻译不至于停滞的重要原因。

另外，北洋政府对西方军事动态的关注还表现在对一战中新式武器和军工的关注上。1914 年，第一次世界大战爆发后，"北京政府亦曾至少三次派员赴欧观战，学习各国最新战术、科技和军火工业"③，其中就包括端木彰、杨言昌等军事翻译译者。

———————————

① 蒋方震. 蒋方震序［M］//如风居士. 步兵操典证解. 周斌，译. 北京：武学书局，1919：2.

② 邝智文. 民国乎？军国乎？第二次中日战争前的民国知识军人、军学与军事变革［M］. 香港：中华书局，2017：47.

③ 邝智文. 民国乎？军国乎？第二次中日战争前的民国知识军人、军学与军事变革［M］. 香港：中华书局，2017：47.

第三节　军事翻译繁荣期

军事翻译的繁荣期指的是从 1929 年至 1936 年的这段时间，根据笔者统计，这一时期共出版军事译著 365 种，几乎是 1912 年至 1928 年军事译著出版量的 10 倍，约占整个民国时期军事译著出版总量的 42%。虽然军事翻译活动的黄金期仅持续了八年，但它与历史上其他任何时期的军事翻译实践活动都不相同，无论是译介的内容，还是出版的特点，都有鲜明的时代特色。可以说，这一时期对西方军事著作的译介，是继洋务运动译介西方兵学书籍后的又一次高潮。从内容上看，译著内容包罗万象，几乎涵盖了军事学的方方面面，如军事理论、战略战术、合成军种、陆海空军等；从出版形式上看，呈现出多样化的特点，既有"个人刊""译者刊""编译者刊"，也有多种多样的丛书；从出版主体来看，既有国民党官方的出版社或机构，也有民营出版机构、各种学会及研究会等。

一、对日本军事著作的译介

1931 年"九一八"事变后，抗日救亡成为时代潮流，大批知识分子投身到对敌斗争的洪流中去，当然，从事军事翻译的译者更是如此。如何正确认识日本的国力及军事实力，成为摆在国人面前的一个现实问题。1932 年 8 月 24 日，张孤山在其译著《日本的假想敌——劳动赤军》一书的"译者序言"中写道，"东北失败，于今一年，……高唱以武力收复失地。可是东北有几条铁路，日俄各军，在这里的战略怎样？……现状如何？国人知者甚少，军人知者又有若干呢"①？这一问代表了军事翻译译者群体对这一问题的冷静思考，"知己知彼，百战不殆"，唤醒国人成为译者翻译此书的主要目的，正如译者所说，"我的希望是这样，所以把他翻译出来，贡献于行将化为大战炮灰的中国人民之前。或者国人能……起来作最后的拼命"②。

---

① 张孤山. 译者序言［M］//平田晋策. 日本的假想敌—劳农赤军. 张孤山，译. 上海：南京书店，1933：3.
② 张孤山. 译者序言［M］//平田晋策. 日本的假想敌—劳农赤军. 张孤山，译. 上海：南京书店，1933：3.

以介绍日本军事力量状况为主的军事译著，还有芥舟译的《现代军备概论》，在译者序中，芥舟说到，"是书即觉醒其国民之一。吾国是类书籍，犹如凤毛麟角，而所处地位之险恶，尤千百倍于日；爰译兹篇，以飨国人"①。1935年11月，在赵立云、吕鹏博译述的《科学战争》之"说明"和"序"中，译者说："孙子有云：'知己知彼，百战百胜'。人家胜过我们的地方，我们要晓得；我们不如人家的地方，我们也要晓得……古人有云，他山之石，可以攻玉。用特译出，其亦鼓励我国民众之一道乎"②。从这些序言可以看出，在抗日救亡的巨潮中，军事翻译的译者以翻译为武器，希望唤醒国人，以抵抗侵略。类似的，译自日本的军事译著有《日本之国防》《国防原论》《列强军队比较论》《空袭下之日本》《新战术讲授录》《日本及列国陆军军备》《远东政略战略的检讨》等。

二、"军事教育"类译著的涌现

"所谓军国民教育，是指培养具有军人特质的新国民，即具有军人的体质、军人的精神和军人的爱国热情。军国民教育思想起源于清末，西方列强的侵略行为激起了国人的无比愤慨和坚决反抗，以维新派为代表的仁人志士发出了'以民为兵''尚武强国'的呼声。这一呼声迅即引起广泛响应，最终在清末民初形成了'军国民教育思潮'。"③ 在这种教育思潮的感召下，辛亥革命期间"军国民教育会、尚武会、体育会等在全国纷纷建立"④。1927年10月1日，中华民国大学院成立，它是民国初期负责学术和教育的最高行政机构，由新文化健将蔡元培任院长。1928年5月，大学院主持召开首届全国教育会议，通过议案百余件，这些议案包括三民主义教育、普通教育、体育与军事教育等，要求专门学校以上"一律加授军事教育"。1928年7月，国民政府公布《高级中学以上学校军事教育方案》，这些法案或方案的提出，极大地推动了译界对西方军事教育类书籍的翻译。

---

① 芥舟. 序言［M］//原作者不详. 现代军备概论. 芥舟，译. 北平：他山译学社，1934：2.
② 赵立云，吕鹏博. 译者序［M］//寺岛柾史. 科学战争. 赵立云，吕鹏博，译述. 上海：商务印书馆，1936：2.
③ 甘少杰. 清末民国早期军事教育现代化研究（1840—1927）［D］. 保定：河北大学，2013：39.
④ 甘少杰. 清末民国早期军事教育现代化研究（1840—1927）［D］. 保定：河北大学，2013：39.

军事教育类的译著主要分为两大类：第一类为军用性质，如"军队教育丛书""军队教育参考资料"与军校用的军事教程等，这类译著大多由官方出版社或机构出版，如军用图书社等；第二类为民用性质，是专门针对普通民众的军事教育类译著，它是"军国民教育"思想的体现。根据笔者统计，这一时期有关军事教育类的译著近60种，以军用性质的译著为主体，仅军用图书社出版的"军队教育丛书"译著就有9种，具体情况参见附录表2-1。

三、军事译著出版形式的多样化

张学良"东北易帜"后，南京国民政府实现了形式上的全国统一，相对和平稳定的社会环境促进了这一时期各种出版机构纷纷成立，军事译著的出版形式呈现出多样化的特点，其中以"丛书""文库"形式出版的译著是这一时期译介活动的一大亮点，如军用图书社的"军队教育丛书"；中华书局的"国防丛书""国际丛书"与"国民军事常识丛书"；商务印书馆的"万有文库"和"汉译世界名著"等。根据附录表2-2的统计，1929—1936年含有军事译著的"丛书"或"文库"多达23种。与这一时期官方出版机构的"丛书"类别相比，民营出版机构的"丛书"种类更多。除了各种出版机构之外，这一时期成立的各种"学会""研究社"也为军事译著的出版注入了新的活力，例如，军学研究社的"战斗教练丛书"、中国文化学会的"国民军事丛书"等都颇受欢迎。

四、军事翻译与"军事理论本土化"

如果说北洋军阀统治时期是中国军事理论本土化萌芽期的话，那么从1928年到1936年是中国军事理论本土化的形成期，其中军事书籍的译介活动功不可没。在这一时期，无论是官方的还是民营的，各类军事学术研究团体和学会纷纷成立，他们积极地投入对外国先进军事理论的译介和研究上，主要的"研究会"和"学会"有陆军大学校兵学研究会、东北讲武堂炮兵研究班、东北问题研究会、中国文化学会及军学研究社等，其中陆军研究社译介的军事译著较多，如《军队的参谋工作》《新兵器的战斗群之战斗教练》《一九一四年至一九一九年世界大战史》《最新基本战术》《新兵器学教程》等，具体情况可参见附录表2-3。有关军事战术的译著，有《战术学讲授录（卷三）》《初级战术学讲授录》和《最新基本战术》等。

在这一时期，除了成立各种军学研究会之外，西方军事理论本地化的另一个战场是军事教育，特别是军校的军事教育。例如，1930年12月由南京军学研究社出版、周修仁译的《最新基本战术》，原书于1928年由德国岩森军学社出版，成为中央陆军军官学校最新采用之战术教程，全书分为12章，内容包括各兵种的性质、队形和武器，对于敌人侦察的防卫，宿营及其警戒，军队的给养及补充等。《最新基本战术》于1930年12月初版后，1931年7月订正再版，1932年7月订正3版，1933年3月订正4版，均作为中央陆军军官学校的战术教程。从这个例子可以看出，军事翻译在西方军事理论本土化的过程中曾发挥了巨大的作用。

第四节　军事翻译深化发展期

军事翻译的深化发展期指的是从1937年至1945年的这段时间，这样划分的依据有以下几点：从总体上看，这一时期的军事译著数量迅速下滑，最主要是以日语为源语的军事译著数量显著减少，而以英语、俄语和德语为源语的军事译著的数量均有所增长，但幅度不大，呈此消彼长的趋势。出现这种现象的原因在于以下几点：

第一，1937年7月，日本发动"卢沟桥事变"，全面侵华战争开始。自此，举国上下反日情绪高涨，自1928年以来相对和平的社会环境再次遭到破坏，从1937年8月13日淞沪会战开始不到半年的时间里，上海、南京相继沦陷，"以上海为中心，北平、南京、天津为次中心的我国现代出版业，遭遇了前所未有的沉重打击"①，战争造成出版业大规模内迁与裁员，而大后方印刷行业相对落后，恶劣的社会环境使抗战前出版业的大好发展势头一去不返，这是这一时期军事译作数量减少的重要原因。

第二，由于残酷的战争，读书人颠沛流离，"华北之大，已经安放不下一张平静的书桌了"②，大批学校毁于战火，在校生人数大幅下降，读书人的购买力也大为削弱，直接影响各种图书的营销，再加上沦陷区对抗日书籍的禁售或没收政策，也是这一时期军事译著大幅减少的原因之一。

第三，1939年9月德国闪击波兰，第二次世界大战爆发。紧接着，1941年

① 王建辉. 出版与近代文明［M］. 开封：河南大学出版社，2006：65.
② 郑娜. 在影像中重温大师精神［N］. 人民日报海外版，2022-11-16（7）.

6月苏德战争爆发，12月太平洋战争爆发，德国、苏联、美国等军事强国相继卷入战争，与这些战争相关的军事著作自然就成了人们关注的焦点，这是从1940年至1943年军事译著数量相对上升的外部原因。

以上是对这一时期军事译著出版情况的一个宏观分析，从军事译著的内部结构上看，这一时期的西方军事译介活动有以下三个特点。

一、"丛书"类军事译著的繁盛

全面抗战的开始唤起了国人的觉醒，各行各业的人开始关注时局、关注战争进展，抗日救亡成为时代主题，国共合作与抗日统一战线的建立都极大地促进了翻译活动的开展。各种出版机构、学术机构、学会的成立又加速了军事译介潮流的形成，"丛书类"军事译著在1929年至1936年兴起之后，在这一时期达到繁荣，具体可参见附录表（2-4）。"丛书"，通常情况下都是针对某一特定用途，或针对某一特定的读者对象、群体，或针对某一特定主题编纂而成。因此，也可以说，有多少种丛书就有多少种读者。对比附录表2-2与附录表2-4可以发现，1937年至1945年期间，出版军事译著类丛书的数量达到47种，远远超过1929年至1937年的23种，这说明了军事译著读者群体的扩大。

二、译介内容的不断深化

随着全面抗战的开始，这一时期军事翻译的内容不断深化。国民党在正面战场节节败退，内部出现了"亡国论"和"速战论"两种论调，如何正确认识战争的性质等问题是摆在军事家面前的重大问题。由此，对军事理论、战略战术的译介成了军事翻译的重点。另外，第二次世界大战、苏德战争与太平洋战争的爆发，引发了社会各界的广泛关注，美、日、苏、德各国的军备实力、战史及战况也是译介的重点。

在军事理论方面，这一时期译界翻译的军事理论著作达20部，几乎占整个民国时期军事理论译著的60%，例如，这一时期译界对德国著名军事理论家克劳塞维茨（K. Clausewitz）的《战争论》进行了多次译介，先后翻译过该书的译者有训练总监部、傅大庆、黄焕文、秋平等，有节译、编译和全译等形式，其他军事理论方面的重要译著有《唯物战争观》《全民战争》《全民族战争论》《整个战争》《心理学与军人》《军事心理学之研究》《机械化战争论》《德国心理战》《克劳塞维兹战争论纲要》和《军事心理学》等。从上述军事译著的具体内容可以看出，这一时期的译介活动已经向纵深方向发展，《唯物战争观》就是个明显的例子，该书分为三个部分：第一部分介绍世界重要军事家的战争观，第二部分介绍战争的方法论，第三部分介绍一战后各帝国主义国家之间的矛盾、军备等情况，并预测第二次世界大战的爆发。

在战略战术方面，重要的译著主要有：《未来的海战》《最新兵器与将来战争》《军事学讲话》《战略原理》《海军战略》《制空论》《游击战术之理论与战例》《反闪击战》等。另外，这一时期译界对"非常规战争"内容的引进已形成常态，译界紧盯着战争的最新动态，及时对先进的战争理念进行译介，重要的译著有《毒气与毒气战争》《化学战术》《军事情报》等。

另外，对军事心理学的译介也是这一时期军事翻译内容不断深化的标志。

三、军事译介活动主体的扩大

"抗战时期，'抗日救亡'成为出版界的主题，从出版的形式到出版的内容，都有一些新变化和新特点。"① 在"抗日民族统一战线"的强大号召下，各种学会、研究社等团体机构与爱国知识分子一道参与到抗日宣传的时代洪流中。他们在各地创办报刊，译书撰文，关注时局与抗战的动态，客观上促进了对西方军事著作的译介。"特别是，中国共产党在国统区出版报纸刊物的权力得到承认"②，由此，中国共产党方面的译者群体也不遗余力地加入译介西方军事著作的活动中去，"为抗战时期的出版界注入了一股清新的气息"③。在各种社会力量的参与下，这一时期军事译介活动的主体，即译者群体，呈现出扩大的趋势。

中国共产党译者群或受中国共产党领导的译者群对苏联军事著作的译介，是这一时期国统区军事翻译的一大特色，如《二次大战的军事技术与经济》《苏联红军是怎样长成的》《苏联工农红军底步兵战斗条令》等，详情见附录表2-5。生活书店成立于1932年7月1日，创办人为邹韬奋。创建之初，该书店就积极刊载左翼文化，积极响应抗日救亡，一度遭到国民党政府的打压，后来逐渐接受中国共产党的领导。抗战期间，在政治上生活书店"接受共产党的领导，跟党的有关机构和人员保持联络，执行党交付的任务"④。根据附录表2-5，生

---

① 张宪文. 江苏民国时期出版史 [M]. 南京：江苏人民出版社，1993：263.
② 张宪文. 江苏民国时期出版史 [M]. 南京：江苏人民出版社，1993：263.
③ 张宪文. 江苏民国时期出版史 [M]. 南京：江苏人民出版社，1993：263.
④ 吴永贵. 民国出版史 [M]. 福州：福建人民出版社，2011：553.

活书店出版军事译著的时间均在抗日战争初期，即 1938—1940 年，这是因为"战争初期，国共合作，政治形势比较宽松，生活书店抓住了这一难得的历史机遇，致获飞跃式发展"①。除了生活书店之外，抗战期间出版军事译著较多还有八路军军政杂志社和新华日报馆，八路军军政杂志社 1939 年 1 月创刊，1942 年 3 月停刊，"八路军军政杂志社在出刊之余，也出版了 30 余种与战争主体有关的图书"②。

第五节　军事翻译衰退期

军事翻译衰退期指的是 1946 年至 1949 年中华人民共和国成立的这段时间。所谓的衰退期，是就民国时期的整个军事翻译史而言的。共产党取得政权后，军事翻译又有新的较大发展，这不在本文讨论的范畴。从整体上看，与抗日战争时期相比，这一时期的军事译著总量大幅下降，因此称这一时期为军事翻译衰退期。从军事译著源语的语别上看：这一时期译自英语的军事译著数量最多，共有 42 部；其次是译自俄语的军事译著，有 14 部；最后是译自日语与德语的军事译著，它们各有 2 部③，接近于停滞。

一、英语类军事译作的短暂繁荣

这一时期，以英语为源语的军事翻译出现了短暂的繁荣，其背后有深层次的原因。随着第二次世界大战的结束和抗日战争的胜利，美国继续在军事上强化对国民政府军队的全面支持。据资料显示，"在海军方面，1945 年 8 月 28 日，美国送给国民党军队舰艇 8 艘……，9 月 22 日，美国海军部赠送给国民党军队 20 艘驱逐舰……，1946 年 2 月 5 日，美国众议院海军委员会通过了将 271 艘美国过剩航空母舰、驱逐舰、巡洋舰移交国民党政府的议案，并将与这些战舰配套的物资一并交付，5 月 27 日，美国海军将 200 多艘战舰正式移交国民政

---

① 吴永贵. 民国出版史 [M]. 福州：福建人民出版社，2011：553.
② 根据吴永贵著的《民国出版史》（2011），八路军军政杂志社还出版了（德）恩格斯著、焦敏之译《恩格斯军事论文选集》，张成功译《苏联工农红军的野战条令》，但《军事总书目》中并无相关统计资料。
③ 此次的统计数字不包括"无语别信息"和"无出版日期"的军事译著。

府"①；"在陆军方面，美国共为国民党装备了 39 个美械师，并配备了全部美械装备"②；"在空军方面，1945 年 11 月 5 日，美国将驻华空军所有装备，包括总数 300 架左右的战斗机、运输机、轰炸机移交给国民党军队。11 月 10 日，美国空军协助国民党军队建立空军并向其赠送 200 余架战机。12 月 2 日，美国将印缅战区 700 架剩余战机移交国民党空军"③。美国除了对国民党军队提供大规模的军事装备援助外，美国还"派遣阵容庞大的军事顾问团帮助国民党政府整训军队，进行海陆空军队及其后勤的援助及指导。1946 年 3 月 19 日，美国政府成立了'美国驻华军事顾问团'。抽调各兵种 2000 余官兵赴中国，以帮助国民党政府加强军队建设，维护国内秩序，加强对中国包括台湾及满洲在内的解放区的控制"④，中美军方的大规模高密度接触，是这一时期以英语为源语的军事翻译活动繁荣的主要原因。根据统计，1946—1949 年译自美国的军事译著共计 38 种，其内容涉及第二次世界大战史、美国军事技术、美国陆军与空军、美国军事制度等，详情见附录表 2-6。

二、俄语类军事译作的持续增长

在 1946 年至 1949 年的 4 年中，虽然译自俄语的军事译著的数量与译自英语的数量相去甚远，但总体上呈上升的趋势，这是这一时期军事翻译活动的一个鲜明特征。经统计，这一时期译自俄语的军事译著共 12 种，其中 1949 年出版的军事译著就达到 7 种，具体情况可参见附录表 2-7。就翻译的内容而言，苏联的战略与战术成为这一时期军事翻译活动的重点；从军事译著的出版机构来看，译自俄语的军事译著大多由共产党领导的出版发行机构——如新华书店和东北书店出版发行。从军事译著的译者来看，大部分都是中国共产党方面的译者，如吴恺（1917—2000）、刘亚楼（1910—1965）、付克（1919—1990）等。

解放战争时期对苏联军事著作的译介，可以看作新中国成立后大规模翻译苏联军事著作的先导。对外国军事著作的译介，同样受到中国共产党人的高度重视。不过，由于意识形态方面的原因，新中国成立后的军事翻译大多以苏联的军事著作为主。1950 年 11 月，刘伯承奉命组建中国人民解放军军事学院，他

---

① 丁光耀.1941—1947：美国对华政策及其影响［D］.长沙：中南大学，2012：24.
② 丁光耀.1941—1947：美国对华政策及其影响［D］.长沙：中南大学，2012：24.
③ 丁光耀.1941—1947：美国对华政策及其影响［D］.长沙：中南大学，2012：24.
④ 丁光耀.1941—1947：美国对华政策及其影响［D］.长沙：中南大学，2012：24.

认为，"最紧迫、最困难的问题是翻译和编写军事教材的问题。因为我军长期处于战争环境，在军事教材方面准备不足，加之在第二次世界大战后，世界各先进国家认真总结战争经验，大力发展新式武器，军事科学和军事技术水平均已跨入一个新的阶段，我们的教材必须适应这新的要求、新的水平"①。新中国成立后，人民军队的军事教育、解放军军队院校的教育以及人民群众的军事教育问题仍然需要新的军事翻译实践。

通过对民国时期西方军事著作汉译内容的梳理，可以清晰地发现，军事翻译活动的兴衰与特定时期中的国内外历史环境有着密切的联系。就国内环境而言，北洋军阀统治时期的动荡局势，是造成 1912—1928 年间军事翻译活动萎靡不振的重要原因；相反，在南京国民政府统治初期，相对稳定的政局是促进 1929—1936 年间军事翻译活动走向繁荣的重要因素。从国际环境上看，第一次世界大战、第二次世界大战、太平洋战争等国际战争的爆发是影响国内军事翻译活动走向的重要条件。不过，在军事翻译实践中，最根本的因素在于人，即军事翻译活动的发起人、赞助人、委托人、译者、评论家、出版商等，他们是军事翻译活动得以展开的最重要的因素。根据布迪厄的文化生产理论，军事翻译活动的空间就是军事翻译场域，而这些"发起人、赞助人、委托人、译者、评论家、出版商"就是军事翻译场域中的行动者，军事翻译实践就是这些行动者在军事翻译场域中的活动。如何认识民国时期的军事翻译场域，这是研究这一时期军事翻译实践的先决条件。因此，第三章将考察民国时期不同历史阶段中的军事翻译场域的发展历程及其译者资本的构成情况。

---

① 陈石平，成英. 军事翻译家刘伯承［M］. 太原：书海出版社，1988：322-323.

第三章

军事翻译场域的变迁与译者资本

布迪厄认为，对一个场域进行分析涉及三个必不可少的步骤："首先，必须分析与权力场域相对的场域位置。其次，必须勾画出行动者或机构所占据位置之间的客观关系结构。还有，必须分析行动者的惯习"①。依照该分析模式，就民国时期的军事翻译场域而言，首先要考察军事翻译场域在权力场域中的位置关系，即权力场域对军事翻译场域文类选择的规定性与制约作用；其次要分析军事翻译译者或机构在军事翻译场域中所占据的位置，即分析他们所拥有的资本构成状况；最后我们要分析军事翻译译者或机构的惯习。此外，布迪厄还给出了场域分析的简要公式："[（惯习）（资本）] +场域＝实践"，把该公式映射到军事翻译场域就是：军事翻译译者或机构凭借自身的惯习和资本，在权力场域中进行斗争，以占据更有利的位置和更多的资本，从而形成军事翻译实践。从整个社会场域来看，军事翻译活动不能脱离社会而独立存在，它与社会大场域紧密相连，军事是政治的延续，同时也是一种文化。从这个意义上讲，军事翻译场域一定会受到政治或权力、文化等其他场域的影响和制约。从内部看，如果我们将翻译实践视为一个较大场域的话，那么由于行动者专业性质的不同，翻译场域可以分化出若干子场域，如科技翻译场域、小说翻译场域、文学翻译场域等，毫无疑问，军事翻译场域是整个翻译场域中的子场域。根据布迪厄的理论，"场域不是地理空间，而是一种社会空间，并且是一种具有相对独立性的社会空间。相对独立性既是不同场域相互区别的标志，也是不同场域得以存在的依据"②。

---

① 布迪厄，华康德. 实践与反思：反思社会学导引 [M]. 李猛，李康，译. 北京：中央编译出版社，2004：143.
② 向勇，周西宽. 体育场域的型塑与弱势群体的体育境遇 [J]. 体育文化导刊，2006（1）：49.

　　中国对西方军事书籍的翻译肇始于 19 世纪 40 年代，1840 年鸦片战争的失败，使清王朝中有识之士意识到学习西方军事技术的必要性和紧迫性，以林则徐和魏源为代表的士大夫开始主张翻译西方军事书籍，他们身体力行，《四洲志》和《海国图志》的编译便是中国近代史上翻译西方军事著作的先声。为了维护自身的统治，清王朝于 19 世纪 60 年代开始了洋务运动，他们提出了"师夷长技以自强"的口号，希望"中学为体，西学为用"。这一时期，洋务派开始大规模学习西方军事技术，从购买西方枪炮到设厂仿制，创建新型海军，再到江南制造总局、京师同文馆、天津机器局、北洋水师学堂等的成立，洋务派对西方军事技术书籍的翻译可谓不遗余力。其中江南制造总局的军事翻译成就最高，江南制造总局的译者们"除翻译军事论著外，还翻译了数理化和天文学等自然科学书籍……据该局总办魏允恭在《江南制造局记》中的不完全统计，从同治七年至光绪三十一年（1868—1905 年），该馆共译书 178 部之多，而译于光绪二十年（1894 年）前的有 103 部，军事书籍有 60 多部，200 多卷。它们可分为武器装备的制造与使用、军事工程、陆海军技术、战术训练和军事制度考察等五大类"①。类似地，其他翻译机构翻译的军事著作也不少。

　　根据布迪厄的场域理论，笔者认为这一时期的军事翻译场域是不存在的，原因有两个方面。一方面，这一时期译介西方军事著作的活动缺乏专门的军事翻译组织和机构。1868 年，江南制造总局成立翻译馆，其宗旨是"配合制造局生产船舰、兵器、弹药而翻译技术情报资料，同时，也译书刊印售于国人，以广播近代科学知识"②，尽管，"制造局翻译馆自成立至 1905 年，先后翻译了大量科技书籍"③，但它还不是一个专门从事军事翻译的组织或机构；另一方面，这一时期的军事翻译大多是在与外国传教士的合作下进行的，即"洋译华述"的模式，根本谈不上是独立的翻译。例如，这一时期由（清）李凤苞笔述、（美）金楷理（Carl T. Kreyer）口译的军事译著就达 10 多部，具有代表性的有《克虏伯炮药弹造法》《饼药造法》《克虏伯炮说》《克虏伯炮说操法》《克虏伯炮准心法》《攻守炮法》《克虏伯船炮操法》《克虏伯螺绳炮架说》等。另外，还有其他很多类似的情况，如（清）华蘅芳笔述、（英）傅兰雅（John Fryer）口译的《防海新论》，（清）赵元益笔述、（美）金楷理（Carl T. Kreyer）口译

---

①　王兆春. 中国历代兵书［M］. 北京：中国国际广播出版社，2010：33.
②　黎难秋. 中国科学翻译史［M］. 合肥：中国科学技术大学出版社，2006：307.
③　黎难秋. 中国科学翻译史［M］. 合肥：中国科学技术大学出版社，2006：307.

的《临阵管见》，（清）瞿昂来笔述、（美）林乐知（Young John Allen）口译的《列国陆军制》，以及（清）范本礼笔述、（英）付兰雅（John Fryer）口译的《德国陆军考》和《西国陆军制考略》等。在这一时期，江南制造总局是翻译军事书籍最多的机构，其翻译馆中的华人译者有李凤苞、徐建寅、徐寿、李善兰、华蘅芳等，与他们合作翻译的有英国传教士傅兰雅（John Fryer）、伟烈亚力（Alexander Wylie），美国传教士林乐知（Young John Allen）、玛高温（Daniel Jorome Macgowan）、金楷理（Carl T. Kreyer）等。

场域是一个具有相对独立性的社会空间，有自己的独特逻辑。同样，军事翻译场域的形成要求它具有自己的逻辑和相对独立性，在军事翻译场域中，从事军事翻译的译者（行动者）应该具备译者应有的能力，如能够独立从事翻译的语言能力，这是译者最重要的文化资本，而这一时期的军事翻译译者大多并不具备这样的资本，更谈不上军事翻译场域的存在了。因此，可以说，"是否具有相对独立性"是判断一个场域是否存在的依据，换句话说，一个场域的存在必须在某种程度上能够自治，具有自己的逻辑和规则。参照这个原则和标准，中国近代史上军事翻译场域的萌芽是在甲午战后的事情。

第一节 甲午战后的军事翻译场域

一、练兵处军学司编译科

甲午中日战争失败后，维新派人士纷纷上书清廷要求变法，学习日本明治维新以图自强，康有为上书光绪帝要求停止武举考试，开办新式军事学堂以培养人才，此举得到了光绪帝的支持，但不久便被清政府顽固派所扼杀。1900年，八国联军侵华，随后又爆发了风起云涌的义和团运动，面对岌岌可危的局势，清政府被迫实行"新政"，其中"编练新军"是重要的内容之一。1901年8月，光绪帝下诏废除武科科举考试，9月诏令各省参照北洋和两江筹建武备学堂。至此，全国性的编练新军计划开始。为了加强对各武备学堂的统一领导与管理，1903年清政府设立练兵处，下设军政、军令和军学三司，其中军学司下设四科：编译科、训练科、教育科和水师科，编译科设监督一员，负责操典、兵法、战史的编纂及各国兵书的翻译等事项。练兵处军学司编译科是中国军事翻译史上最早设立的专门军事翻译机构，它是北洋政府军学编译局和南京国民政府军学编译处的源头，其成立具有重要的划时代意义。

专门军事翻译机构的设置，为军事翻译场域的存在创造了前提。1903 年 12 月 27 日，清廷下诏，"命商部左丞徐世昌著开缺，以内阁学士候补充练兵处提调，直隶即补道刘永庆着充军政司正使，直隶补用道段祺瑞充军令司正使，候选道王士珍充军学司正使；均著赏给副都统衔"①。王士珍（1861—1930），字聘卿，号冠儒，河北正定人，北洋三杰之首，1885 年天津武备学堂炮兵科学习，毕业后任山海关炮队教习，1894 年开始帮助袁世凯编练新军，1899 年任山东巡抚。良弼（1877—1912），字赉臣，满洲镶黄旗人，1899 年赴日本留学，先后在日本成城学校、日本陆军士官学校学习，1903 年步兵科第二期毕业，回国后在练兵处任职。1904 年升任练兵处军学司编译科监督。根据相关史料，时任练兵处各司正使和各科监督的月俸分别为 400 两与 200 两白银。② 从场域的观点来看，军学司正使和编译科监督都是包含权力资本和经济资本的客观位置，在军事翻译场域中，编译科处于从属地位，军学司处于支配地位，而它们都处于练兵处的权力场域之中。军事翻译机构的成立，也就意味着军事翻译场域中某些位置和资本的确立，它是军事翻译场域存在的一个标志。

二、译者的语言资本

1862 年，京师同文馆成立，先后开设了英文、法文、俄文、德文和日文等语种，是中国第一个外语类的专门学堂，它开启了近代中国外语教育的序幕。随后，上海广方言馆（1863 年）和广州同文馆（1864 年）等专门外国语学堂相继成立。洋务运动期间，清政府还成立了福州船政学堂（1866 年）、北洋水师学堂（1881 年）等新式海军学堂。在这些海军学堂中，外语教育倍受重视，如"江南水师学堂甚至明确规定招收已有外语基础的学生，学生入学后就开始学习外语，即使在正式学习技术和武备知识时，外语也是重要科目"③，"这些学堂大多用英文教学，福建船政学堂分为两部，一是前学堂，一是后学堂，其中后学堂以练习驾驶技术为目的，采用英文教授，又名英语学堂；天津水师学堂有

---

① 朱朋寿．光绪朝东华录［M］．北京：中华书局，1958：5118.
② 总理练兵处档案全宗［A］．北京：中国历史第一档案馆，清五，案卷号 5，光绪三十一年七月十九日（1905-07-19）.
③ 田利芳．南京国民政府时期外语教育研究［D］．济南：山东师范大学，2007：12.

驾驶和管轮两门学科,均用英文教授;广东水师学堂也不例外"①。曾宗巩(1866—1938)便是在这一时期成长起来的译者,这一时期的外语教育使他积累了丰厚的语言文化资本。1892 年,曾宗巩以优异的成绩从北洋水师学堂毕业,他精通英语和法语,这些语言文化资本的积累为其与林纾的合作翻译打下了坚实的基础,也为其晚年从事海军方面的军事翻译创造了条件。

"甲午战争战败后,社会上掀起了学习外语的高潮,晚清政府对外语人才的需求也一度增加,培养出既懂外语又通西学的综合人才成为当时学校外语教育的新要求。"② 在外语学习方面,徐世昌(1855—1939)就是一个典型的例子,1897 年,经袁世凯向清廷奏请,徐世昌赴任新军稽查全军参谋军务营务处总办,在得到袁世凯的重用后,徐世昌"积极大量地学习西方的先进事务,甚至在 43 岁的年纪攻读英语,从而直接、准确地了解和研究中国军事近代化和科学化进程问题"③。1904 年,清政府颁布"癸卯学制",在其"学务纲要"中明确规定"中学以上各学堂,必勤西洋文"④,至此,外语成为中学以上学堂的必修课。1905 年,清政府废除科举制度、鼓励兴办新式学堂,这促使了各种新式学堂在全国各地纷纷成立,外语教育得到前所未有的发展。清末外语教育的大发展,为民国初期从事军事翻译译者的语言资本积累创造了良好的条件,对于部分"职业军人译者"和"非职业军人译者"来说,他们外语语言资本的积累便是从这一时期开始的。

毫无疑问,出国留学是译者获得外语语言文化资本最直接、最重要的途径。中国历史上最早的官派留学运动,肇始于 1872 年至 1875 年,清政府先后派遣120 名"留美幼童"。在甲午战争前,官派留学生的主要目的地是欧洲的英、法、德三国,甲午战争的失败极大地刺激了清廷和广大国民,加上维新派人物纷纷提出向日本学习:"以强敌为师"。1896 年清政府首次向日本派遣了 13 名留学生,留日运动在接下来的几年内开始蓬勃发展。关于辛亥革命前的留日学生人数,到目前为止学术界尚无统一的说法,根据魏善玲(2013)的研究,"1896—1911 年留日人数在 4 万到 5 万余人"⑤,足见留日学生规模的庞大,这

① 付克. 中国外语教育史 [M]. 上海:上海外语教育出版社,1986:22.
② 田利芳. 南京国民政府时期外语教育研究 [D]. 济南:山东师范大学,2007:12.
③ 李伟. 北洋新军军事文化探析 [D]. 武汉:华中师范大学,2008:25.
④ 陈学恂. 中国近代教育史教学参考资料 [M]. 北京:人民教育出版社,1986:532-555.
⑤ 魏善玲. 清末出国留学生的结构分析(1896—1911)[J]. 历史档案,2013(2):104.

为民国时期译介日本的军事书籍提供了强大的人才保障。中华民国成立后，南京临时政府及北洋政府沿袭旧制，继续派遣海外留学生，大批学子纷纷走出国门，接受西方先进的高等教育，这一时期的留学生群体规模较大。根据相关资料，从 1912 年至 1926 年，官费留美学生人数达到 4148 人①，然而与留日学生人数相比，留美学生少得可怜。自甲午战后留学日本就已成为一股巨潮，民国初期的留日学生人数更为惊人，仅 1914 年留学日本的学生人数就达到 3796 人②，"1908 年至 1911 年，中国留学欧洲学生总数大约 500 人，其中留学英国、法国、德国、俄国的学生人数分别为 124 人、140 人、77 人和 23 人，其他欧洲国家留学人数不详"③。

在中国历史上，向国外派遣军事留学生最早的军种是海军，其次是陆军，最后是空军。"1875 年，福建船政学堂派魏瀚等 5 名学生赴法，接着又派汴长胜等 7 人留德，这是近代军事留学生派遣之始，同时也是近代中国人留学欧洲的先导。"④ 在随后的十几年中，清廷继续向欧洲派遣军事留学生，根据王奇生的统计，"清政府自 1875 年至 1886 年间，共派出海军留欧学生 88 名"⑤，其中就包括著名翻译家严复（1854—1921）。1867 年，严复进入福州船政学堂学习驾驶，1871 年毕业，是福州船政学堂第一届毕业生。四年的国内学习，为严复的外语语言资本积累起到了积极的作用，但其丰厚的外语语言资本是在留英期间完成的。1877 年，严复由马尾船政学堂选派留学英国皇家海军学院，1879 年毕业回国，1880 年出任北洋水师学堂"洋文正教习"。留学期间，严复极其重视英语学习，大量阅读反映西方先进思想的著作，为其英文水平的提高打下了坚实的基础。在英国留学期间，严复"以其娴熟的英语为时任驻英公使郭嵩焘译述英国报刊的论议，郭嵩焘高度评价严复的英语水平'胜于译员'，认为'出使兹邦，唯严君能胜其任'，并且在驻英使馆邀英国人共度春节时，'此外唯一邀严又陵'"⑥。可以说，严复的英语文化资本积累是在留学期间完成，这是他日后从事翻译工作的最重要条件。

_____

①　留美学生总人数系笔者根据资料所得，参见周棉．中国留学生大辞典［M］．南京：南京大学出版社，1999：590-591.

②　实藤惠秀．中国人留学日本史［M］．谭汝谦，林启彦，译．北京：北京大学出版社，2012：389.

③　孙璐．民国初年中国留学生群体考析［J］．学术界，2014（3）：200.

④　王奇生．近代军事留学生述议［J］．军事历史研究，1990（2）：75.

⑤　王奇生．近代军事留学生述议［J］．军事历史研究，1990（2）：75.

⑥　欧梦越．论严复的英语教育理念［J］．武夷学院学报，2014，33（1）：58.

八国联军侵华之前，肇始于洋务运动时期的赴德军事留学活动基本上处于停滞状态，"真正形成规模的留德学生派遣始于1901年，这一年，清政府发布上谕'调派学生出洋游学以资造就'，但因'泰西各国道远费多'，各省'咨送甚少'，因此又于第二年九月四日再次发布上谕，命令各省督抚筹款选派学生出洋'以求专门学问'，此后各省派遣留德学生的规模不断扩大"①。1904年，仅武昌就有10名学生留德，其中就有民国初期的军事翻译家刘家伦（1885—1955），"江南学堂的学生中也有12名被派往德国习陆军"②。在驻德大使杨晟的奏报中，从1897年至1907年，在册的德国留学生有70名，其中军事留学生有38名。与日本和德国相比，清政府向美国派遣军事留学生的时间要晚，1905年两广总督费尽周折才向美国纽约武备大学派出两名军事留学生，但"美国军事学校对中国人限制甚严，如最著名的陆军学校西点军校，外国人须经国会特许，方可入校"③。甲午战争失败后，清政府改变了军事留学的目的地，由学习西欧转向学习日本。"1898年，浙江巡抚选派4人留日学习陆军，其后张之洞、袁世凯及其他省份亦相继派遣，这是近代陆军留学生派遣之始。"④ 清末，接收中国留学生的日本军事院校主要有三所：东京成城学校、东京振武学校和日本陆军士官学校，根据相关资料，从1898年至1911年"留学成城和振武两校的中国学生达850余人，这些学生中，有的直接回国服务，有的升入士官学校学习。中国学生入士官学校始于1900年，至1911年毕业于士官者共计673人"⑤。留日的陆军留学生群体发挥了巨大的历史作用，特别是对清末新军的建立。他们回国后，有的担任新军军官，有的充任陆军新式学堂教官，还有的编译军事书籍，"清末陆军部设有译书局，各省督练公所设有译书科，译书工作主要由回国留学生担任。据1909年一份译书单统计，译书来源中，日文28本，英文3本，法文2本，德文1本"⑥。在这些军事留学生中，有民国时期重要的军事理论家蒋百里（1882—1938），也有重要的军事教育家方鼎英（1888—1976）、端木彰（1880—1948）等，他们在留日期间，比较注重日语学习，日语语言文化资本的获得为他们日后从事军事翻译创造了有利的条件。

① 徐健. 晚清官派留德学生研究［J］. 史学集刊，2010（1）：74.
② 徐健. 晚清官派留德学生研究［J］. 史学集刊，2010（1）：74.
③ 王奇生. 近代军事留学生述议［J］. 军事历史研究，1990（2）：80.
④ 王奇生. 近代军事留学生述议［J］. 军事历史研究，1990（2）：77.
⑤ 王奇生. 近代军事留学生述议［J］. 军事历史研究，1990（2）：78.
⑥ 王奇生. 近代军事留学生述议［J］. 军事历史研究，1990（2）：78.

三、晚清军事翻译场域资本的构成及运作

任何场域的存在都以一定社会行动者的实践活动为前提，当然，军事翻译场域的形成也不例外，它的形成也必须以军事翻译译者的社会实践为基础。1896 年，张之洞在南京成立江南陆师学堂，它是甲午战后最早成立的新式学堂。张之洞聘请德国教习，讲授步、马、炮兵种战法及行阵、测量、绘图等军事课程。与此同时，袁世凯在天津编练新式陆军期间也成立了"行营武备学堂"，他聘请大量德国教官担任教习，并以德国军制为蓝本建立近代新式陆军，随后各省纷纷建立武备学堂，以培养新式军事人才。这些新式陆军学堂大多全面效法德国的军事教育模式，"译介和采用了原版的德国军事教材，采用德式军事教育方法，形成了军事教育现代化进程中浓厚的德国特色"①。1897 年 11 月，德国侵占山东胶州湾，试图把山东变成其势力范围，这引起了国人和清政府的极大愤慨。为了在军事上不受制于人，清政府开始逐渐裁撤德国教习、启用日本军事顾问。日俄战争之后，清政府开始了以模仿日本为主的军事改革，大量聘请日本军事顾问，这一时期"在华日本军事顾问和教习人数达到了外国在华全部军事教习的 90%以上"②。清政府对德国和日本军事教材的需求，促进了一大批军事翻译译者的诞生。

自 1903 年到 1911 年年底，尽管清政府的军事管理体制频繁更迭，译介西方军事书籍的活动却没有停止。在这一时期，从事译介西方军事著作的主力军是留日陆军留学生，他们凭借熟练的日语语言资本和先进的军事教育理念惯习，翻译了大量的西方军事著作。根据可考的资料，这些军事译著包括《兵器学》《攻势与守势》《步兵操练要典》《战术学》《要务令》《日本野战筑城教范全册》《筑城学》《最新步兵之教育》《步兵操典改正草案》《西藏通览》《防御阵地编成》《战法学》《架桥教范草案》《步兵操典补遗》《军队内务书》《日俄战役实验上所得之战术全册》《作战给养》等。

就翻译方式而言，这一时期的军事译介活动经历了一个质变，即由洋务运动时期的"洋译华述"模式转向"华人独译"。翻译方式的巨变促进了近代中

---

① 甘少杰．清末民国早期军事教育现代化研究（1840—1927）［D］．保定：河北大学，2013：136.

② 甘少杰．清末民国早期军事教育现代化研究（1840—1927）［D］．保定：河北大学，2013：127.

国军事翻译场域的萌芽,这也是笔者认为中国近代军事翻译场域萌芽于甲午战争战后至辛亥革命爆发前的这段时间的主要依据。

第二节 北洋政府主导的军事翻译场域

如果说从甲午中日战争到 1911 年这段时间是中国军事翻译场域萌芽期的话,那么北洋政府时期可以视为军事翻译场域的缓慢发展期。在这一时期,特别是在袁世凯、段祺瑞及徐世昌执政时期。军事翻译场域是整个翻译场域的子场域,除了具有翻译场域的特点之外,还要具备独特的相对自治性和逻辑,而军事翻译机构的成立和军事翻译规范的确立是军事翻译场域存在的重要依据。

一、"军学司"和"海军编译委员会"

北洋政府统治时期的军事翻译机构主要分布在陆军和海军两个军种。陆军方面,1912 年 1 月 9 日南京临时政府成立陆军部,下设军学局。后来,在南京临时政府制定的《陆军部官制》中,把"军学局"改称"军学司","南北议和成功后,政权中心便转移到北京,该官制在南京时期基本上未发生作用"①。1912 年 8 月,北京政府颁布了新的《陆军部官制》,陆军部下辖军学司,负责全国的军事教育及训练工作。1915 年 7 月,袁世凯下令成立陆军训练总监,将陆军部的军学司、军学编辑局移交陆军训练总监管辖,它是全国最高的军事教育机关,"专司全国陆军教育训练、校阅、考核,暨派遣游学、编订教育令及应用书籍,参议筹划陆军特别大演习等事宜"②,陆军训练总监另设编辑局,专门"负责军事书籍的编译和出版"③。同年,袁世凯颁布《陆军训练总监官制》,"军学编辑局'即以原局改组,其官制仍旧',掌管编辑、译述、关于各国军事书籍事宜"④。袁世凯死后,1917 年 8 月"陆军训练总监部被裁撤,复设陆军部军学司,主管陆军各兵种的训练和教育事宜"⑤。海军方面,1912 年 1 月,南京

---

① 李峰.民初陆军部研究(1912—1916)[D].西安:陕西师范大学,2011:26.
② 李峰.民初陆军部研究(1912—1916)[D].西安:陕西师范大学,2011:35.
③ 张建军.民国北京政府陆军训练总监始末[J].民国档案,2011(1):63.
④ 张建军.民国北京政府陆军训练总监始末[J].民国档案,2011(1):64.
⑤ 肖季文,吴琼.中华民国军事志略[J].军事历史研究,2003(2):50.

临时政府设立海军部，随着孙中山辞去中华民国临时大总统，海军部不久被撤。1912 年 4 月 1 日，袁世凯在北京重设海军部，任命福建船政学堂毕业的刘冠雄为海军部总长，直到 1919 年，中华民国海军部一直处于刘冠雄的执掌之下，"刘冠雄任职后，着手整顿部务，建章立制，集权于中央，使海军建设统一、有序，并收到了一些成效"①。1912 年 8 月中华民国历史上第一个海军编译机关——海军部编译处成立，严复担任总纂。1914 年 12 月，海军部又设立编史处，严复兼任总纂。1915 年 4 月，编译处与编史处合并，成立海军部编译委员会。

1912—1916 年间，北洋政府处于袁世凯的统治之下，社会局势相对稳定，袁世凯极为重视军事教育，除了设立专门的军事教育领导机构外，他仿照西方军事教育体制，在前清和南京临时政府时期军校的基础上建立了门类齐全的陆、海、空军军事教育系统。陆军方面的学校有："陆军大学、保定陆军军官学校、陆军预备学校、陆军军需学校、中央陆军测量学校"② 等；海军方面的学校有："南京海军军官学校、烟台海军学校、黄埔海军学校、福州海军学校、福州制造学校"③ 等；空军方面的学校有一所，"北平南苑航空学校（1913 年 6 月创办，1920 年更名为航空教练所，1923 年改称国立北平南苑航空学校，1928 年停办，这是中国第一所航空学校）"④。除了建立完善的军事教育体系外，北洋政府还尝试引进先进的军事教育理念，译介外国军事书籍就成了必然，为军事翻译场域的形成创造了客观条件。

二、译者的语言资本

辛亥革命后，为了适应资产阶级的需要，南京临时政府对教育系统实行了新的改革。1912 年 9 月，在清末"癸卯学制"的基础上颁布了"壬子学制"，这是中国历史上第一个具有资本主义特色的学制，该学制"把外语教育立于与国文同等重要的地位，并从法律上确立了外语教育的合法地位。《壬子癸丑学制》规定，……高小开设外国语课程，每周 3 课时，主要目的是'使儿童略识外国语文以供实用'。……中学学制 4 年，外国语是必修课程，第 4 年学习外国

---

① 邓同莉.民初海军部研究（1912 年—1919 年）——以海军总长刘冠雄为中心［D］.西安：陕西师范大学，2010：33.

② 肖季文，吴琼.中华民国军事志略［J］.军事历史研究，2003（2）：50.

③ 肖季文，吴琼.中华民国军事志略［J］.军事历史研究，2003（2）：50.

④ 肖季文，吴琼.中华民国军事志略［J］.军事历史研究，2003（2）：51.

语文要略。……大学必修外语无需赘言，更有外国文学专业 8 类专门培养精通外国文学的人才。此外，还允许兴办外国语专门学校，专门培养外语人才"①，根据相关资料，北洋军阀统治时期，国内先后开办的外国语专门学校有：1912 年成立的外交部北京俄文专修馆、1913 年成立的四川公立外国语专门学校、1914 年成立的湖北公立外国语专门学校、1916 年成立的奉天公立外国语专门学校、1920 年成立的福建公立外国语专门学校。至南京国民政府成立之前，从小学到中学、再到大学，英语教育逐渐加强，这种新式外语教育体系在民国早期已经基本确立，这对军事翻译中译者语言资本的获得起到重要作用。在民国初期，北洋政府向国外派遣军事留学生的主要目的地仍是日本，此时日本陆军大学等较高级别的军事院校开始招收中国留学生，但人数十分有限，招收中国军事留学生较多的院校主要还是日本陆军士官学校。"据统计，1911—1931 年，毕业于陆士的中国留学生多达 769 人"②，1931 年九一八事变后，受中日关系影响，留日军事留学生日趋减少，"至抗战军兴，留日军事学生全部退学归国。此后除伪满洲国和汪伪政权选送学生前往（300 余人）外，长达 40 年的留日史从此告一段落"③。

在军事翻译场域中，社会行动者就是采取各种策略分享军事文化资本的个人、组织或群体，或者说，社会行动者指的是那些与军事翻译活动有直接或间接关系的行为体，通常包括军事翻译译者、出版社、赞助人、评论家、读者、国家权力部门等。显然，在北洋政府时期军事翻译的赞助人为陆军部或海军部，更直接的赞助人为军学司，读者为军界要人、各军校军官和有一定文化水平的士兵，评论家为这一时期的军事专家、军政要人等。根据布迪厄的观点，斗争性是场域的本质属性，而行动者竞争的目标就是场域中的资本。与商业性翻译相反，军事翻译译者追求的不是经济利润的最大化，而是文化价值的最大化。换句话说，军事翻译译者大多是"为学术而学术"的一个群体，他们首要的身份是军队知识分子，或者叫作"知识军人"，而"对文化资本的占有是决定知识分子身份的必要条件，大量的资本积累使其成为文化资本家，并借此享有某种特权———作为文化生产者，这种特权体现在其拥有表现事物并且使人们相信

① 王春侠，范立彬.清末民国时期中国外语教育的嬗变 [J].兰台世界，2015 (21)：38.
② 王奇生.近代军事留学生述议 [J].军事历史研究，1990 (2)：79.
③ 王奇生.近代军事留学生述议 [J].军事历史研究，1990 (2)：79.

这些表现的象征权力"①。在北洋政府时期，统治者为了维护自己的统治，大力推进军事改革，积极学习西方先进军事制度和理念。在军事文化比较匮乏的时期，军事文化资本在军事场域或权力场域中占据着重要的地位，因此，在这一时期的军事翻译场域中，军事文化资本是广大行动者所追求的"幻象"。根据场域中不同资本之间可以相互转化的原则，掌握丰厚军事文化资本的行动者就能在军事翻译场域中获取其他的资源，如社会资本等。

这一时期，军事翻译场域中比较重要的行动者有杨言昌（1886—1950）、方鼎英（1888—1976）、周斌（1886—1985）、黄慕松（1883—1937）和端木彰（1880—1948）等，他们都是出生于 18 世纪 80 年代的热血青年，在日本陆军士官学校或其他军校留过学，参加过辛亥革命等，军校毕业后都曾在军事教育管理部门（如陆军部军学局或军校）工作过，他们的简要经历如下：

杨言昌（1888—1950），字味兰，广东香山县人，1904 年入日本振武学堂学习，1906 年入日本陆军士官学校，1908 年毕业回国，先后任保定陆军速成学堂教习、管带官、统带官，1911 年 10 月赏陆军步兵科举人，授陆军步队协军校。1911 年年底，随徐绍桢部参加辛亥革命。1912 年年底，补授陆军少将军衔。南北议和后，曾任北京政府陆军部编译官、保定陆军军官学校战术教官、长江上游总司令部参谋长等职，翻译出版《战术难题之解决》。1928 年 12 月，担任南京国民政府训练总监部军学编译处少将总编辑，此后，长期从事国民政府军学编译的领导工作。

方鼎英（1888—1976），号伯雄，湖南新化人，1905 年入日本振武学堂学习，期间加入同盟会。1909 年考入日本陆军士官学校，1911 年 5 月毕业回国。同年年底，参加辛亥革命，南北议和后，调任陆军部科员，从事炮兵操典及兵学书刊的编译工作，其间翻译了《野战炮兵战术》。1917 年，再次赴日留学，先后在日本陆军炮工学校、野战炮兵射击学校、帝国大学造兵科学习。前后两次赴日军事院校留学共计 11 年，期间广泛涉猎日本军事著作，军事学习的经历、学识和才能出类拔萃。

端木彰（1880—1948），字善夫，浙江丽水县人，江南陆军小学堂毕业，1905 年秋获官费赴日留学资格，先后在日本成城学校、日本陆军士官学校学习，1907 年毕业回国。回国后短暂担任带兵官，民国建立后到保定军校担任战术教

---

① BOURDIEU P. In Other Words：Essays Towards a Reflexive Sociology ［M］. Stanford：Stanford University Press，1990：145-146.

官，后于北京政府陆军部任职。1918 年，赴日本陆军大学学习，1921 年毕业回国。之后在北京陆军大学任教，1924 年编译出版《欧战最新改良军事丛编》，1925 年任陆军大学步兵科科长，授少将军衔。

黄慕松（1883—1937），广东梅县人，1905 年广东武备学堂毕业，1905 年 10 月入日本振武学校学习，1906 年考入日本陆军士官学校，1907 年年底毕业回国，之后担任广东黄埔陆军小学教官。1910 年年初，赴日本炮工学院留学，1911 年 10 月 10 日武昌起义爆发，回国参加革命。民国建立后，任南京临时政府参谋本部第五局局长，1912 年年底被北京政府授予少将军衔。1916 年 1 月，考入日本陆军大学，1919 年 11 月毕业。1920 年至 1923 年间，黄慕松代表中国军事研究院赴英、德、法等欧洲国家考察军事，期间出版军事译著《世界大战中之德军》，1929 年出任南京国民政府测量总局局长。

周斌（1886—1985），字远村，浙江绍兴人，1902 年毕业于湖北武备学堂，获官费赴日留学资格，到日本后先在日本振武学校学习，1906 年 12 月入日本陆军士官学校炮科学习，1908 年 5 月毕业回国，1909 年任新军第二十七混成协第五十三标炮兵教习，1911 年 10 月参加辛亥革命。1912 年 3 月，随李烈钧到南昌担任讲武堂教官，同年 11 月被陆军部授予少将军衔。1913 年 7 月参加讨伐袁世凯的"二次革命"，"二次革命"失败后赴东北陆军讲武堂担任炮科班主任，从事军事教育工作，其间翻译并出版了《步兵操典证解》。袁世凯死后，黎元洪就任总统，周斌曾担任总统府侍卫武官。1917 年 12 月考入日本陆军大学，1920 年年底毕业回国。1923 年被陆军部晋升为中将军衔。

从以上五位军事翻译译者的简历可以看出：他们具有相似的人生经历，相似的人生经历使他们拥有相近的资本。他们均读过私塾，具有很好的中文功底，熟练掌握日语或其他外国语言，这使他们拥有了丰厚的语言文化资本，他们都熟悉外国先进的军事理论，具有较强的军事专业知识，这使他们拥有丰厚的军事文化资本。

三、北洋政府时期军事翻译场域的竞争

根据 1915 年 4 月 20 日北京国民政府公布的《海军部编译委员会规则》，"委员会委员，以精通外国文字、并汉学具有根底之海军部部员兼任之"，这条规定是以法规的形式确定了从事军事翻译的资质，其中"精通外国文字"和

"汉学具有根底"是对译者外语语言资本和中文语言资本的要求。根据布迪厄的理论，场域中的行动者凭借自己手中的资本展开竞争，以占据有利的地位，斗争性是场域的存在方式。当然，军事翻译场域也不例外，这一时期的军事翻译译者也展开了激烈的斗争，主要表现在译者在争夺军事文化资本的过程中，还有对社会资本的争夺，尤其是大批军界、政界和社会名流也参与到军事翻译场域的竞争之中。

根据现有的资料，1914 年杨言昌翻译的《战术难题之解决》（日本研究会著）是民国时期最早的军事理论译著之一，该书于 1914 年 1 月由北京广智书局出版，得到了曾担任前清江南绿营总兵、江北提督、中华民国南京卫戍总督的徐绍桢（1861—1936）的书名题词。1915 年 3 月，时任中华民国副总统的黎元洪曾为周斌译的《（战史摘例）步兵操典证解》题词："运用之妙，存乎一心"（参见图 3-1），这无疑使《（战史摘例）步兵操典证解》的重要性和知名度大为增加，该译著于 1915 年 3 月初版，1919 年 9 月再次出版。1924 年 7 月，担任陆军大学战术教官的端木彰（1880—1948）在天津出版了他编译的《欧战最新改良军事丛编》第一卷（下称《改良丛编》），该书是对第一次世界大战经验教训进行总结的一部罕见的军事译著，端木彰在书中表达了自己的见解，具有重要的军事价值。《改良丛编》出版时，译者端木彰召集了一大批高层人士及名人为其作序、题词，为该书作序的为：时任国务总理的孙宝琦（1867—1931）、直隶督军王承斌（1874—1936）；题字者有：北洋政府教育总长黄郛（1880—1936）、康有为（1858—1927）、西北马家军领袖马福祥（1876—1932）、山东督军署参谋长李竟容（1885—1947）、陆军总长陆锦（1879—1946）、陆军上将张载阳（1873—1945）。端木彰能够召集如此多的军界政界的名人为其译著作序或题词，充分展示了译者所拥有的丰厚的社会资本（参见图 3-2）。

对于这一时期的军事翻译译者而言，竞相召集政界、军界高官和社会贤达为军事译著作序、题词或撰写书评，这是他们展示其社会资本或人脉资源的重要步骤，也是他们获得社会资本及其他资本的重要途径。在北洋政府时期的军事场域中，类似的例子比比皆是（参见表 3-1）。

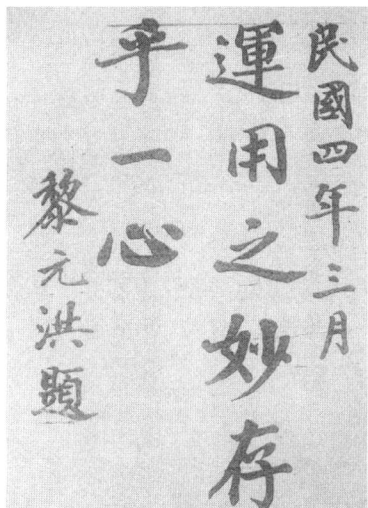

图 3-1　黎元洪在《（战史摘例）步兵操典证解》中的题字

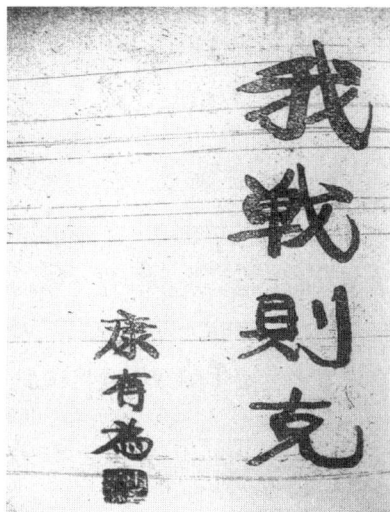

图 3-2　康有为在《欧战最新改良军事丛编》中的题字

表 3-1　北洋政府时期重要军事译著的题词、作序信息表

军事译著	译者	作序者	题词者
《战术难题之解决》（1914）	杨言昌译		徐绍桢
《（战史摘例）步兵操典证解》（1915）	周斌译	蒋方震	黎元洪
《大战学理（上、下册）》（1915）	翟寿褆译	黎元洪；蒋作宾；	
《欧战最新改良军事丛编》（1924）	端木彰译	孙宝琦；王承斌；	黄郛；康有为；马福祥；李竟容；陆锦；张载阳
《战术学教程讲授录》（1918）	王廷愈译		温寿泉

根据 1913 年 1 月 27 日北京政府颁布的《陆海军著作奖励条例》，军事译著倍受政府重视。其中第一条规定了受到奖励的军事译著的种类，它们包括"翻译之军用书籍、翻译之军用图画、翻译之军用表册、翻译之机要报告"①。第二条规定了书籍类的奖励办法有两种，第一种："归陆军部或海军部印刷发售，以

---

①　蔡鸿源．民国法规集成（第 20 册）［M］．合肥：黄山书社，1999：238-239.

两千部至五千部为率，与著作人协定，每部相当售价，以售价之若干成为奖励金照数预给，其著作权仍归著作人保有"①；第二种："依左列之价格给予奖励金，其著作权收归部有——自著，每千字十四元以上二十元以下。译文，每千字三元以上十五元以下"②。第三条规定："图画、表册、机要报告之奖励金随时酌定。"

很显然，通过军政要人给军事译著题字或作序，无疑增加了译著的知名度，给译者带来的是象征资本和经济资本的增加。军事译著的大规模销售会增加译者的经济资本，尽管大部分知识军人的追求不在于此，但这种举措无疑也会吸引拥有丰富语言资本的译者或机构加入军事翻译场域。

第三节　南京国民政府主导的军事翻译场域

1928年年底，张学良宣布"东北易帜"，南京国民政府实现了形式上的国家统一，以蒋介石为首的南京国民政府，凭借完善的政府体系和军事系统，掌控了全国的经济、政治、税收、教育，新闻出版等关键领域。尽管国内存在共产党军事割据和1931年后的日本侵略，但从1929年到1937年抗日民族统一战线成立这段时期，国民党政府占据绝对的统治地位。因此，在这一时期的军事翻译场域中，国民党政府也占据统治地位。1929年到1937年，西方军事著作汉译活动达到空前的繁荣，军事翻译场域异常活跃。造成这种现象的原因主要有以下几个方面：第一，南京国民政府实现了国家的统一，为军事翻译活动的展开提供了相对和平与稳定的社会场域。第二，为了维护自己的统治，增强军事资本（权力资本），以蒋介石为首的南京国民政府特别重视军事教育。1928年蒋介石与德国开始军事合作，希望在德国的帮助下实现军事现代化。军事的现代化需要学习外国先进经验，而译介西方军事著作则是向先进国家学习的重要且是最主要的途径。第三，随着九一八事变、一·二八事变的接连爆发，日本灭亡中国的野心昭然若揭，抗日救亡逐渐成为时代主题。然而，怎样认识日本，日本的军事实力如何，怎样与日本进行斗争，关心军

---

① 蔡鸿源. 民国法规集成（第20册）[M]. 合肥：黄山书社，1999：238-239.
② 蔡鸿源. 民国法规集成（第20册）[M]. 合肥：黄山书社，1999：238-239.

事成为非职业军人译者的一种惯习，进而造成了军事翻译场域中译者主体规模的扩大，这促进了军事翻译实践的繁荣。第四，专门军事翻译机构、审查机构、出版机构的成立和良好的内部管理，使军事翻译场域的运作比较稳定，促使了军事翻译实践的繁荣。

一、训练总监部军学编译处

根据布迪厄对场域分析的步骤，分析一个场域首先要勾画出该场域中不同行动者的位置关系。1928 年年底，张学良宣布"东北易帜"，南京国民政府实现了形式上的国家统一，成为权力场域（或叫作"元场域"）中占统治地位的行动者，对其他场域具有绝对的支配地位。因此，这一时期的西方军事著作汉译的实践，就是在国民党政府权力场域中的一个子场域。

1928 年 11 月，南京国民政府训练总监部军学编译处成立，随后任命日本陆军士官学校第六期毕业生李铎（1878—1962）担任军学编译处处长，他上任伊始就开始着手编译外国军事书籍工作。1928 年 12 月 5 日，杨言昌（1886—1950）调任训练总监部军学编译处少将总编辑，1930 年 12 月杨言昌任军学编译处中将处长，此后军学编译处一直处于杨言昌的执掌中。在《训练总监部民国十八年工作报告书》（下称《十八年报告书》）中，编者明确地阐述了该军事翻译机构的性质和任务，编者说：

> 本部军学编译处成立之初，图书一无所有……旋由总监发下《日本军队教育令附说明》一书，即付在职各员分别移译，是为本部军学编译处着手翻译书籍之先声。后乃稍稍搜集私人藏本，先从军队教育着想，计划编译军队教育丛书。凡新兵期内应授科目，如个班排及连营教练，以至野外勤务中之传令、步哨等各种动作，均拟分别各成一书，以供军队参考。①

从这段文字得知，训练总监部军学编译处翻译军事书籍始于翻译《日本军队教育令》，而翻译军事书籍的首要目的就是服务军队教育，因此有关军队教育类的科目如各种操典、教范和勤务类书籍自然就成为军学编译处译介的重点，如 1929 年训练总监部军学编译处译介的军事书籍有《阵中要务令之参考》《小部队教练计划指南》《三四人哨之教育法》《战车队军官必携》《日本军队教育

---

① 何应钦. 训练总监部民国十八年工作报告书［M］. 南京：训练总监部，1929：1.

令》《法国统帅纲领》等。在《十八年报告书》中，编者还详细阐述了军学编译处审查军用图书的初衷：

> 本部军学编译处，职司编译，对于出版界之情形不得不略加考察，以免编译重出、持议相乖。盖迩年军书出版寥若晨星，射利之徒恒拾旧刊、易以新名，或由一、二私人翻译外籍、草草成书售之以渔利，事不问新陈、理不求真妄、漫不负责、贻害滋深。本部有慨于此，爰于本部成立之初，即令草拟审查各坊肆军用图书规则，由处起草、业经呈请核定，咨行各省，通饬各坊肆遵照在案，以遏毒瘤侵润、谬说播传。在军事幼稚期诚属应行之举。①

从这段文字中可以得知，训练总监部军学编译处审查各坊肆军用图书的目的是规范军用图书市场，消除"漫不负责、贻害滋深"的军用图书，为此，训练总监部制定了《国民政府训练总监部审查各坊肆军用图书规则》②，其中关于军事译著的审查规定主要有第三条、第四条与第五条，具体内容如下：

> 第三条 各坊肆或私人编译之军用图书，已经脱稿尚未付印者，应先将稿本及原书送呈本部审查，如认为实用者，即给予审查证，准其出版。
>
> 第四条 各坊肆现有之军用图书，经本部审查认为过于陈旧或谬误过多、不堪适用者，不给审查证，停止发卖。
>
> 第五条 各坊肆或私人编译之军用图书，已经脱稿尚未付印者，经本部审查认为不堪适用者，不给审查证，停止出版。③

根据以上三条规则，训练总监部军学编译处对军事译著的审查标准主要集中于军用图书是否实用、是否陈旧和是否谬误过多，这是以"实用性"为原则对军用图书进行的质量监控行为，它对规范军事译著的生成过程具有重要意义。由于军用图书审查规则的不完善，1933 年 9 月 1 日，南京国民政府训练总监部颁布了修正后的军用图书审查规则——《修正训练总监部审查军用图书规则》[以下简称《规则（1933）》]，其具体内容如下：

---

① 何应钦. 训练总监部民国十八年工作报告书［M］. 南京：训练总监部，1929：9.
② 训练总监部军学编译处. 附录［C］//训练总监部军学编译处. 训练总监部审查军用图书案牍汇编，南京：训练总监部军学编译处，1934：1-2.
③ 训练总监部军学编译处. 附录［C］//训练总监部军学编译处. 训练总监部审查军用图书案牍汇编，南京：训练总监部军学编译处，1934：1-2.

修正训练总监部审查军用图书规则①

（民国二十二年九月一日）

……

第二条　凡各坊肆或私人编译之军用图书，无论已否出版，均得送呈本部请受审查，但系译本应附原书。

第三条　本部审查军用图书分甲乙丙三类，如左：

甲　给予审查证

　　1. 凡译述之书，其原书有价值而译笔简洁精当及畅顺者；

　　2. 凡著述之书，其理论精湛、引证详确、文笔畅顺者；

乙　只准出版，不给审查证

　　1. 凡译述之书，其原书无甚价值、而译笔简洁精当及畅顺者；

　　2. 凡著述之书，其理论平常引证欠详、而文笔畅顺者；

丙　不准出版者

　　1. 凡译述之书，无论其原书价值如何，而译笔舛误及不畅顺者；

　　2. 凡著述之书，其理论陈腐荒谬、引证不确实，及文笔不畅顺者；

第四条　各坊肆已经出版之军用图书，虽未送请审查，但发现其内容过于陈旧，或谬误过多者，本部得令其烧毁或没收之。

《规则（1933）》的颁布，使国民政府训练总监部军学编译处对军用图书的审查更加规范化和制度化。如《训练总监部民国十八年工作报告书——军学编译事务》《训练总监部民国十九年工作报告书——军学编译事务》《训练总监部民国二十年工作报告书——军学编译事务》都对本年的军事书籍翻译工作和军用图书的审查工作列表造册、详细记录，管理的规范化与制度的精细化从根本避免了军事译著的混乱行为。并且，在训练总监军学编译处的精心计划下，译介西方军事书籍的活动逐渐步入正轨并达到繁荣。

在国民党政府主导的军事翻译场域中，军学编译处处于绝对的统治地位，它不仅是军事翻译实践中的译者，还是军事译著的审查者，掌握大量的文化资本和权力资本。为了方便军学编译处军用图书的出版，国民党政府还专门成立了军用图书社，它是官方军事图书的专门出版机构，"军用图书社是军事委员会、军政部、总参谋部、训练总监部等军事机关的编书机器，它多编印诸如操

---

① 军事委员会. 军事规章汇刊：第二辑［M］. 南京：南京国民政府军事委员会，1934：4.

练、行军、作战之类的教程，通过命令形式散发到军队各部门，根本不愁销售"①。根据笔者统计，在民国时期训练总监部军学编译处翻译的112种军事译著中，有95种军事译著是在军用图书社出版的，可见军用图书社在军事翻译场域中的重要地位。由于掌握丰厚的权力资本、经济资本和文化资本，因此，训练总监部军学编译处掌管着军事翻译实践的走向，拥有制定军事翻译场域规则的权力，而其他民间翻译机构则处于被统治的地位，《国民政府训练总监部审查各坊肆军用图书规则》和《修正训练总监部审查军用图书规则》的出台便证明了这一点。

二、军事翻译译者的语言资本

20世纪30年代，中日交恶，蒋介石国民政府开始大量聘请德国军事顾问，同时增加赴德的军事留学人数。另外，国民政府派遣赴英国的军事留学生也比较多，"据《海军沿革史初稿》资料统计，1928—1938年，南京国民政府海军部派遣海军留学生99人，其中留英61人"②。赴德军事留学生人数的增加，为译介德语类军事著作积累了语言资本，这也是这一时期南京国民政府德语类军事译著增多的原因之一。在民国时期，除了北洋军阀政府和南京国民政府向国外派遣军事留学生外，中国共产党在20世纪20年代也开始积极地向国外派遣军事留学生，其留学目的地主要是苏联。其中莫斯科东方大学的军事速成班和伏龙芝军事学院为中国共产党培养了一大批军事翻译人才，如刘伯承（1892—1986）、左权（1905—1942）、焦敏之（1906—1992）等，他们通过留学苏联积累了丰厚的俄语语言资本。例如，刘伯承在1928年给王尔常的信中描述了自己学习俄语的经过，他说道："……余年逾而立，初学外文，未行之时，朋皆以为虑。目睹苏联建国之初，尤患饥馑，今日已能饷我以牛奶面包。每思川民菜色满面，'豆花'尚不可得，更激余钻研主义、精通军事以报祖国之心。然不过外文一关，此志何由得达?! 乃视文法如钱串，视生词如铜钱，汲汲然日夜积累之；视疑难如敌阵，惶惶然日夜攻占之，不数月已能阅读俄文书矣"③。很明显，作为中共方面的重要军事翻译家，刘伯承留苏期间学习俄语的经历，为其

① 张宪文，穆纬铭. 江苏民国时期出版史［M］. 南京：江苏人民出版社，1993：249-250.
② 陶德臣. 民国军事留学生群体生成探析［J］. 军事历史研究，2014，28（3）：137.
③ 刘伯承. 刘伯承回忆录（第二集）［M］. 上海：上海文艺出版社，1985：85.

以后的军事翻译活动积累了丰厚的语言资本。

三、商业利润、文化资本和政治话语幻象的共生

由于翻译的社会功能不同，处于翻译场域中行动者的动机也各不相同，有的追求文化资本的增加，如广大知识分子的学术性译介行为；有的追求经济资本的提高，如依靠稿费谋生的商业性译者群体；还有追求对意识形态场域中话语权的控制，如彼此对立的两个政党的政治性翻译。根据布迪厄的观点，"行为体在场域内斗争并期望得到各种实际利益，从而形成'幻象'，这是行为体参与竞争的直接驱动力"①。因此，我们可以把这一时期的军事翻译场域中的幻象划分为"商业利润幻象""文化资本幻象"和"政治话语幻象"三种形式。在国民党政府主导的军事翻译场域中，国民党与共产党之间的斗争，体现的是争夺政治话语幻象的斗争；民营翻译机构或个体译者参与畅销的军事题材类图书的译介，体现的是争夺商业利润幻象的斗争；高级知识分子对经典军事类书籍的译介活动，体现的是争夺文化资本幻象的斗争。

（一）商业利润幻象

东北易帜后，国内稳定的社会环境为图书出版行业提供了良好的发展机遇。1928 年，国民政府大学院通令全国各学校广置图书馆，"其数量从 1928 年的557 所增加到 1936 年的 5196 所"②，这极大地促进了图书出版事业的发展。"原有的大书局，规模进一步扩大；新设的中小书局，兴迭更替，生命力顽强；书刊出版的数量，更是逐年攀升，至抗战前夕达到历史的最顶峰"③，这一时期成为"民国成立以来的第二次出版高峰，同时也是民国出版史上最为辉煌的黄金年代"④。当然，图书出版事业繁荣的背后必是著述、翻译活动的兴盛。从上一章可知，这一时期军事译著的出版量多达 365 种，占到整个民国时期军事译著总量的 42%，这正是军事翻译活动繁荣的标志，也是军事翻译场域中行动者之间斗争激烈的写照。追求经济利益或经济资本的最大化，是民营出版机构的首要目标，所以它们在书籍题材的选择上会坚持质量和效益并重的原则，优先组

---

① BOURDIEU P，WACQUANT L J D. An Invitation to Reflexive Sociology［M］. Chicago：The University of Chicago Press，1992：98.

② 吴永贵，陈幼华 . 新图书馆运动对近代出版业的影响［J］. 出版发行研究，2000（7）：94.

③ 吴永贵 . 民国出版史［M］. 福州：福建人民出版社，2011：54.

④ 吴永贵 . 民国出版史［M］. 福州：福建人民出版社，2011：54.

织力量翻译那些军事名著，商务印书馆就是一个明显的例子。这一时期，商务印书馆先后出版了多部军事译著，如《科学战争》《全民战争》《列强战备比较论》《青年陆军常识》《青年军事航空常识》《青年海军常识》《比利时军官的自述》《国防军》《军人魂》《未来的战术》《化学战争通论》等，这些军事译著要么是西方经典军事论著，要么是军事科普常识，在图书市场中比较畅销，能够较快地获得经济效益，相应地，这些军事译著译者的经济资本也会随之增加。

（二）政治话语幻象

福柯认为，话语是"一系列作为陈述的符号实体"①，"任何存在于源语环境中的抽象思维、主观理念或者社会存在，通过翻译都有望进入译入语社会的话语中心并实现新的建构功能"②。毫无疑问，西方先进的军事技术及理论都是社会存在，对它们的译介和引进是实现新的建构功能的重要途径。处于权力中心和话语中心的南京国民政府，凭借自身强大的文化资本和经济资本优势，大规模地译介外国先进的军事理论及技术，通过军事教育实践，从而实现强军的建构功能。在这个过程中，政治话语幻象就是军事翻译场域中行动者追求的目标。

从黄埔军校发迹的蒋介石，深深懂得军队教育的重要性。因此，南京国民政府成立后，蒋介石政府先后兴办了许多军事院校，军事教育得到了全面的发展。在陆军中，除了中央陆军军官学校、陆军大学、炮兵学校、辎重兵学校、步兵学校等不同兵种的学校外，甚至还成立了化学学兵队。1928 年的编遣会议还规定，"编定各部队之中，下级官长应轮班抽调至中央军事学校施以统一的补习教育"③；海军方面，除了中央的海军电雷学校，地方还有黄埔海军学校等 4所；空军方面，中央航空学校在许多地方都设有分校。这一时期，南京国民政府特别重视军官教育，各种军事训练团、训练班相继开设以专门培训各级军官，如成立于 1933 年的庐山军官训练团，前三期毕业的军官就多达 7500 人。就军队教育的内容而言，除了军事装备技术外，西方先进的军事理论也是军队教育的重点。一战后，帝国主义列强在总结一战经验的基础上，形成了很多著名的军事理论，如德国鲁登道夫的"总体战"理论、法国戴高乐的"职业军队"理

---

① FOUCAULT M. L'Archéologie Du Savoir [M]. Paris：Gallimard，1969：14.
② 王传英，赵林波. 从翻译场域看译入语社会经济网络的运行 [J]. 外语教学，2017，38（1）：88.
③ 赵洪宝. 抗战前南京国民政府军事教育述略 [J]. 教育评论，1993（4）：69.

论、意大利杜黑的"空中战争"理论、英国富勒的"机械化战争"理论等。军事理论的变化必然会产生军事战术上的变化，所以，关于军事理论、战略战术方面的知识也是军队教育的重点。

南京政府大力兴办军事教育，其最重要的就是教材问题。军事教育的现代化需要学习外国先进的军事理论与经验，译介西方军事教育类书籍就成了重中之重，大规模翻译西方军事著作的活动应运而生。例如，"保定陆军军官学校注意吸收当时世界上军事居于领先地位的德国、日本的军事课程设置方法，采用日本士官学校教材，开设了大量学科、术科以及其他文化知识课程"①。训练总监部军学编译处成立之初就把翻译军队教育类书籍放在首要位置，"本部军学编译处成立之初……乃稍稍搜集私人藏本，先从军队教育着想，计划编译军队教育丛书"②。例如，1929 年训练总监部军学编译处翻译的军事教育类书籍有《阵中要务令之参考》《小部队教练计划指南》《三四人哨之教育法》等。作为军事翻译机构（或军事翻译群体），训练总监部军学编译处在 1928—1938 年间共译介军事书籍 112 部，其中译自日本的军事译著最多，有 77 部，其次是译自德国和欧美的军事译著。

通过大规模地翻译外国军事著作，南京国民政府逐步构建了自己的军事话语体系，其中《军语释要》的出版便说明了这一点。1929 年 4 月，南京军用图书社出版了由训练总监部军学编译处编写的《军语释要》一书，为规范国民党军队军事语言奠定了重要基础。根据军事语言学的观点，军事语言是"军队正规化、现代化发展水平的重要表征之一，军队指挥、管理的基本代码，一种特殊的作战武器，军事社群的语体系列"③。作为南京国民政府的专门军事翻译机关，训练总监部军学编译处的翻译活动无疑要为国民党军队正规化和现代化服务。因此从这个意义上讲，南京国民政府的军事翻译活动也是其（行动者）追求政治话语幻象的一种表现。

（三）文化资本幻象

由于南京国民政府极力重视军事教育，军事文化资本就成为军事（或权力）场域中比较重要的资本，而军事学术翻译是生产军事文化的重要途径。因此，

---

① 甘少杰. 清末民国早期军事教育现代化研究（1840—1927）［D］. 保定：河北大学，2013：166.

② 何应钦. 训练总监部民国十八年工作报告书［M］. 南京：训练总监部，1929：1.

③ 李苏鸣. 军事语言研究［M］. 北京：人民武警出版社，2006：5-7.

在军事翻译场域中，高级知识分子可以凭借自身的语言资本优势从事更高质量的军事翻译工作，以获取更多的军事文化资本，从而在军事场域或社会场域中占据有利的地位。

从军事译者的来源构成上看，南京国民政府的军事翻译译者主要分两部分：一是来源于北京政府；二是来源于黄埔军校及其他军校。前者主要成长于甲午战争后到辛亥革命的这段时间。"他们大多来自晚清、民国或日本的军校，但大多毕业后在行政或教育岗位工作，少有长期带兵者。他们不少并非来自黄埔军校，与蒋介石关系疏离，……被部分军人视为'失意军人'。"① 北京政府时期，这些"失意军人"凭借自身的语言资本优势翻译了许多西方先进的军事书籍，初步积累了一定的经济、社会和文化资本，为他们继续参与南京国民政府主导的军事翻译场域竞争打下了基础。后者主要来源于国民党创办的黄埔军校（后也称为中央军校）、南京陆军大学及其他军校，这些军事翻译译者多属蒋介石的"嫡系"，拥有较多的社会资本，相比那些"失意军人"而言，他们凭借自身的文化资本优势，在军事翻译场域中能够获得更有利的位置和资源。

四、南京国民政府主导的军事翻译场域的竞争

斗争性是场域的本质属性，场域中行动者之间资本的不平衡性是场域斗争的根源，社会行动者之间的竞争是场域发展的动力，也是场域存在的常态。在这一时期，军事翻译场域内的斗争主要表现在以下两个方面：第一，国民党和共产党之间争夺政治话语的斗争；第二，不同译者对军事名著文化资本的争夺。

（一）政治话语的斗争

在第二次国内革命战争时期（1927—1937），国民党和共产党一直处于战争状态，但国民党占据绝对优势地位，在国际上国民党政府是代表中华民国的唯一合法政府，而共产党力量一直处于被封锁、被包围的态势。1935 年之前，共产党的势力范围仅在江西省。随着长征的胜利，1936 年后共产党的势力范围被限制在陕甘宁地区。在军事翻译场域，国共两党的斗争主要体现在对政治话语权的争夺上。例如，面对同一本苏俄军事著作，国共两党译者对译著的命名方法是完全不同的，例如，《劳农赤军步兵操典》（1932）和《苏联工农红军底步兵战斗条例》（1937）译自同一本书，前者为训练总监部军学编译处译，而后者

---

① 邝智文. 民国乎？军国乎？第二次中日战争前的民国知识军人、军学与军事变革［M］. 香港：中华书局，2017：131.

则是中共中央军委会编译委员会译，两者的名称明显不同。国民党政府的反共政策不允许在出版物上出现"工农红军"等字眼，因此，训练总监部军学编译处用"劳农赤军"来代替，这是国共两党在军事翻译场域争夺政治话语权的一个明显的标志，类似的例子还有：《赤军防空教令》《赤军野外教令》《赤军伪装教范》（训练总监部军学编译处译，1935）等。

（二）文化资本的斗争

从布迪厄资本的分类上看，军事译著属于文化资本，由于翻译具有跨文化性质，译著的文化资本属性依附于原著的文化资本，所以译者通过翻译活动而占有译著，译者拥有的译作资本也是依附于原作者之上，原著的知名度直接影响译著的知名度，也就是说，原著的文化资本对译著和译者的文化资本具有巨大的影响力。因此，译介军事名著是增加译者文化资本的重要途径。

Der Total Krieg（国内常见译名为：《全民族战争论》《全民战争》《整个战争》等），是德国著名军事学家鲁登道夫（Ludendorff, E. F. W.）于1935年所著的军事名著，论证了什么是全民战争、全民战争的本质、基础及其与经济的关系、实施办法等问题，在世界军事理论史上具有重要地位。1937年2月，商务印书馆在上海出版了由著名德文翻译家董问樵（1909—1993）翻译的《全民战争》。奇怪的是，也是在1937年2月，上海中国国民经济研究所出版了由政治家、哲学家张君劢（1887—1969）翻译《全民族战争论》。对于译本《全民战争》而言，董问樵是知名的德语专家，具有强大的语言资本优势，商务印书馆又是当时全国著名的出版机构，具有强大的经济资本，译本《全民战争》由商务印书馆出版是语言资本和经济资本结合的产物；相比之下，张君劢曾留学德国，学习政治经济与哲学，也具有丰厚的语言资本和专业知识资本，译本《全民族战争论》出版时曾得到国民党陆军中将熊式辉（1893—1974）、著名军事理论家蒋方震（1882—1938）等知名军界人士为其撰写序言，张君劢译本又被列入黄埔丛书，足见译者强大的社会资本。根据可考的资料，张君劢译的《全民族战争论》至少曾被三个出版社或机构出版过：1937年2月，上海中国国民经济研究所初版之后，1937年3月再版；1938年7月，商务印书馆在长沙首次出版；1938年10月，重庆陆军军官学校初版；1943年6月，商务印书馆在重庆首次出版。相反，董问樵译本《全民战争》却流传不广。译者董问樵和张君劢并非职业军人，他们不属于军事场域，然而他们竞相译介世界军事名著的行为一方面显示了军事翻译场域边界的开放性，军事翻译场域与文学翻译场域、

社会学翻译场域等翻译的子场域具有千丝万缕的联系；另一方面显示了军事文化资本的魅力，世界军事名著所携带的象征性资本是军事翻译场域竞相争夺的目标。

第四节 抗日战争时期的军事翻译场域

一、变化中的军事翻译场域

翻译场域属于文化生产场域，受到经济、政治（权力）等场域的束缚，因此，军事翻译场域的变化必然受到政治和军事的影响。1937 年 7 月 7 日，日本侵略者悍然发动了震惊中外的"卢沟桥事变"，抗日战争全面爆发。在国内，中日民族矛盾上升为社会的主要矛盾，随着抗日民族统一战线的形成，国共两党实现了第二次合作，抗日救亡成为时代主题；国际上，随着第二次世界大战的爆发，世界反法西斯同盟逐渐形成，国民党、共产党与美、苏之间的军事往来和合作逐渐增多，这些因素促进了军事翻译场域的变化。

抗日民族统一战线形成后，"共产党取得了公开合法地位，又保持了独立性"①，这一变化的本质是权力场域的变化，虽然国民党政府还是代表中国的唯一合法政府，在社会权力场域中占据绝对的统治地位，但对共产党合法地位的承认使其在权力场域中拥有了自己的位置。权力场域的变化会牵动其他被支配场域的变化，比如书刊出版场域就是这种情况。在这一时期，"中共在国统区设立的公开合法出版机构新华日报馆和《群众》周刊，成为中共在大后方出版发行进步书刊的重要阵地"②，为中共方面的军事译著在国统区的出版创造了条件。另外，中共领导的一些民营出版社，如生活书店（重庆）、新知书店、读书生活出版社，它们利用相对宽松的政治环境也在国统区出版军事译著。国民党政府对部分权力的"让渡"，改变了军事翻译场域中的力量和资本格局，这是这一时期中共方面军事译著走向翻译场域的前提条件。国民党政府外交政策的变化，也是促进这一时期军事翻译场域变化的重要因素。随着抗日战争的爆发，

---

① 程中原. 中国共产党与抗日民族统一战线的建立 [J]. 抗日战争研究，2005（3）：37.

② 王海军. 抗战时期国共两党在书刊发行领域的博弈 [J]. 中共党史研究，2014（4）：70.

国民党政府主动调整外交政策，积极寻求国际援助。除了每况愈下的中德合作外，苏联率先向国民党政府给予援助，然而苏联在抗日战争中的对华政策具有双轨制的特点："一方面，通过共产国际支持中共的革命活动，另一方面通过苏联政府与国民党政府发展联系"①。在经济援助和军事援助方面，"从 1937 年到 1939 年，除了三次总额为 2.5 亿美元的贷款外，苏联政府还为国民党提供了 500 名军事顾问、1000 架飞机和 2000 名所谓的志愿飞行员援助以对抗日本"②。中苏军事外交的大发展，造就了俄语/汉语类军事翻译译者地位的上升和资本的升值，这是这一时期俄语类军事译著数量超过德语、日语的重要原因。1941 年 4 月 13 日，苏联与日本签订互不侵犯条约，中苏关系逐渐冷淡。1941 年 12 月 7 日，太平洋战争爆发，美国开始对华进行大规模的军事援助，这是英语/汉语类军事翻译译者走向军事翻译场域中心的重要原因。

二、译者的语言资本

根据相关资料，"抗战爆发后，在德国学习的中国海军人员还有 32 人"③。不过，随着德国发动第二次世界大战与中德断交，中德军事合作结束，赴德军事留学生人数也逐渐减少，这导致了在军事翻译场域中从事德语类军事翻译译者人数的减少和德语语言资本的相对贬值。太平洋战争爆发后，南京国民政府才开始有规模地向美国派遣军事留学生。"1941 年后，南京国民政府分批派人赴美国空军基地接受飞行训练，同时美国在印度培训中国军事航空人员……抗日战争胜利后，美国又在本土培训中国军事航空人员。"④ 1943 年，南京国民政府"向美国派出海军留学生 50 名"⑤。另外，国民政府军事委员会军训部还举办了军官外国语文补习班，以使广大青年军官"吸收军事上之新知识"⑥，首期补习班设英语、法语和德语三种语言，后续开设的语言有意大利语、日语和俄语，这些举措无疑为南京国民政府的军事翻译译者积累了语言文化资本。除了赴苏

①　TWITCHETT D，JOHN K F. Republican China 1912—1949，vol. 13 ［M］// The Cambridge History of China. Cambridge：Cambridge University Press，1993：109.

②　YOUNGA N. China and the Helping Hand（1937—1945）　　［M］. Cambridge：Havard University Press，1963：125-30.

③　陶德臣 . 民国军事留学生群体生成探析 ［J］. 军事历史研究，2014，28（3）：137.

④　陶德臣 . 民国军事留学生群体生成探析 ［J］. 军事历史研究，2014，28（3）：137.

⑤　陶德臣 . 民国军事留学生群体生成探析 ［J］. 军事历史研究，2014，28（3）：137.

⑥　萧仁源 . 前言 ［M］//萧仁源 . 军事委员会军训部军官外国语文补习班教育概况 ［出版地不详：出版者不详］，1943：1.

联留学外，中共方面对军事翻译译者语言资本的强化是从创建抗日军政大学俄文队开始的。苏德战争爆发后，为了在国际上建立广泛的反法西斯统一战线和配合苏联红军作战，培养精通俄语的军事干部成为当务之急。“1941 年 8 月，抗日军政大学三分校俄文队建立，后因规模增大改为军事学院俄文大队。此后鉴于形势发展的需要，军委俄文大队扩建为俄文学校，后又在俄文学校增设英文专业，俄文学校改称延安外国语学校”①，俄文大队、俄文学校及延安外国语学校的创建，为中共方面军事翻译人才的培养奠定了基础，很多译者的语言资本便是从这些学校获得的，例如俄语翻译家付克（1919—1990），1945 年毕业于延安军委外国语学校俄文系，后曾到东北民主联军编译室工作，其译著有《十个歼灭性的突击》等。

三、抗日战争时期军事翻译场域的竞争

1938 年 1 月，南京国民政府将训练总监部改组为军训部，原训练总监部军学编译处改称为军训部军学编译处，杨言昌继续担任处长。同年 3 月，南京国民政府公布了《军训部审查军用图书规则》，它沿袭了 1933 年颁布的《修正训练总监部审查军用图书规则》，继续对合格的军用图书颁发审查证。

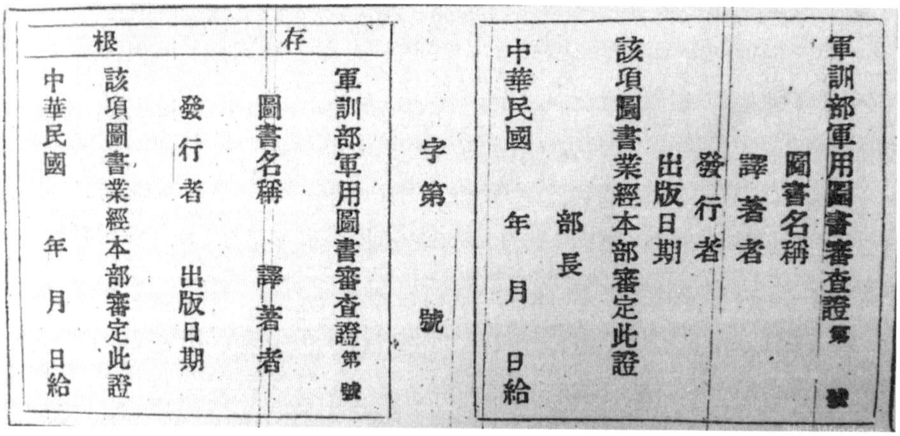
存根
軍訓部軍用圖書審查證第　號
圖書名稱　譯著者
發行者　出版日期
該項圖書業經本部審定此證
中華民國　年　月　日給

字第　號

軍訓部軍用圖書審查證第　號
圖書名稱
譯著者
發行者
出版日期
該項圖書業經本部審定此證
部長
中華民國　年　月　日給

图 3-3　军训部军用图书审查证式样②

从现有的资料来看，抗战开始后军训部军学编译处翻译的军事著作数量严重下滑。据笔者统计，整个军训部在抗战期间翻译的军事著作仅有 18 部，其中

① 袁西玲．延安时期的翻译活动及其影响研究［D］．上海：上海外国语大学，2014：57.

② 军训部．军训部法规［M］．重庆：军训部总务厅印刷所印，1941：151.

军训部军学编译处仅翻译了 7 部,远远低于训练总监部军学编译处在 1929—1937 年 112 部译著的数量。不过,训练总监部编译的军事译著基本上是以日语和德语为源语的,这说明:在训练总监部军学编译处,以日/汉、德/汉为语言资本的译者人数众多,他们掌握丰厚的日语和德语语言资本,这是 1929—1937 年间译自日语和德语类军事译著占主体的直接原因。

综观抗日战争时期西方军事著作汉译活动,从军事译著的语种来源来看,1938 年到 1945 年,出版的日语和德语类军事译著分别有 30 部和 41 部,而俄语和英语类分别达到 52 部和 65 部。很明显,随着军事外交场域力量的变化,在军事翻译场域中,拥有俄语/汉语和英语/汉语语言资本的译者居于中心地位,造成这种现象的原因在于两个方面。一方面,在国际上,1939 年 9 月 1 日德国闪击波兰,第二次世界大战爆发。1941 年 6 月 22 日,德国联合意大利等国以 550 万的兵力闪击苏联,苏德战争爆发。1941 年 12 月 7 日,日本偷袭珍珠港,太平洋战争爆发。对于从九一八事变开始就身处抗日战争前线的中国民众而言,了解二战局势,成为这一时期翻译相关参战国军事著作的重要原因。1942 年元旦,《联合国家宣言》发表,国际反法西斯统一战线最终确立。中国与美国、苏联等国成为盟友,中美、中苏关系进一步发展,军事交流也日益增多,由此,译介美、苏军事著作的活动更加频繁,如《列强海军活动范围及其实力之比较》《(最近)俄国海军考》等。另一方面,这一时期的国民政府特别重视军事学术研究。一战中崭露头角的军事技术和军事理论已经比较成熟,如德国鲁登道夫的"总体战"理论、意大利杜黑的"空中战争"理论、英国富勒的"机械化战争"理论等,这些军事理论的成熟正好符合了中国抵抗日本帝国主义的需要。1938 年 1 月,军训部成立了专门的学术研究机构——军训部作战教训研究会。1938 年 3 月 30 日,南京国民政府颁布了《军训部作战教训研究会组织规则》,其中第一条规定:"本部为研究国军之训练技术,及一切教育应改进之事项,依据军事委员会作战教训研究会办法之规定,特组织作战教训研究会"①,其中军学编译处处长为研究员之一。充分说明了这一时期国民政府对军事学术发展的渴求,也为翻译外国先进战略战术和军事理论创造了条件,这一时期的译著主要有:《步兵如何对战车作战》《战车攻击》《装甲与防御》《空战论》《空军轰炸队之组织与训练》《(法国摩托化与机械化)骑兵部队使用原则草案》《机械化部队战术论》等。

---

① 军训部总务厅. 军训部服务要览 [M]. 北京:全国图书馆文献缩微中心,2011:67.

第五节　解放战争时期的军事翻译场域

一、二战后军事翻译场域的变迁

二战结束后，德、日法西斯国家先后投降，中国的政治、外交场域发生了巨大变化。首先，美国继续强化对国民党在军事上的全面支持。资料显示，"海军方面，1946 年 2 月 5 日，美国众议院海军委员会通过了将 271 艘美国过剩航空母舰、驱逐舰、巡洋舰移交国民党政府的议案……5 月 27 日，美国海军将200 多艘战舰正式移交国民政府；陆军方面，美国共为国民党装备了 39 个美械师，并配备了全部美械装备；空军方面，1945 年 11 月 5 日，美国将驻华空军所有装备，包括总数 300 架左右的战斗机、运输机、轰炸机移交给国民党军队。11 月 10 日，美国空军协助国民党军队建立空军、并向其赠送 200 余架战机。12月 2 日，美国将印缅战区 700 架剩余战机移交国民党空军"[1]。除了美国对国民党军队提供了大规模的军事装备援助外，美国还"派遣阵容庞大的军事顾问团帮助国民党政府整训军队，进行海陆空军队及其后勤的援助和指导。1946 年 3月 19 日，美国政府成立了'美国驻华军事顾问团'。抽调各兵种 2000 余官兵赴中国，以帮助国民党政府加强军队建设，维护国内秩序，加强对中国包括台湾及满洲在内的解放区的控制"[2]。

美国军事顾问团对国民党军队的帮助主要体现在三个方面：指导训练国民党军队、帮助改组国民党军队军制和推行美式军事教育。"在教育训练方面，美国顾问团按照美军模式，大力推行美式教育。"[3] 在解放战争时期，美国军事顾问团"在南京开设大批短期训练班，如监察人员训练班、保密人员训练班、兵役人员训练班、新制讲习班、新闻班、文书讲习班等，进行各种短期军事培训教育"[4]，这些训练机构，"均有美军顾问担任教官，时间为两周到一个月左右，

① 丁光耀.1941—1947：美国对华政策及其影响［D］.长沙：中南大学，2012：24.
② 丁光耀.1941—1947：美国对华政策及其影响［D］.长沙：中南大学，2012：24.
③ 周静.1949 年前国民党军队学习外军的历程与改革［D］.扬州：扬州大学，2008：34.
④ 周静.1949 年前国民党军队学习外军的历程与改革［D］.扬州：扬州大学，2008：34-35.

也就是美军所称的轮带式训练①"。在接受美国军事教育和军事训练的过程中，对美国军事教育和训练教材的译介是必不可少的环节，拥有英语/汉语语言资本优势的译者，逐渐在军事翻译场域中成为主角，这是这一时期以英语为源语的军事翻译活动繁荣的主要原因。据统计，1946—1949 年间译自美国的军事译著共计 38 种，其内容涉及第二次世界大战史、美国军事技术、美国陆军与空军、美国军事制度，如《美国参谋业务》《美国监察指南》等。另外，随着国民党军队的不断扩充，蒋介石大量购买美国先进武器，以图在内战中占据优势，例如，"仅在内战之初的 1946 年，美国就先后为蒋介石提供了约 20 个军 57 个师707200 人的美式装备，另外还有其他陆军部队部分装备和美式武器"②。在美国军事顾问团对国民党军队进行培训时，《美国野战炮兵器材之保管》《前进观测射击法》《美国炮兵射击教范（上、下册）》等培训教材的翻译就成了必然。

　　中美军方的大规模高密度接触，是这一时期军事、政治场域的重大变化。在解放战争前期，即从 1946 年到 1948 年 6 月，国民党军队人数占据绝对优势地位，国民政府处于支配地位。然而到 1949 年年初，国共两党军事力量发生逆转，共产党军队人数远远超过国民党军队人数，军事场域力量对比的变化直接引起军事翻译场域的变化。随着共产党在军事上的不断胜利，军队数量猛增，客观上需要对士兵进行军事教育；另外，解放战争后期，解放区面积的不断扩大，图书出版场域的格局也发生了巨变，中共在军事翻译场域的话语权逐渐增强，以俄语/汉语为语言资本优势的译者逐渐居于主导地位。

二、文化资本幻象的斗争

　　在社会的大变革时期，对文化资本的争夺是行动者获取有利位置的重要手段，二战结束后的军事翻译场域也具有这样的特点。第二次世界大战中，美国在日本的广岛和长崎各投放了一枚原子弹，原子弹的出现与实战化，标志着新一轮军事科技革命的开始。在图书出版场域，有关原子弹的图书成为出版商竞相争夺的目标，"原子弹在日本爆炸以后，我国出版界反应及时，很快形成了原子科普图书的出版热潮。据不完全统计：1945—1949 年之间直接以《原子弹》

①　周静.1949 年前国民党军队学习外军的历程与改革［D］.扬州：扬州大学，2008：34-35.

②　罗元铮.美国装备国民党军队情况表（1946）［M］//罗元铮.中华民国实录（第五卷上）.长春：吉林人民出版社，1997：4815-4816.

为书名的图书有 4 种；直接以《原子炸弹》命名的就有 6 种；书名中含有原子弹或者原子炸弹的有 17 种；与原子弹紧密相关的原子科普图书就有 15 种"①。在这场资本争夺战中，不同行动者的目标并不相同。

Atomic Energy for Military Purposes 是美国普林斯顿大学物理系主任、美国陆军工程团曼哈顿区顾问史密斯（Henry D. Smyth）教授的一部专著，该书是在1940—1945 年间、由美国政府主持下的原子弹发展官方报告。1946 年 5 月，重庆军政部兵工学校出版了方光圻翻译的第一个译本——《原子能之军事用途》。时隔三个月，即 1946 年 8 月，上海的中国科学图书仪器公司出版了章康直的另一个译本——《军用原子能》。方光圻是民国时期著名的物理学家，他毕业于南京高等师范学校理化科，后留学美国芝加哥大学物理研究所，回国后曾担任台湾清华大学物理学教授、中央大学物理系教授兼系主任、国民政府军政部兵工署理化研究所研究员、国民政府军政部兵工学校校长，1949 年后到台湾，曾任陆军理工学院院长等职。作为一名军人和高级知识分子，方光圻翻译《原子能之军事用途》的主要目的在于"供吾国朝野上下注心国防者之借镜与夫理工学子之揣摩"②，他的翻译行为无疑增强了他的文化资本；然而，译者章康直在《军用原子能》的译者序言中说，"译者之将本书译出，其动机即在向国内介绍一较合理之书本，俾国人对此发明，获得若干正确概念……我国之可将本书作为灌输民智之用，自亦极觉适宜也"③。很明显，章康直的翻译目的在于科普，译著的对象为千千万万的普通读者，销售的扩大无疑会增加译者的经济资本收益。

军事科技革命的发生，促进了军事翻译的需求，也带来了军事翻译场域的繁荣。1945 年，伦敦麦克米兰出版有限公司（Macmillan and Co. Ltd.）出版了加拿大学者罗伯逊（John K. Robertson）所著的 *Atomic Artillery and the Atomic Bomb* 一书。1947 年 6 月，该书的第一个中译本《原子轰击与原子弹》问世，它由物理海洋学家文圣常（1921—2022）翻译，世界书局出版。时隔一年，1948年 7 月，上海的商务印书馆出版了数学家兼翻译家张理京（1919—1999）翻译的另一个译本——《原子炮术与原子弹》。短短两年内，该书反复被不同学者所

---

① 王洪鹏 . 20 世纪 40 年代原子弹爆炸在中国产生的震荡［D］. 北京：首都师范大学，2007：10.

② 方光圻 . 译序［M］// 史密斯（原题：史迈斯）. 原子能之军事用途 . 方光圻，译 . 重庆：军政部兵工学校，1946：11.

③ 章康直 . 译者序言［M］// 史密斯（原题：史麦斯）. 军用原子能 . 章康直，译 . 上海：中国科学图书仪器公司，1946：5.

译介，足见军事翻译场域中文化资本竞争的激烈。

三、政治话语幻象的斗争

随着日本帝国主义的投降，国共两党之间的矛盾变成社会的主要矛盾，社会中权力场域的变化也就是国共两党政治力量的变化。在这一时期，军事翻译场域受国共两党政治力量强弱变化的影响更加明显。"解放战争时期，在中共东北局的领导下，东北解放区出现了报纸杂志和图书出版的爆发式发展。从 1945 年到 1949 年，东北解放区建立了东北书店、光华书店、大众书店等众多图书出版机构……其出版机构和报刊杂志的数量、出版物的数量在各解放区中首屈一指。"① 东北解放区图书出版机构的增多，为中共方面军事译著的出版铺平了道路，图书出版场域的变化也势必会促进军事翻译场域的变化。这一时期，精通俄语的译者翻译了大量苏联方面的军事著作，如光华书店出版的《论苏军》《库图佐夫的战略》；东北书店出版的《苏联红军三十年》《十个歼灭性的突击》《论战略反攻》和《法西斯德国军事思想与军事学派的破产》。

1945 年 8 月 13 日，毛泽东在《抗日战争胜利后的时局和我们的方针》中指出："在人民中间，主要是在日本占领区和国民党统治区的人民中间，还有相当多的人相信蒋介石，存在着对国民党和美国的幻想，蒋介石也在努力散布这种幻想。中国人民中有这样一部分人还不觉悟，就是说明我们的宣传工作和组织工作还做得很不够"②，因此，对敌占区人民思想觉悟的提高，"必须下决心用最大力量经营之"③。随着共产党在军事上的节节胜利，那些原来在东北地区不便出版的军事译著大量出现，这反映了国共两党在军事翻译场域中为争夺政治话语的斗争。

第六节　军事翻译场域的特点

翻译活动是一种社会性、历史性的实践活动。根据布迪厄的场域观点，民国时期的军事翻译实践，是由这一时期从事军事翻译的译者们凭借自身的各种

---

① 逄增玉，孙晓平. 解放战争时期的东北书店及出版事业 [J]. 现代出版，2014 (5)：65.
② 毛泽东. 毛泽东选集（第四卷）[M]. 北京：人民出版社，1970：1029.
③ 毛泽东. 毛泽东新闻工作文选 [M]. 北京：新华出版社，1983：131.

资本和长期以来形成的惯习，在军事翻译场域中进行的社会实践活动，套用布迪厄的公式来表示的话，即［军事翻译译者的惯习+军事翻译译者的资本］×军事翻译场域=军事翻译实践。

在中国近代史上，军事翻译场域的萌芽期出现在甲午战争之后到辛亥革命爆发的这段时期，这一时期的军事翻译逐渐从"洋译华述"模式过渡到中方译者独立翻译，迈出了中国军事翻译场域获得相对自主性的关键一步。在民国时期，中国军事翻译场域经历了形成期、繁荣期和转型期等不同的阶段，这是由军事翻译场域中不同译者群之间的力量对比变化引起的。在北洋政府统治时期，中国军事翻译场域初步形成，陆军、海军的专门军事翻译机构和军事翻译法规的建立是军事翻译场域初步形成的标志。然而，连年的军阀混战破坏了军事翻译实践顺利发展的外部环境，这一时期的军事翻译实践规模不大，主要是由成长于甲午战争时期的"旧知识军人"发起的。他们大多具有赴日或国外军事留学经历，具有良好的语言资本优势，凭借个人兴趣从事军事翻译工作。从张学良"东北易帜"到抗日战争结束的这段时间，军事翻译场域由南京国民政府主导，其间军事翻译实践获得了很大的发展，"旧知识军人"、国民党培养的"知识军人"、共产党知识军人和民间知识分子利用自身的语言资本优势，均投入军事翻译的伟大实践中。加之国民政府颁布了一系列的军用图书审查法规，军事翻译活动实现了前所未有的繁荣。军事翻译场域的转型期，指的是二战结束后到新中国成立的这段时间，由于国共两党政治军事力量的逆转，军事翻译场域中的力量也发生了变化，中共逐渐掌握军事翻译场域的主导权，中共方面的军事翻译译者和军事译著逐渐处于军事翻译场域的中心。

本章主要考察了民国时期不同历史阶段军事翻译场域的变迁、军事翻译场域中译者的语言资本和社会资本获得情况，还考察了不同历史阶段军事翻译译者（群）之间的资本竞争。笔者发现，与文学翻译场域相比，军事翻译场域对政治（权力）场域具有更强的依附性。可以说，在整个翻译场域中，军事翻译场域是距离政治场域最近的一个子场域，政治场域的变化是导致军事翻译场域内力量变化的重要原因。然而，军事翻译实践的发生还必须考察不同译者或团体的惯习，它是决定翻译实践发生的重要因素。正如安东尼·皮姆（Anthony Pym）所说的那样，在翻译史的研究中，译者应该成为翻译研究的中心。下一章要着重研究军事翻译实践中不同译者或团体的翻译惯习，进一步解读民国时期的军事翻译活动。

第四章

西方军事著作汉译译者群像与译者惯习

根据布迪厄的观点，惯习是一种性情倾向系统，它是内化了客观世界的一种主观体验，是主观和客观的统一体。惯习是在社会环境中形成的，它和外部世界是一种双向建构的关系：一方面，行动者的行为、惯习受外在客观世界的制约，另一方面，行动者的活动也会对客观世界造成影响。在军事翻译场域中，译者惯习和外部客观世界也具有这种双向建构关系。译者惯习是集体的，也是个人的，它是集体性和个体性的统一。在民国时期的军事翻译场域中，译者惯习主要体现在翻译活动中译者对原本的选择和翻译策略上，本章主要考察这一时期不同译者或译者群在不同历史阶段的惯习。

第一节 "译者群" 的定义及划分

一、"群体" 的定义及类别

"群体"（group）是一个社会心理学概念，它指的是 "具有相同利益或情感的两个或两个以上的个体以某种方式结合在一起的相互影响的人群聚合体"①。群体是这样一群人，"他们在一定的空间和时间内相互作用，直接或间接地使用有效的相互作用在持续性、广泛性和融洽性上达到密切的程度，并自身形成一个内部准则，指导价值的实现"②。

由于参照标准不同，社会群体的划分也有不同的类型。根据沙莲香编著的《社会心理学》（2014），在社会学界，比较有影响的群体分类标准通常有三个。

---

① 陈志霞. 社会心理学 [M]. 北京：人民邮电出版社，2016：249.
② 沙莲香. 社会心理学 [M]. 4 版. 北京：中国人民大学出版社，2015：270.

第一类是统计群体与实际群体，统计群体本身并不存在，是人们为了研究的方便把具有某种共同点的人群进行划分而形成的，如老年群体，它们主要存在于统计学中；实际群体具有明显的界限，在一定的时空中存在，如班级、连队等。第二类是正式群体和非正式群体，正式群体指的是"有着规定的正式结构，其成员有固定的编制，并占据着所规定的地位，扮演着安排好了的角色的群体，如政府、机关、学校、班级等"①；非正式群体指的是"自发形成的，成员间的关系没有明确的规定，并且带有明显的情感色彩，即以个人的喜爱、好感为基础而建立起来的群体，这种群体可以是合法的，也可以是非法的，如朋友群体、流氓群体、黑社会群体等"②。第三类是大群体和小群体，其主要的区别在于人数的多寡。大群体人数众多，成员之间缺乏直接的交往和互动；小群体人数较少，成员之间通常存在直接交往和互动。简言之，群体指的是根据某种联系而构建的一种相互影响、相互作用的人群共同体。根据社会心理学的群体理论，群体研究时通常考察以下特征和参量：①群体的构成；②群体的结构，包括组织结构、情绪结构、人际关系结构等；③群体的过程，即该群体中成员之间的人际关系；④群体的价值和规范，即各成员认为应当遵守的行为规范；⑤群体发展水平。

二、译者群的定义及分类

西方关于"译者群"的定义，周领顺（2014）在《译者行为批评：路径探索》一书中专门对群体译者或译者群进行了论述，他认为"所谓的群体译者，是以人群为群体单位而划分的译者群"③，并进一步把译者群进行了区分。他认为，从气质上看，译者群可以分为学者型译者和作者型译者；从理论素养上看，可以分为翻译界内的译者和非翻译界内的译者等。郑思洁（2009）将"译者群"定义为"由两个或两个以上协作翻译同一文本的译者组成的整体。这里需要强调说明的有两点，首先，这些译者之间是合作关系，而不是简单的并存；其次，他们翻译的是同一文本，而非各行其是"④。从上面对"译者群"的定义可以看出，周领顺是从宏观视角对"译者群"进行的界定，而郑思洁则是从微

---

①　沙莲香. 社会心理学［M］. 4 版. 北京：中国人民大学出版社，2015：270.
②　沙莲香. 社会心理学［M］. 4 版. 北京：中国人民大学出版社，2015：270.
③　周领顺. 译者行为批评：路径探索［M］. 北京：商务印书馆，2014：165.
④　郑思洁. 论译者群的主体性［D］. 南京：江苏大学，2009：1.

观视角进行界定，这两种界定并不矛盾。

笔者认为，"译者群"既包括翻译同一文本而形成的译者群，也包括翻译不同文本而形成的译者群。结合群体理论，"译者群"指的是在翻译活动中，以翻译活动构成要素为参照物，由两个或两个以上译者组成、并存在相互联系、相互影响的群体。这里，翻译活动的构成要素包括原文本（ST）、译文本（TT）、译者、译本读者、发起人、委托人以及赞助人等。也就是说，我们可以以原本、译本、译者、译本读者、发起人、委托人以及赞助人的某些特点作为参照维度对译者进行分类。这样，我们就把"译者群"的宏观划分和微观划分都包含了进去。例如，以作为翻译活动发起人的出版社为参照物构建译者群，我们就可以将某一出版社在某一时期的签约译者作为研究对象进行研究。当然，这种对译者群进行划分的方法存在交叉现象，如军事翻译译者群，从文本类型的角度看，他们都可以归类为军事文本翻译译者；从译者的职业角度看，他们都是职业军人。

根据"群体理论"对群体特征的描述，相应地，作为一个群体，"译者群"的研究内容应该包括五个方面，它们是：（1）译者群的组成，包括该群体各成员的组成情况；（2）译者群的结构，包括成员之间沟通结构、译者群的权力结构（领导和被领导关系）、译者群的倾向结构、译者群成员之间的人际关系结构，以及译者群成员在翻译活动中的职能等；（3）译者群的过程：译者群中所发生的各种过程，也就是译者群中人际关系的动态面；（4）译者群的价值和规范：译者群及成员认为应当遵守的行为标准、准则；与此相联系着的还有借以保证群体规范成为其成员所一致遵守、履行的群体制约机制；（5）译者群的发展水平。

第二节　西方军事著作汉译译者群划分

经笔者统计，在《军事总书目》中从事过西方军事著作汉译的译者共有446位成员①，在这些处于社会大变革时代的译者中，最早的出生于洋务运动时

---

① 在446位译者中，不包括《军及大军之统帅》与《欧洲大战后国军编制问题》的译者。《军及大军之统帅》，天中久讲，方日中口译、赖恺元汇辑，陆军大学校印刷所印，1930年12月出版，146页；《欧洲大战后国军编制问题》，安藤三郎讲述，杨征祥口译，游凤池、周亚卫、朱昌笔记，陆军大学学友社编，1923年12月出版，32页。

期，如曾宗巩（1866—1936），大部分译者出生于甲午中日战争前后和辛亥革命时期，极少部分出生于20世纪20年代，由于这些译者从事军事翻译活动的时代和社会环境全然不同，他们从事军事翻译的特点也不一样，对这一群体进行合理的分类，是研究这一时期军事翻译活动规律的前提条件。

对"译者群"进行划分的标准是多元化的。以职业为参照物，译者可以分为职业译者和业余译者。根据笔者的统计，在民国时期的军事汉译活动中，绝大多数译者为业余译者，这些业余译者的第一职业类型是多样的，总体上可以分为两大类：第一类是职业军人，可以称之为"职业军人译者"，如刘伯承、左权、吴光杰、李浴日等；第二类是非职业军人，可以称之为"非军事人员译者"，如张一梦、董问樵、许天虹等。从译者的意识形态来看，有的是中国共产党方面的军事翻译译者，如刘伯承（1892—1986）、左权（1905—1942）、焦敏之（1906—1992）等，有的是中国国民党方面的军事翻译译者，如蒋方震（1882—1938）、杨言昌（1886—1950）、吴光杰（1886—1970）等，还有的是日伪方面的军事翻译译者。当然，对这一时期军事翻译译者群的划分标准还可以多样化，如划分标准还可以是译者的学缘结构、译者语别结构等。

考虑到民国军事译者群成员身份构成的复杂性，按照社会学对群体进行划分的原则与标准，很难将其划入单一群体。这是因为，一方面该群体的形成并没有明文规定①，成员之间主要靠军事翻译领域或整个翻译界的道德规范进行维持，从整体上看该群体可以划归为非正式群体；另一方面，该群体又属于民国时期"译者群"中的一分子，与"文学翻译译者群""医学翻译译者群"等翻译群体相伴而生，群体成员总要遵守翻译领域的规范，在这个意义上讲"职业军人译者"又可以视为正式群体。为了研究的方便，本文以"译者的主要职业是否为军人"为标准，将"西方军事著作汉译译者群"进一步划分为两类：第一类是"职业军人译者群"，它指的是在军队系统中工作（或译书时在军队工作）的译者所构成的群体；第二类是"非职业军人译者群"，指的是无军队系统工作经历的译者所构成的群体。以"有无留学经历"为标准，这两类译者群体都可以再划分为两类，即"职业军人译者群"可以划分为"有留学经历的"职业军人译者群和"无留学经历的"职业军人译者群；"非职业军人译者群"可以

---

① 这里指的是整个"军事翻译译者群"没有明确的翻译规范，但国民党内部如"海军编译委员会""训练总监部军学编译处"等都有明确的翻译规范，从社会学的角度看，它们是正式群体。

划分为"有留学经历的"非职业军人译者群和"无留学经历的"非职业军人译者群，具体如下图（图4-1）所示：

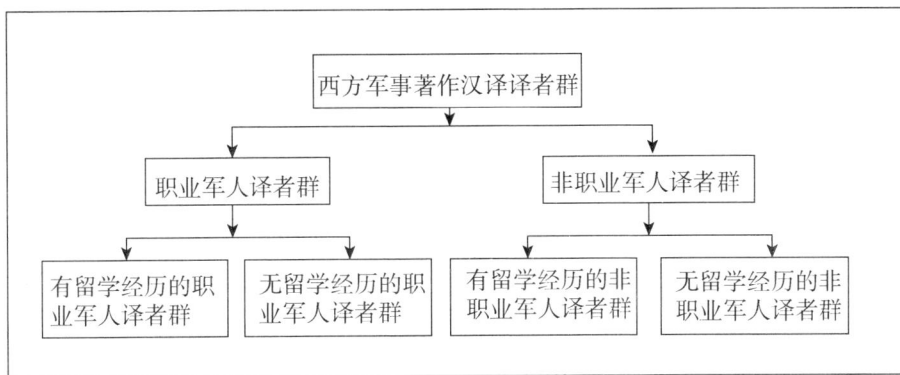

图4-1　民国时期西方军事著作汉译译者群构成

当然，这种划分还可以进一步细化。例如，可以按照"译者留学期间学习的专业""译者所属团体或组织的性质""译者的气质"等标准进行再次划分。一般来说，熟练掌握一门外语是成为一名译者的必要条件，或者说是译者所必须拥有的语言资本，而获得语言资本的途径有两条：国内外语学习或出国留学。因此，根据译者获得语言资本途径的不同，"职业军人译者群"可以细分为三类：第一类是由军事留学生构成的职业军人译者群，即那些曾经赴日本、德国、美国、苏联等国外军事院校留学的职业军人群体，他们具有良好的军事素质，并且能熟练运用外国语言，成为"职业军人译者群"的主体；第二类是由普通留学生构成的职业军人译者群，即那些曾经在国外的普通院校留学，回国后在军事部门工作、并从事军事翻译的译者群体；第三类是土生土长的、无留学经历的职业军人译者群，他们是指在国内通过各种渠道研习、并掌熟练握外文的军事人员，他们也具备成为军事翻译译者的条件。

由于军队是隶属某一国家或政治集团的武装组织，所以职业军人群体具有鲜明的政治归属。在民国时期，中国历史上主要出现了北洋军阀武装、中国国民党武装、中国共产党武装和日伪政府武装四支不同的本土性武装力量，因此，从职业军人的政治归属上看，"职业军人译者群"又可再细分为四类："北洋军阀职业军人译者群""国民党职业军人译者群""共产党职业军人译者群"和"日伪职业军人译者群"。当然，按译者的语言资本获得的途径，"非职业军人译者群"也可以分为"有留学经历"和"无留学经历"两大类。不过，对于"非职业军人译者群"而言，更主要的区分在于他们的气质类型上。

根据周领顺的观点，群体译者按气质类型来划分的话，可以分为"学者型译者"和"作家型译者"。与"职业军人译者群"相比，"是否有留学经历"并不是"非职业军人译者群"的主要特征，因此在讨论"非职业军人译者群"时，还应该以译者的气质为分类标准，将该群体分为两大类："学者型译者群"和"作家型译者群"。

一、军事留学生构成的"职业军人译者群"

军事留学生构成的职业军人译者群，指的是那些曾经赴日本、德国、美国、苏联等国外军事院校留学的职业军人译者群体，他们具有良好的军事素质，并且能熟练运用外国语言，成为"职业军人译者群"的主体。在中国近代史上，大规模向国外派遣军事留学生的活动始于19世纪末。甲午战争失败后，清政府开始向国外（特别是日本）派遣大量的军事留学生。其后，从1912年至1949年间，"军事留学生群体在晚清基础上继续扩大"[1]，"北洋政府、南京国民政府、中国共产党、各地方实力派、各伪政权均向海外派遣过军事留学生"[2]，除此之外，通过自费出国学习军事的留学生人数也不在少数。不过，根据笔者的统计，在这些军事留学生群体中，从事过军事翻译的人员基本上为以下四类人员：①晚清政府派遣的军事留学生；②北洋军阀政府派遣的军事留学生；③中国国民党派遣的军事留学生；④中国共产党派遣的军事留学生。在《民国军事总书目》中，由日伪政权派遣和自费学习军事的军事留学生译者所翻译的书目极少，本书不予讨论。

（一）晚清政府派遣的军事留学生构成的译者群

自甲午战争失败后，晚清政府痛定思痛，认为失败的原因在于军事的落后，清政府"也放下了些先前所摆的'天朝上国'的臭架子，抛弃了些先前认为西方科技都是'奇技淫巧'的迂腐，开始完全学习、照搬西方，特别是德国军事体系的各个方面"[3]。于是，清政府一方面组建新军、成立新式陆军学堂，另一方向开始向国外派遣军事留学生以培养人才。

"到1911年辛亥革命前夕，北洋新军和湖北新军中，队官以上军官90%以上选自军事学堂毕业生和留学回国军事人员。这批具有专门近代军事知识和技

---

① 陶德臣. 民国军事留学生群体生成探析 [J]. 军事历史研究，2014，28（3）：131.

② 陶德臣. 民国军事留学生群体生成探析 [J]. 军事历史研究，2014，28（3）：131.

③ 李伟. 北洋新军军事文化探析 [D]. 武汉：华中师范大学，2008：38.

能的军事人才的任用，揭开了近代中国军事史上军官群体由经验型向知识型、技术智能型转变的序幕"①，在这个历史进程中，军事留学生群体起到了至关重要的作用，特别是那些熟练掌握外语且拥有先进军事知识和技能的军事翻译工作者，他们大量翻译国外军事著作，在传播先进军事知识的过程中发挥了不可替代的作用。可以说，这些军事翻译译者是近代中国知识型、技术智能型军官群体的先锋队。清末军事留学实践为民国初期的军事翻译活动提供了强大的人才储备，极大地加速了中国军事近代化的进程，其中重要的军事翻译家有蒋方震（1882—1938）、杨言昌（1886—1950）、方鼎英（1886—1976）、杨杰（1889—1949）、刘家侞（1885—1955）② 等。

据可考的资料，在晚清政府派遣的军事留学生中，后来从事过军事翻译的译者至少有9名，他们从事军事书籍翻译活动的时间不同，最早的是东京振武学校毕业的黄郛（1880—1936），黄郛译的《旅顺实战记》一书早于1909年便已出版，至1924年已是第6版，足见该书的影响之大。接着便是1914年出版的杨言昌译《战术难题之解决》。根据笔者的统计，杨言昌译《战术难题之解决》是辛亥革命后的第一部战术学译著，在该译著的译者序中，杨言昌说道，"研究战术，若徒事文字之暗记，着目于无甚价值之部分，而于重要之点"③。从杨言昌的序言可以看出，辛亥革命后的军事翻译译者已经迈出了将军事翻译与军事学术研究相结合的关键一步，这也标志着近代中国军事理论本土化的萌芽。根据表4-1，这9位军事翻译译者均在甲午中日战争前后出生，但在民国成立之初就从事军事翻译的译者只有杨言昌（1886—1950）、方鼎英（1886—1976）和黄慕松（1883—1737）三人，其他人的军事翻译实践都发生在五四运动之后。不过，从整体上看，由晚清政府派遣的军事留学生构成的译者群在民国军事翻译活动中发挥着极其重要的作用，他们的译书情况详见表4-1：

---

① 田跃安. 清末新军建设的历史思考［J］. 西安电子科技大学学报（社会科学版），2001（2）：46.

② 根据笔者考证，在1911年辛亥革命中，26岁的刘家侞担任武昌军政府军务部军事局局长，由此得知刘家侞出生于1885年。

③ 杨言昌. 序言［M］//日本研究会. 战术难题之解决. 杨言昌，译. 北京：广智书局，1914：1.

表 4-1　晚清政府官派军事留学生译者群（1912—1949）

姓名	留学时间	留学学校	译介书籍
蒋方震（1882—1938）（日本陆军士官学校第三期）	1901—1905 年	日本陆军士官学校	《新兵制与新兵法》（1937）
刘家佺（1885—1955）	1903—1909 年	柏林炮工大学	《德国最新战斗指挥图解》（1931）；《德国兵役法》（1937）；
杨言昌（1886—1950）（日本陆军士官学校第四期）	1906—1908 年	日本陆军士官学校	《日本之国防》（1933）；《战术难题之解决》（1914）
方鼎英（1886—1976）（日本陆军士官学校第八期）	1909—1911 年	日本陆军士官学校	《野战炮兵战术》（1915）
黄郛（1880—1936）	1905—1910 年	东京振武学校；日本陆军地形测量局	《旅顺实战记》（一名：肉弹）（1909 年初版；1924 年第 6 版）
何澄（1880—1946）（日本陆军士官学校第四期）	1901—1907 年	东京振武学校；日本陆军士官学校	《日俄战役胜败原因论》（日期不详）
刘华式（1883—?）	1905—	日本海军兵学校	《日俄海战史（上、中、下卷）》（1928）；《英国大舰队（1914—1916）》（1930 年）
端木彰（1880—1948）（日本陆军士官学校第六期）	1905—1907 年	日本陆军成城学校；日本陆军士官学校	《欧战最新改良军事丛编》（1924 年）
黄慕松（1883—1937）	1904—1911 年	日本陆军士官学校；日本炮工学院	《世界大战中之德军》（1923 年）

（二）北洋政府派遣的军事留学生构成的译者群

北洋政府沿袭清末向日本派遣军事留学生制度，由于辛亥革命的爆发，中国陆军留日项目一度中断，直到 1914 年该项目再次恢复。1914 年，"第十期学员入学日本士官学校，至 1926 年，日本士官学校共招收 10 期 243 名中国军事留学生"①。北洋军阀统治时期,"派往国外留学的所有海军留学生超过 180 人"②,向英美等国派遣航空留学生 14 人③,这些军事留学生成为民国初期军事翻译的重要人才来源,如蔡宗濂(1896—?)、李明灏(1897—1980)和吴光杰(1886—1970)等,如表 4-2 所示。

表 4-2 北洋军阀官派军事留学生译者群(1912—1949)

姓名	留学时间	留学学校	译介书籍
蔡宗濂(1896—?)(日本陆军士官学校第十九期)	1926—1928 年	日本士官学校	《阵地战之研究》(1935 年);《步兵通信联络之组织与运用》(1933 年)
李明灏(1897—1980)(日本陆军士官学校第十三期)	1920—1922 年	日本陆军士官学校	《日本陆军士官学校野营演习笔记》(1929 年)
吴光杰(1886—1970)	1912—	柏林炮工大学	《民众防空》(1935 年)、《军队指挥》(1936 年)、《青年军事训练读本》(1937 年)、《战斗常识(排连之应用战术)》(1940 年)、《瑞士军制》(1931 年)、《新时代之要塞》(1940)、《战术纲要》(1942 年)、《步兵教练手册》(1944 年)、《装甲与防御》(1944 年)、《(德译)炮兵战术》(时间不详)、《联合兵种之指挥与战斗(上、下卷)》(1932 年)
葛敬恩(1889—1979)	1918—1921 年	日本陆军大学	《最近苏俄陆军》(1929 年)

(三)国民党派遣的军事留学生构成的译者群

1927 年南京国民政府成立后,开始大规模向国外派遣军事留学生,这些留学生成为整个民国时期军事留学生的主体。"南京国民政府时期的军事留学活动始于 1927 年,盛于抗日战争爆发前,嗣后有一段时间曾停止,太平洋战争爆发

---

① 陶德臣. 民国军事留学生群体生成探析 [J]. 军事历史研究, 2014, 28 (3): 132.
② 陶德臣. 民国军事留学生群体生成探析 [J]. 军事历史研究, 2014, 28 (3): 132.
③ 根据陶德臣论文"民国军事留学生群体生成探析"资料统计。

后，空军以派遣官兵到国外接受军事教育训练的方式维持了军事留学的存在。"① 根据陶德臣（2014）的统计，南京国民政府统治时期，国民政府曾向日本士官学校派遣了 682 名中国留学生；1930 年，南京国民政府向美国、英国、德国等西欧国家派遣陆军留学生 45 名；陆军大学曾派出留学生 63 名；国民政府向海外派遣的海军留学生总数大约 300 名，向德国、意大利等国家派遣的空军留学生超过 65 人②，如范伯超（1910—2001）等。南京国民政府派遣的军事留学生，成为民国时期军事翻译活动中军人译者群的重要组成部分，如表 4-3，其中有范汉杰（1894—1976）、黄德馨（1907—1999）、唐君铂（1910—1999）、易培薰（1916—1970）等。

表 4-3　中国国民党军事留学生译者群（1912—1949）

姓名	留学时间	留学学校	译介书籍
范汉杰 （1894—1976）	1928—1931 年	德国陆军大学	《最新军事小动作正误图解》（1947）
黄德馨 （1907—1999）	1933 年毕业	日本陆军炮工学院	《（最新苏俄）军队防空教令》（1933）
唐君铂 （1910—1999）	1938 年回国	英国皇家炮工军校	《（汉译）战斗情报》（1945）
易培薰 （1916—1970）	不详	美国学习	《统帅纲领稿案》（1947）
范伯超 （1910—2001）	1934—1935 年； 1937—1938 年	意大利空军航行学校； 德国空军轰炸学校	《空军轰炸队之组织与训练》（1940）、《空中射击教范草案》（1939）
刘善本 （1915—1968）	1943—1945 年	美国学习	《苏联飞机高压养气装备》（1940）
麦务之 （1902—?）	1928—1930 年	日本陆军士官学校（日本陆军士官学校第二十一期）	《下级干部自习用黑板战术》（1933）；《赤军防空教令》（1933）
汤恩伯 （1900—1954）	1925—1926 年	日本陆军士官学校（日本陆军士官学校第十八期）	《步兵操典草案连教练之研究》（1928）

---

① 陶德臣. 民国军事留学生群体生成探析［J］. 军事历史研究，2014，28（3）：132.
② 陶德臣. 民国军事留学生群体生成探析［J］. 军事历史研究，2014，28（3）：132-133.

（四）中国共产党派遣的军事留学生构成的译者群

中国共产党选派的军事留学生，其主要留学目的地是苏联。中国共产党的军事留学活动开始于 20 世纪 20 年代初，1927 年至 1937 年达到繁盛时期，止于 1941 年。中国共产党派遣的留苏军事留学生"层次不同，有党的高级干部，也有一般青年甚至战士等，他们有的进入正规军事院校接受系统教育，更多的只是军事短训班学员，这些人主要学习陆军，学空军的人极少，学海军的人几乎没有。据不完全统计，中国共产党派遣的留苏军事生总数在千人以上"①，如表 4-4，其中比较著名的军事翻译译者有军事翻译家刘伯承（1892—1986）、左权（1905—1942）、傅大庆（1900—1944）等。

表 4-4　中国共产党军事留学生译者群（1912—1949）

姓名	留学时间	留学学校	译校军事书籍
傅大庆 （1900—1944）	1921—1924 年	莫斯科东方大学	《战争论》（1940）； 《军队》（1940）
刘伯承 （1892—1986）	1927—1930 年	伏龙芝军事学院	《合同战术》（1942）
左权 （1905—1942）	1927—1930 年	伏龙芝军事学院	《苏联工农红军的步兵战斗条令》（1943）
黄文杰 （1902—1939）	1925—1929 年	莫斯科中山大学	《论苏联红军的现状》（1939）；《苏联的红军（在联共十八次代表大会上的演说）》（1939）
焦敏芝 （1906—1992）	1927—	莫斯科中山大学	《伏龙芝选集》（1940）
曾涌泉 （1902—1996）	1924—1927 年	莫斯科东方大学留学；列宁军政学院	《伏龙芝选集》（1940）

二、普通留学生构成的"职业军人译者群"

普通留学生构成的职业军人译者群，指的是那些曾经在国外的普通院校留学，学习政治、经济等非军事专业，回国后在军事部门工作并从事军事翻译的译者群体。民国初期，"军国民思想"在广大知识分子中间持续发酵，这种精神

---

① 陶德臣. 民国军事留学生群体生成探析 [J]. 军事历史研究，2014，28（3）：133.

与清末知识分子的"尚武精神"是一脉相承的，加上这一时期革命运动风云激荡，部队需要大量的军人，这种社会需求与"军国民思想"的合力，促使了一大批非军事专业的留学生开始从军，为国效力。尽管他们在留学时学习的不是军事，但回国后响应国家号召到军事部门工作，因为具有良好的外语基础，又在军队工作，所以，他们也具备从事军事翻译工作的条件，如近代著名军事家李浴日（1908—1955）就是其中的一位。

李浴日早年毕业于上海国立暨南大学，后东渡日本留学，在日本中央大学学习政治，归国后李浴日曾担任国民党国防部新闻局第二处副处长、黄埔军校教官、陆军大学教授等职。李浴日将军事翻译与军事研究结合起来，提倡建立中国现代军事理论体系，译《克劳塞维慈战争论纲要》《孙子兵法之综合研究》等著作，类似的译者还有刘文岛（1893—1967）、钱昌祚（1901—1988）、黄宇宙（1905—1998）等，详细情况如表4-5所示：

表4-5　普通留学生"军事翻译译者群"（1912—1949）

姓名	留学时间	留学学校	译校军事书籍
李浴日 （1908—1955）	1933年赴日	日本中央大学	《克劳塞维慈战争论纲要》（1944）、《孙子兵法之综合研究》（1937）
岑士麟 （1916—?）	不详	西德汉堡大学经社学院	《木柄手榴弹学》（1936）
黄宇宙 （1905—1998）	1932—1936年	日本明治大学	《空袭下之日本》（1934）
钱昌祚 （1901—1988）	1919—1924年	麻省理工学院机械系	《军用飞行术》（1930）
刘文岛 （1893—1967）	约1913—1916年在日本； 约1919—1925年在法国	日本早稻田大学；法国巴黎大学	《新军论》（1922）
潘佑强 （1898—1977）	1927—1930年	日本陆军大学	《步炮飞协同研究》（1933）

三、无留学经历的"职业军人译者群"

无留学经历的职业军人译者群，是指那些在国内土生土长、通过各种渠道研习并熟练掌握外文的军事人员，他们也具备成为军事翻译译者的条件。清末"新政"实施后，中国的外语教育发展势如破竹，到民国初期，各种外语学校或培训机构遍地开花，健全的外语教育体系已经初步形成，这为国人在国内学习外语提供了极大的便利和良好的环境。在这一时期，有一大批在国内接受外语教育的知识分子，他们勤奋好学、发愤图强，通过自己的努力打下了良好的外语基础，为他们从事翻译工作准备了语言条件。在尚武精神和"军国民教育思想"的感召下，许多知识分子纷纷参军，以求报效国家，在这些知识分子中，有的开始专门从事军事学术研究工作，有的专门从事军事翻译工作，也有的把这两者进行了完美的结合。在民国时期西方军事著作汉译的活动中，他们也是西方军事著作传播的重要力量，北洋政府、中国国民党和中国共产党方面都有这样的军事翻译人员。（如表4-6）

表4-6　无留学经历的"军事翻译译者群"（1912—1949）

姓名	毕业学校	译校军事书籍
曾宗巩 （1866—1938）	北洋水师学堂	《世界大战英国海军秘密舰队作战小史》（1934）
翟寿禔 （1883—1942）	保定军校第二期	《大战学理》（1915）
付克 （1919—1990）	延安军委外国语学校俄文系	《十个歼灭性的突击》（1949）
戴坚 （1911—1999）	黄埔军校第7期 陆军大学第12期	《兵学研究纲要》（1947）；《白纸战术（上、下集）》（1938）；《军官研究袖珍》（1941，译自德语）；《军官研究袖珍》（1941，译自日语）；《命令作为法》（1937）；《游击战》（1940）；《大战回忆录》（1938）；《白纸战术集》（1938）；《怎样训练一个战斗兵》（1939）
谭家骏 （1883—1959）	北京陆军大学	《（秘本）航空现地战术》（1941）；《新军队指挥》（1937）；《（战时）高等司令部勤务令》（1937）；《（秘本）大兵团之运用》（1937）；《新战术讲授录（1—6册）》（1934）；《最新战术研究之着眼点及原则问题之答解要领》（1934）
裴元俊 （1914—1951）	中央军校第9期；陆军大学第16期	《马歇尔元帅第二次世界大战报告书简编》（1947）

续表

姓名	毕业学校	译校军事书籍
王旭夫 （1903—1951）	黄埔军校第 4 期； 陆军大学正则班第 9 期；陆军大学兵 学研究院第 2 期；	《战术教育之指导研究法图表解》（1936）； 《现代之战略战术》（1936）
许崇灏 （1882—1959）	江南陆师学堂	《（小学校用）青年训练教范》（1935）
邹公璠 （1904—?）	黄埔军校第一期； 陆军大学特别班第 二期；陆军大学兵 学研究院	《伪装要览》（1935）
陶希圣 （1899—1988）	武昌英文馆	《克劳塞维茨战争原理》（1945）、《拿破仑 兵法语录》（1945）

四、学者型译者群

"学者型译者"指的是"身兼翻译家和学者双重身份的人"①，他们的翻译特点通常是"翻译什么，研究什么；研究什么，翻译什么"②。从译者的专业结构上看，"学者型译者"大多具有海外留学经历，其专业以理工科为主，与现代科技战争的联系比较紧密；从军事书籍译介的时间上看，他们参与翻译西方军事著作的时间基本上都在 1930 年之后，具体情况可参见表4-7。

表4-7　西方军事著作汉译中的"学者型译者群"（1912—1949）

姓名	主要职业	毕业学校	译校军事书籍
陈时伟 （1907—1973）	化学家	中央大学（现南京大学）	《化学战剂》（1945 年）
方光圻 （1898—?）	物理学家	芝加哥大学	《原子能之军事用途》（1946年）
顾谷宜 （1904—1966）	浙江大学教授	莫斯科中山大学	《德国兵家克劳山维茨兵法精义》（1941 年）

① 周领顺．译者行为批评：路径探索［M］．北京：商务印书馆，2014：165.
② 王秉钦．20 世纪中国翻译思想史［M］．天津：南开大学出版社，2004：212.

姓名	主要职业	毕业学校	译校军事书籍
郑庭椿 （？—？）	教育家	燕京大学（现北京大学）	《军事心理学》（1945 年）
关梦觉 （1912—1990）	经济学家	东北大学经济系	《苏联的军队》（1945 年）
顾康乐 （1901—1999）	工程师	美国康奈尔大学市政卫生专业	《军事工程学》（1937 年）
杭立武 （1904—1991）	政治学家	英国伦敦大学	《将来之大战》（1923 年）
蒋学模 （1918—2008）	经济学家	东吴大学； 四川大学	《机动防御战略》（1941 年）
雷通群 （1888—？）	社会学家、教育史家	不详	《世界大战回顾录》（1939 年）
厉麟似 （1896—1970）	教育家、语言学家	日本上智大学；德国耶拿大学；德国海德堡大学	《一个军人之思想》（1936 年）
钱宝钧 （1907—1996）	化学家	英国曼彻斯特理工学院	《未来大战之性质》（1935）
唐钺 （1891—1987）	心理学家、翻译家	美国康奈尔大学；美国哈佛大学	《心理学与军人》（1941 年）
田世英 （1913—1994）	地理学家	西北联大	《日本战术总论》（1944 年）
滕砥平 （1903—1966）	出版家、翻译家	燕京大学（现北京大学）化学系	《原子弹与雷达》（1946 年）
王书林 （1902—1983）	教育学家	威斯康星大学；俄亥俄大学	《军事领导心理》（1947 年）
文圣常 （1921—）	物理海洋学家	美国航空机械学校	《原子轰击与原子弹》（1947 年）
萧孝嵘 （1897—1963）	心理学家	美国哥伦比亚大学	《德国心理战》（1943 年）
曾石虞 （？—？）	化学家	德国莱比锡大学	《化学战讲义》（1932 年）、《化学战之原理与实施》（1934 年）

续表

姓名	主要职业	毕业学校	译校军事书籍
曾昭抡 （1899—1967）	化学家、教育家	清华大学； 美国麻省理工学院	《化学战争通论》（1935 年）
张理京 （1919—1999）	数学家、翻译家	辅仁大学数学专业	《原子炮术与原子弹》（1945 年）
冯宾符 （1915—1966）	编辑、社会活动家	宁波效实中学	《列强军力论》（1939 年）
金仲华 （1907—1968）	社会活动家	杭州之江大学	《西班牙的军队时怎样建立的》（1938 年）
梁纯夫 （1913—1970）	编辑	不详	《欧洲强者谁》（1940 年）、《世界大战透视——从苏德战争到联合大攻势》（1943 年）
刘尊棋 （1911—1993）	新闻工作者	北平燕京大学政治系	《当日本作战的时候》（1937 年）
李铁铮 （1906—1990）	国际法学家	台湾中央大学	《雪地与极寒地作战》（1947 年）
潘焕昆 （1917—1967）	新闻工作者	中央政治学校	《世界战略地理论》（1944 年）
王子野 （1916—1994）	编辑家、出版家	延安陕北公学	《运动战的战术原则》（1949 年）
张君劢 （1887—1969）	政治家、哲学家	东京早稻田大学	《全民族战争论》（1937 年）
庄俞 （1876—1938）	出版家、教育家	不详	《俄国海军考》（1940 年）
张梁任 （1905—？）	经济学家	德国柏林大学	《德国国防军》（1934 年）

　　在第一次世界大战中，毒气战震惊世界，当然也引起了国内学者们的关注。他们纷纷译书加以介绍，如关于"化学战"方面的译著有陈时伟夫妇译的《化学战剂》、曾石虞译的《化学战之原理与实施》与曾昭抡译的《化学战争通论》。在第二次世界大战中，原子弹的首次使用也引起了学者们的广泛关注，一大批物理学家先后投入关于原子弹著作的翻译工作中，如方光圻译的《原子能

之军事用途》和文圣常译的《原子轰击与原子弹》等。随着新的战略战术的发展，军事心理学发展也比较迅猛，心理战已经成为重要的思想战术，所以一大批心理学家开始翻译军事心理方面的书籍，如唐钺译的《心理学与军人》、王书林译的《军事领导心理》和萧孝嵘译的《德国心理战》等。

在民国时期的"非职业军人译者群"中，"学者型译者"的群体规模最大，造成这种现象的原因有多个方面：第一，从中华民国成立之初，中国就处于频繁的战乱之中，帝国主义列强竞相瓜分中国，从九一八事变到一·二八事变，再到七七事变，中华民族步步走向亡国灭种的危机，开始于清末的尚武精神和军国民思潮一直熏陶着广大知识分子，他们的家国情怀成为其译介西方军事著作的原动力。第二，民国时期先后发生过两次世界大战，其间各种新式武器和战术相继出现。新式武器装备方面，如一战中英军首次使用坦克、德军首次使用冲锋枪，二战中各种战斗机的广泛应用、原子弹运用于实战。在战术方面，一战中德军首次使用毒气战，二战中德国的闪击战等。层出不穷的新式武器和战术，使战争的形式和性质发生了巨大的变化，科学战争的观念不断深入人心，对于军事落后的中国而言，了解、掌握甚至拥有这些新的科技和战术成为时代要求。第三，无论是北洋军阀政府、中国国民党政权，还是中国共产党方面，发展军事工业都成为军事建设的重要组成部分，这导致译介西方军事技术与理念成为必然。第四，对从事科学研究的学者而言，未来战争与他们的研究领域密切相关，这些学者不仅具有科学专业知识，而且大多有留学经历和较高的外语水平，具备作为一名军事科技翻译译者的要求。第五，1928 年南京国民政府完成统一后，相对和平的国内环境，也为从事科研工作的广大学者们着手翻译西方军事著作创造了良好的条件。

五、作家型译者群

"作家型译者"指的是身兼作家和翻译家双重身份的人。从原作体裁的选择上看，"作家型译者"通常选择文史类体裁的作品进行翻译，可以说这种行为是该群体的惯习，他们通常一边创作，一边进行翻译，把翻译和创作进行了完美的结合，对他们来说翻译就是创作。在中国翻译史中，作家型译者群的人数较多，如鲁迅、梁实秋、瞿秋白等，他们都是作家型译者。在民国时期的西方军事著作汉译译者群中，重要的"作家型译者"如表 4-8 所示。

表4-8　西方军事著作汉译中的"作家型译者群"（1912—1949）

姓名	主要职业	毕业学校	译校军事书籍
傅东华 （1893—1971）	翻译家、作家	南洋公学	《欧洲与太平洋战争之胜利》 （1946年）
邵荃麟 （1906—1971）	作家、翻译家	上海复旦大学	《海陆空军在苏联》（1938年）
许幸之 （1094—1991）	导演、画家	东京美术学校	《现代战争的秘密》（1936）
徐燕谋 （1906—1986）	诗人、复旦大学 英语教授	上海光华大学	《潜水艇》（1917年）
张威廉 （1902—）	教师、翻译家	北京大学	《第一次世界大战史——西 战场国境会战》（1945年）； 《防空炮兵·高射炮兵》（著 者序为1936年）
王光祈 （1892—1936）	音乐学家、 社会活动家	德国柏林大学	《防空要领》（1935年）； 《空防要览》（1935年）； 《未来将才之陶养》（1936年）、 《国防与潜艇》（1935年）
董问樵 （1909—1993）	德文翻译家	德国汉堡大学	《全民战争》（1937年）
秦翰才 （1895—1982）	翻译家、史学家	江苏省立松江第三 中学	《英国海军秘史》（1923年）
吴奚真 （1917—1996）	翻译家	北平中国大学； 英国伦敦大学	《攻欧登陆战纪实》（1945年）
魏以新 （1898—1986）	翻译家	同济医工专门学校 德文科	《国防军》（1935年）
许天虹 （1907—1958）	翻译家	不详	《军事学讲话》（1941年）
郑安娜 （1913—1991）	翻译家	上海沪江大学	《法兰达斯之战》（1941年）

根据表4-8，在"民国军事译者"中，"作家型译者群"在翻译选材上多倾向于译介战史性质的作品，如傅东华译的《欧洲与太平洋战争之胜利》、张威廉译的《第一次世界大战史——西战场国境会战》、秦翰才译的《英国海军秘史》、吴奚真译的《攻欧登陆战纪实》和郑安娜译的《法兰达斯之战》等都属

于战史类军事著作。除此之外，科普性质的军事知识书籍也是"作家型译者"译介的对象，如许幸之译的《现代战争的秘密》、王光祈译的《防空要领》和董问樵译的《全民战争》等。

在原作选材上，"作家型译者群"倾向于选择战史类军事著作进行译介，这种现象的原因是：首先，与"学者型译者"一样，同为知识分子的"作家型译者群"，他们的爱国情怀一样的炽烈。这一点在张一梦译《日本军备论》的"译者小言"中可以看出，"现在我们大中华民国，在列强的眼里看起来，早已不成为国家了。我们热血沸腾着，抱定为国牺牲，想复兴祖国的青年们，消极烦闷，病身伤体，甚而自杀，那反足以有害于国家。我们应该把那种排山倒海、愚公移山、百折不挠的精神集中起来、组织起来，分担对日作战的工作"①。关心军事，心系国家成为他们性情中的一部分，因此译介西方军事类书籍成为一种必然。其次，在军事书籍中，具有较强专业性和科学性的军事科技类文体并不适合于"作家型译者"进行译介，即所谓的"隔行如隔山"。对此，"作家型译者"有比较清醒的认识，如在 1945 年 11 月底傅东华译《欧洲与太平洋战争之胜利》之"译序"中，他说明确地讲到了这一点。"予自惟不谙军学，而篇中军事术语触处皆有，诚恐强作解人，贻人笑柄。然重违君之殷嘱，又适索居无里，藉此消磨若干日力，计亦良得，遂不揣冒昧，以四旬之力移译成是编。夙寡交游，无可就正，纰缪恨难自检，唯望不久有精善之译本出，则此译自归覆瓦之列矣。"② 从傅东华的序言中可以看出，作家型译者从事军事翻译是有较大难度的。

第三节　西方军事著作汉译译者群的惯习

作为"性情倾向系统"的惯习，它指的是"在特定历史条件下，在个人意识中内化了的社会行为的影响总结果，特别是特定社会中的教育制度在个人意识的内在化和象征性结构化的结果"③。"惯习一方面是'被结构化'的，就是

---

① 张一梦. 译者小言［M］//仓冈彦助. 日本军备论. 张一梦，译. 天津：白河社，1932：1.
② 傅东华. 译者序［M］//马歇尔. 欧洲与太平洋战争之胜利. 傅东华，译. 上海：龙门出版公司，1946：1.
③ 高宣扬. 布迪厄的社会理论［M］. 上海：同济大学出版社，2004：121.

说惯习是行动者在社会化的过程中不断把外在的社会结构内化为自己的思想认识，是'社会化了的主观性'；另一方面，惯习是'结构化'的，即指惯习同时又能够下意识地外化为行动者的社会实践活动，产生各种符合情理的行为，'成为人的社会行为、生存方式、生活风尚、行为规则、策略运用等实际表现及精神方面的总根源'。"① 因此，惯习是解释行动者社会实践行为的有力工具。惯习的运作与特定的场域和资本系统密不可分，考虑惯习时必须考虑场域和相关资本的构成情况。在特定的社会中，客观的社会条件影响并制约着行动者的惯习，在相同的社会条件下，行动者之间可能形成相似的惯习，如大学生群体、农民工群体、高校教师群体等，他们拥有相似的惯习。在布迪厄看来，特定的社会阶级都是由相同的惯习构建的，他认为阶级是"具有相同惯习的生物性个体组成的群体"②。因此，我们可以说特定的阶级具有特定的集体惯习。然而，惯习还是个体的，由于不同社会行动者的成长环境和人生经历不同，即便具有相同的外在社会条件，个体之间的惯习差异依然无法避免，这又彰显了惯习的个体性。综上所述，惯习是集体性和个体性的辩证统一体。

当然，译者惯习也是集体性和个体性的辩证统一。译者惯习指的是"译者在翻译过程中体现出的思维习惯和思维定式，是译者早期的信仰不断内化，在历史语境中塑造而成的，它内化于特定历史阶段的译者意识结构之后，作为一种'前结构'的行为模式，指挥和调动译者的翻译方向，赋予翻译行为以特定的意义，是译者行为规则、翻译策略等实际表现及精神方面的总根源"③。可以说，考察译者惯习是理解民国时期西方军事著作汉译的一把钥匙。根据上节，民国时期从事西方军事著作汉译的译者可以划分为两大类：职业军人译者群和非职业军人译者群。职业军人译者群又可以划分为军事留学生构成的职业军人译者群、普通留学生构成的职业军人译者群、无留学经历的职业军人译者群；非职业军人译者群又划分为：学者型译者群和作家型译者群。在民国时期的军事翻译场域中，他们凭借自身的文化资本优势和不同的译者惯习，描绘了一幅波澜壮阔的军事翻译史画卷。对不同译者群体的集体惯习进行考察，有助于深刻理解不同历史时期军事翻译场域中不同译者（群）的翻译行为。

---

① 屠国元. 布迪厄文化社会学视域中的译者主体性：近代翻译家马君武个案研究 [J]. 中国翻译，2015（2）：32.
② PIERRE B. The Logic of Practice [M]. Massachusetts：Harvard University Press，1990：59.
③ 骆萍. 翻译规范与译者惯习：以胡适译诗为例 [J]. 西安外国语大学学报，2010，18（2）：75-78.

一、职业军人译者群的惯习

顾名思义，"职业军人译者"具有由双重身份，他们既是军人又是译者，军人和译者分别拥有自己的职业惯习。职业军人惯习的主要表现有：严明的纪律约束、强烈的社会责任感、忠诚于特定的意识形态等。译者的惯习主要表现为：对翻译原本的选择、翻译思想、翻译策略和翻译风格等。所以，职业军人译者的惯习则是综合了职业军人惯习和译者惯习而重新形成的惯习，它在军事翻译场域中，与职业军人译者的各种资本一起，参与军事翻译实践。由于职业军人译者具有明确的意识形态归属，民国时期的职业军人译者群又可以划分为四大类：北洋政府职业军人译者群、国民党职业军人译者群、共产党职业军人译者群和日伪职业军人译者群。由于日伪职业军人翻译的军事书籍极少，本文不做讨论，下面将对前三类职业军人译者群的惯习进行讨论。

（一）北洋政府职业军人译者群的惯习——振兴军学

在北洋政府时期，已经从事军事翻译的职业军人译者主要包括：杨言昌（1886—1950）、方鼎英（1886—1976）、端木彰（1880—1948）、黄慕松（1883—1937）、周斌（1885—？）等。尽管这些译者的家庭环境、童年的成长经历各不相同，也就是说他们的初始惯习不同，但他们具有大致相同的社会惯习。考察他们的出生时间、留学时间、是否参加革命、担任清廷官职等情况，是获悉这些译者社会惯习的重要步骤，具体情况见下表4-9：

表4-9　北洋政府职业军人译者群中的重要译者信息（1912—1949）

姓名	籍贯及早年教育	留学时间及学校	担任清廷的官职	参加辛亥革命情况	译介书籍
杨言昌（1886—1950）	广东香山县；早年读私塾	1906—1908年，日本陆军士官学校	保定陆军速成学堂教习；陆军步兵科举人；陆军步队协军校	1911年11月随徐绍桢（1861—1936）参加起义	《战术难题之解决》（1914）
方鼎英（1886—1976）	湖南新化县；	1909—1911年，日本陆军士官学校第一期炮兵教官	保定军官学校第一期炮兵教官	1911年秋天，约同士官同学30多人南下，参加汉阳作战	《野战炮兵战术》（1915）

续表

姓名	籍贯及早年教育	留学时间及学校	担任清廷的官职	参加辛亥革命情况	译介书籍
黄郛 （1880—1936）	浙江绍兴人	1905—1910 年，东京振武学校；日本陆军地形测量局	清廷军咨府第二厅科员	留日期间加入同盟会；1911年 11 月参加上海光复	《旅顺实战记》（一名：肉弹）（1909 年初版；1924 年第 6 版）
何澄 （1880—1946）	山西灵石县人；早年读私塾	1901—1907年，东京振武学校；日本陆军士官学校	保定军官学校兵学教官；清廷军咨府第二厅科员	1905 年，加入同盟会；1911年 11 月参加上海光复。	《日俄战役胜败原因论》（日期不详）
端木彰 （1880—1948）	浙江丽水县人；江南陆军小学堂	1905—1907 年，日本陆军成城学校；日本陆军士官学校	江南陆军第一师步兵营长	资料不详	《欧战最新改良军事丛编》（1924 年）
黄慕松 （1883—1937）	广东省梅县人；汕头岭东同文学堂	1904—1911 年，日本陆军士官学校；日本炮工学院	广东黄埔陆军小学教官、校长	留学期间加入同盟会，1911年年底参加辛亥革命	《世界大战中之德军》（1923年）
周斌 （1885—?）	浙江绍兴人；	1906—1908 年，日本陆军士官学校	无	1911 年 10 月参加九江起义	《步兵操典证解》（1915 年）

综观上表信息，可以看出：他们都是出生于 19 世纪 80 年代，成长于甲午战争和戊戌变法前后的热血青年；他们大都或多或少地接受过私塾教育，谙习中国古典文化；他们深知依靠强军进而强国的道理，都是抱着"强国梦"的理想到国外军事院校留学深造；他们学成回国后大都在清廷担任过教官或短暂带兵，对清政府的军事管理体制比较熟悉；他们大都支持或参加了孙中山领导的辛亥革命，有些还是同盟会成员，信仰三民主义。这些相同或相似的人生经历使他们形成了相似的职业军人惯习，他们都深刻感受到了中国军事的落后，主张以新的军事装备、军事制度、军事理论来武装军队。例如，曾担任南京国民政府训练总监部军学编译处处长的厉尔康（1888—?），在 1929 年出版的专著《欧战后日本之军事观》一书中，针对民国的军事提出了十二点建议：

一、建设巩固之政府以求军政令之统一

二、裁兵节费以补充军实

三、改良兵役之制、创办军事预备教育，以储备战时之要员

四、清理人事、明定官佐服役期限

五、改革营制饷章、增加新式武器，以应生活程度而符军事之趋势

六、兴办军事学校、奖励官佐，以宏造就而示提倡

七、提倡科学奖励一般学者俾得悉心研究

八、开辟国内之交通以利军事而便实业

九、广派专员分赴各国俾便调查而资研究

十、广购各国军用器材借资研究以便改良

十一、扩充兵工厂开发兵器之资源以谋兵器之独立

十二、发展工业以裕民生以使战时之应用①

厉尔康提出的"军政令统一、实行征兵制、更新军备和训练、奖励研究、发展工业、兵器生产独立，以及从外国学习最新军事科技等建议……这些想法似已成为民国知识军人的共识"②。这种共识便是这一时期职业军人的一种职业惯习，进而影响了他们译者身份下的译者惯习，如对翻译原本内容的选择等。作为民国时期的第一代知识军人，他们的职业惯习为"振兴军学"。

（二）国民党职业军人译者群的惯习——"建国军兴"与"抗战军兴"

南京国民政府成立后，为了实现军事现代化，蒋介石大力发展军事教育，各种军事院校和教育机构纷纷成立。北伐虽然推翻了北京政府，但南京国民政府还是继承了前者的军事教育体制，主要表现在南京国民政府对北京政府军事教学人员和军事教材的接收上。就军事教学人员而言，北洋政府的知识军人（当然包括军事翻译译者），如周亚卫、杨言昌、端木彰、方鼎英、周斌等，都加入了南京国民政府的军事教育体系。"训练总监部成立后不久，其人员即前往北京陆军部军学司点收所有'重要档案、前军学编译局图书、前陆军部所辖各校存留各项军用模型、北平印刷所一部分印刷机器'。这些书籍被送到训练总监部新设的图书馆，该馆拥有'英法德美意日俄葡波土等国军事学说，及我国旧有之军事学'书籍。"③ 所以说，除了国民党自己培养的军事翻译译者外，国民

---

① 厉尔康.欧战后日本之军事观［M］.南京：军用图书社，1929：308-309.

② 邝智文.民国乎？军国乎？第二次中日战争前的民国知识军人、军学与军事变革（1914—1937）［M］.香港：中华书局，2017：70.

③ 邝智文.民国乎？军国乎？第二次中日战争前的民国知识军人、军学与军事变革（1914—1937）［M］.香港：中华书局，2017：101-102.

党职业军人译者群包含了北洋政府职业军人译者群，两者之间是一种包含与被包含的传承关系。除了北洋政府职业军人译者之外，国民党职业军人译者主要有蒋方震（1882—1938）、吴光杰（1886—1970）、刘家俬（1885—1955）、谭家俊（1883—1959）等，具体译者信息参见表4-10。

表4-10　中国国民党职业军人译者群中的重要译者信息（1912—1949）

姓名	籍贯及早年教育	留学时间及学校	担任清廷的官职	参加辛亥革命	译介书籍
蒋方震（1882—1938）	浙江海宁人；早年读私塾	1901—1905年，日本陆军士官学校	东北新军督练公所总参议；京都禁卫军管带	1911年10月参加辛亥革命	《新兵制与新兵法》（1937）
吴光杰（1886—1970）	安徽肥东县；保定陆军速成学校	1912年—?，柏林炮工大学	陆军部机关枪纵队排长	1911年10月参加革命	《民众防空》（1935）、《军队指挥》（1936）、《青年军事训练读本》（1937）、《战斗常识（排连之应用战术）》（1940）、《瑞士军制》（1931）、《新时代之要塞》（1940）、《战术纲要》（1942）、《步兵教练手册》（1944）、《装甲与防御》（1944）、《(德译)炮兵战术》（时间不详）、《联合兵种之指挥与战斗（上、下卷）》（1932）
刘家俬（1885—1955）	湖北汉口	1903—1909年，柏林炮工大学	陆军武科举人；清廷陆军部军务司台垒科科长	1911年参加辛亥革命	《德国最新战斗指挥图解》（1931）；《德国兵役法》（1937）
刘华式（1883—?）	湖南新化	1905—?，日本海军学校	无	辛亥革命爆发后，回到上海参加革命	《日俄海战史（上、中、下卷）》（1928）；《英国大舰队（1914—1916）》（1930）
戴坚（1913—1999）	湖南长沙	黄埔军校第7期 陆军大学第12期			《兵学研究纲要》（1947）；《白纸战术（上、下集）》（1938）；《军官研究袖珍》（1941，译自德语）；《军官研究袖珍》（1941，译自日语）；《命令作为法》（1937）；《游击战》（1940）；《大战回忆录》（1938）；《白纸战术集》（1938）；《怎样训练一个战斗兵》（1939）

姓名	籍贯及早年教育	留学时间及学校	担任清廷的官职	参加辛亥革命	译介书籍
谭家骏（1883—1959）		北京陆军大学			《（秘本）航空现地战术》（1941）；《新军队指挥》（1937）；《（战时）高等司令部勤务令》（1937）；《（秘本）大兵团之运用》（1937）；《新战术讲授录（1-6册）》（1934）；《最新战术研究之着眼点及原则问题之答解要领》（1934）

1928 年年底，南京国民政府实现全国统一之后，训练总监部军学编译处、军训部军学编译处等机构实际上成为国民党职业军人译者群的领导机关，并每年根据形势发展需要，制定军事翻译任务。在这一时期，国民党职业军人译者群对国外军事书籍的翻译更具有计划性和针对性，他们更加注重对外国军事理论及军事制度进行批判性的吸收，一大批知识军人开始把军事翻译与军事创作结合起来，逐渐构建自己的军事理论体系，实现外国军事理论本土化，出现了一批像蒋方震、杨杰、吴光杰这样的军事学家。因此，除了继承北洋政府职业军人译者惯习外，国民党职业军人的惯习又有新的发展：他们锐意进取，积极引进最新外国军事理论与科技成果；批判性吸收外国的军事理论、军事制度；积极探索符合国情的军事理论。在这种思想的指导下，国民党职业军人译者也逐渐形成了新的翻译策略：把翻译视为手段，在外国军事图书的基础上进行创作、改译等，他们逐渐形成了"建国军兴"与"抗战军兴"的惯习。

（三）共产党职业军人译者群的惯习——"抗战救国"和"共产主义"

中国共产党对西方军事著作的译介活动，主要发生在延安时期和解放战争时期，即从 1935 年 10 月中共中央到达陕北至 1949 年 9 月底的这段时间。共产党方面的职业军人译者主要有刘伯承（1892—1986）、左权（1905—1942）、傅大庆（1900—1944）、焦敏之（1906—1992）等，其具体译者信息参见表 4-11。

表 4-11　中国共产党职业军人译者群中的重要译者信息（1912—1949）

姓名	留学时间及院校	政治面貌	译校军事书籍
傅大庆（1900—1944）	1921—1924，莫斯科东方大学	1921 年加入中国共产党；曾担任苏联代表团团长鲍罗廷和军事顾问加伦将军的翻译	《战争论》（1940）；《军队》（1940）
刘伯承（1892—1986）	1927—1930，伏龙芝军事学院	1926 年加入中国共产党	《合同战术》（1942）
左权（1905—1942）	1927—1930，伏龙芝军事学院	1925 年加入中国共产党	《苏联工农红军的步兵战斗条令》（1943）
黄文杰（1902—1939）	1925—1929，莫斯科中山大学	1925 年加入中国共产党	《论苏联红军的现状》（1939）；《苏联的红军（在联共十八次代表大会上的演说）》（1939）
焦敏芝（1906—1992）	1927—?，莫斯科中山大学	1926 年加入中国共产党；留苏期间担任过共产国际东方部远东代表翻译	《伏龙芝选集》（1940）
曾涌泉（1902—1996）	1924—1927，莫斯科东方大学留学；列宁军政学院	1925 年加入中国共产党；1924 年至 1927 年在莫斯科东方大学学习期间兼做翻译	《伏龙芝选集》（1940）
付克（1919—1990）	1945 年毕业于延安军委外国语学校俄文系	中共党员；曾在东北民主联军编译室工作	《十个歼灭性的突击》（1949）

上表显示，中国共产党职业军人译者有许多共同点：他们大多出生于 20 世纪初到辛亥革命爆发的这段时间；大多在 20 世纪 20 年代赴苏联留过学；基本上都是中国共产党党员，信仰共产主义；在留学期间，大都从事过翻译工作，如傅大庆、刘伯承、左权等。在军事翻译场域，相似的人生经历可能会产生相同的惯习。中共职业军人译者群的相似人生经历，使他们产生了相同的译者惯习——利用自身的俄语语言资本，主要倾向于选择俄语类或有关苏联共产主义的军事著作进行翻译。

例如，中国共产党方面的军事翻译译者焦敏之（1906—1992）曾认为，"既然走俄国人的路是十月革命后中国人民应该选择的唯一正确道路，那么，一个革命的翻译家就应该首先积极、大量地翻译马列著作，翻译苏联的东西……这是当务之急，也是一种救国的捷径"①，这说明了"翻译救国"是焦敏之的一种惯习。他还认为，"翻译家首先要弄明白自己是站在什么立场，赞成什么，反对什么……不能乱译，政治面目要一清二楚"②，这代表了焦敏之的翻译选材惯习。在翻译策略的选择上，焦敏之认为，"翻译别人的作品，一定要保持中国语的语法，简言之，就是思想内容是外国的，但文字是中国的，最好是中国大众化的语言"③，这是一种主张归化的翻译惯习，也是其他许多中国共产党方面的译者的共同主张，例如，杰出军事翻译家刘伯承曾指出，

> 军事翻译具有很高的美学价值。翻译工作好比两国文字结婚，要生出漂亮的'混血儿'，不能生出'丑八怪'来。在衡量译文的质量标准上，他很赞赏近代翻译家严复提出的'信''达''雅'三个字。并且，根据军事翻译的特点，作出新的解释。……'信'——就是要求译文的内容跟原文一致，在结构上、风格上要保持原有的特点，做到真实可信……许多军事译文是要指导作战的，它的准确性要求更高。俗话说，差之毫厘，失之千里。如果译文中错一个字，就会使读者（大多数是各级军事指挥员）产生误解，到战场上就要付出血的代价。'达'——就是要求文字通达，突出重点，要把原文的要旨转达给读者，不能轻重不分，含糊不清，也不能隔靴搔痒，使人扑朔迷离。'雅'——就是要综合两国文字的表达特点，讲究词章语法，要像行云流水，不佶屈聱牙，不文白夹杂。④

从刘伯承的观点来看，"信、达、雅"三原则已经成为他的一种翻译惯习，从本质上讲，这也是翻译场域中翻译策略的归化惯习。但他对军事翻译又有新的认识，特别是在军事翻译中关于"信"的原则上。刘伯承认为，军事翻译中的"信"要有更高的准确性，因为它是关系到生死存亡，不"信"的译文，"到战场上就要付出血的代价"，这体现了职业军人的一种高度责任感惯习。

二、非职业军人译者群的惯习

在民国时期的军事翻译场域中，除了职业军人译者群体外，一大批非职业

---

① 李文林. 翻译家焦敏之的人生历程［J］. 文史月刊，2014（9）：14.
② 李文林. 翻译家焦敏之的人生历程［J］. 文史月刊，2014（9）：15.
③ 李文林. 翻译家焦敏之的人生历程［J］. 文史月刊，2014（9）：15.
④ 陈石平，成英. 军事翻译家刘伯承［M］. 太原：书海出版社，1988：350-351.

军人译者主动加入军事翻译的行列，这是该时期军事翻译场域中行动者构成的显著特征之一。根据统计资料，非职业军人译者群体从事军事翻译活动主要集中在九一八事变后到新中国成立的这段时间。1931 年 9 月 18 日，日本侵略者悍然发动九一八事变，日本帝国主义侵华开始。由于张学良的"不抵抗"政策，1932 年 2 月东北全境沦陷。九一八事变与东北的相继沦陷，点燃了中国知识分子的民族主义情绪，对于知识分子而言，"在外敌侵入的特殊年代，他们所表现出来的'社会性'更加凸显，更具有目的性，也就是所谓的功利性，这种目的性和功利性主要体现在对国家危亡的担忧和对民族强盛的渴望，而更强的'社会性'即表现为民族主义"①。这种对民族危亡的担忧和浓厚的民族主义情绪，逐渐内化为广大爱国知识分子（当然包括从事军事翻译的译者）的一种惯习，其表现为抗战文化的兴起。对于从事翻译的知识分子而言，"为抗战服务、为抗战献身成了翻译家的神圣使命"②，这种历史使命感要求广大翻译家们"在翻译选题上首先就是反侵略、反法西斯作品的大量选译"③，这便是这一时期非职业军人译者一种集体的意识形态惯习。

（一）学者型译者群惯习

"学者"指的是"在学术上有一定成就的人"④。学者型译者的一个显著特点就是"翻译什么，研究什么；研究什么，翻译什么"⑤，他们的翻译选材与研究的专长通常具有一致性，这种翻译选材倾向是他们的一种译者惯习。民国时期，主要的学者型译者信息见表 4-12。

表4-12　学者型军事翻译译者群中的重要译者信息（1912—1949）

姓名	主要职业	毕业学校	译校军事书籍
陈时伟 （1907—1973）	化学家	中央大学	《化学战剂》（1945 年）

---

① 李中平．九一八事变后的知识分子和民族主义——以《东方杂志》为中心考察并兼与《独立评论》比较 [D]．长沙：湖南师范大学，2008：12.

② 邹振环．疏通知译史：中国近代的翻译出版 [M]．上海：上海人民出版社，2012：81.

③ 邹振环．疏通知译史：中国近代的翻译出版 [M]．上海：上海人民出版社，2012：81.

④ 中国社会科学院语言研究所词典编辑室．现代汉语词典 [Z]．北京：商务印书馆，2012：1480.

⑤ 王秉钦．20 世纪中国翻译思想史 [M]．天津：南开大学出版社，2004：212.

姓名	主要职业	毕业学校	译校军事书籍
方光圻 （1898—1968）	物理学家	芝加哥大学	《原子能之军事用途》（1946 年）
顾康乐 （1901—1999）	工程师	美国康奈尔大学市政卫生专业	《军事工程学》（1937 年）
钱宝钧 （1907—1996）	化学家	英国曼彻斯特理工学院	《未来大战之性质》（1935）
唐钺 （1891—1987）	心理学家、翻译家	美国康奈尔大学；美国哈佛大学	《心理学与军人》（1941 年）
王书林 （1902—1983）	教育学家	威斯康星大学；俄亥俄大学	《军事领导心理》（1947 年）
文圣常 （1921—2022）	物理海洋学家	美国航空机械学校	《原子轰击与原子弹》（1947 年）
萧孝嵘 （1897—1963）	心理学家	美国哥伦比亚大学	《德国心理战》（1943 年）
曾石虞 （1902—1998）	化学家	德国莱比锡大学	《化学战讲义》（1932 年）、《化学战之原理与实施》（1934 年）
曾昭抡 （1899—1967）	化学家、教育家	清华大学；美国麻省理工学院	《化学战争通论》（1935 年）
张理京 （1919—1999）	数学家、翻译家	辅仁大学数学专业	《原子炮术与原子弹》（1945 年）

从上表可以看出，化学家陈时伟翻译的是《化学战剂》，心理学家萧孝嵘翻译的是《德国心理战》，物理学家文圣常翻译的是《原子轰击与原子弹》，工程师顾康乐翻译的是《军事工程学》，他们都把自己的研究兴趣与军事科学结合起来，实现抗战救亡、报效国家的目的。从场域的角度来看，这些学者型译者的翻译选材倾向，是他们学术研究的惯习和抗日救亡意识形态惯习相结合的产物，这是军事翻译场域中"学者型"译者群的典型译者惯习。

（二）作家型译者群惯习

在本文中，"作家型译者"包含的范围较广，它主要包括那些一边从事文学、艺术等人文社会科学创作，一边又从事这些学科著作翻译的译者。从翻译选材上看，他们的翻译材料不会涉及太多的专业术语，一般不会出现"厚翻译"现象，选择人文性质较强的外国军事著作进行翻译，是作家型译者群在选材上的一个显著译者惯习，如表4-13所示。

表4-13　作家型军事翻译译者群中的重要译者信息（1912—1949）

姓名	主要职业	毕业学校	译校军事书籍
傅东华 （1893—1971）	翻译家、作家	南洋公学	《欧洲与太平洋战争之胜利》 （1946年）
邵荃麟 （1906—1971）	作家、翻译家	上海复旦大学	《海陆空军在苏联》（1938年）
许幸之 （1094—1991）	导演、画家	东京美术学校	《现代战争的秘密》（1936）
徐燕谋 （1906—1986）	诗人、复旦大学 英语教授	上海光华大学	《潜水艇》（1917年）
张威廉 （1902—？）	教师、翻译家	北京大学	《第一次世界大战史——西战场国 境会战》（1945年）；《防空炮兵· 高射炮兵》（著者序为1936年）
王光祈 （1892—1936）	音乐学家、 社会活动家	德国柏林大学	《防空要领》（1935年）；《空防 要览》（1935年）；《未来将才之 陶养》（1936年）、《国防与潜 艇》（1935年）
董问樵 （1909—1993）	德文翻译家	德国汉堡大学	《全民战争》（1937年）
秦翰才 （1895—1982）	翻译家、史学家	江苏省立松江第三 中学	《英国海军秘史》（1923年）
吴奚真 （1917—1996）	翻译家	北平中国大学； 英国伦敦大学	《攻欧登陆战纪实》（1945年）
魏以新 （1898—1986）	翻译家	同济医工专门学校 德文科	《国防军》（1935年）
许天虹 （1907—1958）	翻译家	不详	《军事学讲话》（1941年）
郑安娜 （1913—1991）	翻译家	上海沪江大学	《法兰达斯之战》（1941年）

一般说来，除了军事文学翻译家以外，一般的"作家型译者"对军事题材不太感兴趣，通常不会去选择军事著作进行翻译，这也是他们在翻译选材上的一种惯习和兴趣。但是，在"抗日救亡"成为时代主题后，无论是否愿意，"抗战造成了全民族的空前觉醒，全民族是在面临死亡的危境中寻求生存权，抗战

成了第一主题，抗战需要是压倒一切的需要"①，"多数翻译家都放弃了自己多年从事的经典翻译而投入抗战需要的译述活动"②，例如，中国现代著名作家、翻译家黎烈文（1904—1972）的翻译选材转向就说明了这一特点，黎烈文"曾受鲁迅鼓励，计划全面翻译梅里美的名著。但由于战时需要，他一方面忙于杂事，一方面从事实用译述，译出了匈牙利霍尔发斯的《第三帝国的兵士》"③。这个事例说明了这一时期"作家型译者"翻译选材惯习的转向，也进一步说明了译者惯习与客观社会环境之间的互动关系。

第四节　西方军事著作汉译译者群的惯习特征

"作为'外在的内化和内在的外化的辩证关系'的惯习，是一种内在的结构和矛盾，它时刻'暗示'人们应该怎样思考和怎样选择，并且以一种不假思索的形式表现出各种理性计算下的利益得失。"④ 在整个民国时期的军事翻译场域中，北洋政府职业军人译者群、国民党职业军人译者群、共产党职业军人译者群、学者型译者群和作家型译者群之间的惯习特征存在着明显的差异。具体地说，这一时期军事翻译场域中主要存在三类惯习：职业惯习、意识形态惯习和翻译（译者）惯习。其中，意识形态惯习主要有：① 共产主义意识形态惯习；② 三民主义意识形态惯习；③抗日救亡意识形态惯习。职业惯习主要有：① 北洋政府职业军译者群中"振兴军学"的职业惯习；② 国民党职业军人译者群中"建国军兴"和"抗战军兴"的职业惯习；③ 共产党职业军人译者群中的"抗战救国"的职业惯习。翻译惯习主要有：① 选择国际前沿的军事著作进行翻译；② 选择具有时代性的军事著作进行翻译；③ 倾向于以"信、达、雅"三原则作为军事翻译标准；④倾向于选择翻译经典军事著作。

综上所述，在民国时期的军事翻译场域中，译者的职业惯习、意识形态惯习和翻译惯习决定了译者在翻译过程中要作出的种种选择，决定了军事翻译实践的走向。笔者认为，在这一时期的军事翻译场域中，不同译者群的惯习具有

---

① 邹振环. 疏通知译史：中国近代的翻译出版 [M]. 上海：上海人民出版社，2012：82.
② 邹振环. 疏通知译史：中国近代的翻译出版 [M]. 上海：上海人民出版社，2012：82.
③ 邹振环. 疏通知译史：中国近代的翻译出版 [M]. 上海：上海人民出版社，2012：83.
④ 李源源. "场域—惯习"理论视角下待业大学生群体生存状态研究 [D]. 上海：华东师范大学，2010：41.

明显的意识形态特性，或者说是阶级性；不过，军事翻译译者群的惯习并非一成不变，会随着社会历史环境的变化而改变，非职业军人译者群"抗日救亡"惯习的形成便是例证。布迪厄认为，惯习是外在的各种社会制度在行动者身上的内化表现，客观世界的各种社会制度塑造了行动者的惯习。在民国时期，军事翻译场域中各种翻译规范，与军事翻译译者的职业惯习、意识形态惯习和翻译惯习的形成有着密切的联系，考察军事翻译场域中的翻译规范对于理解军事翻译场域中译者的各种惯习具有重要意义。因此，下一章将考察这一时期军事翻译场域中的翻译规范。

第五章

民国时期的军事翻译政策

第一节　军事翻译政策的界定

关于翻译政策的定义，学界目前并无统一的说法。在国外，根据霍尔姆斯（Holmes）的观点，"在该领域中，研究者的任务是对译者、翻译行为和翻译产品在社会中的地位和作用提供合理建议"①。梅拉茨（Meylaerts）认为翻译政策有广义和狭义之分，"狭义的翻译政策是管理公共领域翻译的一系列法律规定，主要包括政府在教育、司法、行政管理、媒体等领域对翻译做出的政策调控，而非官方机构和非正式场合中有关翻译的规定属于广义的翻译政策"②。冈萨雷斯·努涅斯（González Núñez）则认为，"翻译政策包括翻译管理、翻译实践和翻译观念"③。由国外学者的定义可以看出，翻译政策的定义并不明确，并且在不断地发生变化，其内涵和外延都有所扩展。在国内，学界对翻译政策的界定也不统一。黄立波、朱志瑜认为，翻译政策是指"由官方或民间机构就翻译问题所做出的讨论、陈述或行动方案。也就是说，翻译政策通常都是针对一定的翻译问题，自上而下产生，形式上表现为具体的明文规定或有针对性的讨论"④。滕梅认为，翻译政策指的是"所有与翻译相关的政策，既包括宏观政

---

① HOLMES J S. Translated！: Papers on Literary Translation and Translation Studies［M］. Amsterdam: Rodopi, 1988: 66-80.

② MEYLAERTS R. Translation Policy［M］//GAMBIER Y, DOORSLAER L. Handbook of Translation Studies. Amsterdam: John Benjamins, 2011: 163-168.

③ GONZÁLEZ NÚÑEZ G. Translating in Linguistically Diverse Societies: Translation Policy in the United Kingdom［M］. Amsterdam: John Benjamins, 2016: 54-55.

④ 黄立波, 朱志瑜. 晚清时期关于翻译政策的讨论［J］. 中国翻译, 2012, 33（3）: 26.

策，诸如译者地位、译员培训等，也包括微观政策，比如，应该翻译哪些书，为什么翻译以及如何翻译等"①。从这几位国内学者的观点来看，他们对翻译政策的看法也不一致，各有自己的侧重点。

　　根据第 7 版《牛津高阶英汉双解词典》的解释，政策（policy）的解释为"由政党、企业等所选定或认定的行动方案"②。从该解释可以看出，政策的主体包括官方和非官方。而根据第 6 版《现代汉语词典》，政策指的是"国家或政党为实现一定历史时期的路线而制定的行为准则"③，很明显，该定义中政策的主体仅包括国家或政党。但是，无论哪一种解释，政策的制定者肯定是一定的组织，而非个人。因此，综合以上观点，我们认为，翻译政策指的是任何机构、团体和组织为实现一定历史时期的翻译目标而制定的行为准则，包括对译者地位、译员培训、翻译选材、翻译标准、翻译审查等翻译过程中各个方面的明文规定。类似地，军事翻译政策指的是任何军事机构、团体、组织为实现一定历史时期的军事翻译目标而制定的行为准则，包括对军事译者地位、军事译员培训、军事翻译选材、军事翻译标准、军事翻译审查等军事翻译过程中各个方面的明文规定。

第二节　军事翻译政策与翻译场域规范

　　根据第 6 版《现代汉语词典》，"规范"指的是"约定俗成或明文规定的标准"④。在社会学看来，"规范"指的是"要求人们遵守的方式和规则，人们在社会生活中该做什么，不该做什么"⑤。从中西方对"规范"的界定上看，其本质是一样的。在翻译学研究领域，图里（Toury）是最早提出该概念的学者。他认为，"翻译规范是译者的翻译行为所遵循的原则，按照对行为约束的强度，作为主体间要素的规范处于一个连续体的中间，强，可以如同'规定'一般更具

---

①　滕梅. 中国翻译政策研究［M］. 北京：中国人民大学出版社，2013：8.

②　霍恩比. 牛津高阶英汉双解词典［Z］. 王玉章，等，译. 7 版. 北京：商务印书馆，2009：1531.

③　中国社会科学院语言研究所词典编辑室. 现代汉语词典［Z］. 6 版. 北京：商务印书馆，2012：1664.

④　中国社会科学院语言研究所词典编辑室. 现代汉语词典［Z］. 6 版. 北京：商务印书馆，2012：489.

⑤　GIDDENS A. Introduction to Sociology［M］. New York：W. W. Norton，1996：58.

客观性和约束力，弱，则为译者的'个性特点'更具主观性和任意性"①。从该定义可以看出，翻译规范也是翻译过程中要遵循的原则或准则，这与翻译政策的定义基本是一致的，可以说，两者具有统一性。

在军事翻译场域中，军事翻译政策或规范有什么作用呢？根据布迪厄的观点，作为"性情倾向系统"的惯习，它指的是"在特定历史条件下，在个人意识中内化了的社会行为的影响总结果，特别是特定社会中的教育制度在个人意识的内化和象征性结构化的结果"②。译者惯习指的是"译者在翻译过程中体现出的思维习惯和思维定式，是译者早期的信仰不断内化，在历史语境中塑造而成的，它内化于特定历史阶段的译者意识结构之后，作为一种'前结构'的行为模式，指挥和调动译者的翻译方向，赋予翻译行为以特定的意义，是译者行为规则、翻译策略等实际表现及精神方面的总根源"③。译者惯习是主客观相结合的产物：一方面，它内化了社会中的各种客观现实，当然也包括一定时期的各种翻译规范；另一方面，它又具有主观能动性，能够及时调节自我，以适应或改进外在的翻译规范。也就是说，"一方面译者惯习促成翻译规范的形成，而另一方面翻译规范又反过来帮助塑造译者惯习"④。具体到军事翻译场域来说，军事翻译译者惯习和军事翻译规范或政策之间存在着这样的关系：一方面，军事翻译译者惯习促成军事翻译规范或政策的形成；另一方面，军事翻译规范又反过来帮助塑造军事翻译译者惯习。

第三节　清末军事翻译政策

1840 年鸦片战争爆发后，中国近代史上出现了少量的军事翻译，可视为近代中国翻译西方军事著作的萌芽。1838 年 11 月，清道光帝（1782—1850）任命林则徐（1785—1850）为钦差大臣，赴广州禁烟。在与英国列强的斗争过程中，

---

① TOURY G. Descriptive Translation Studies and Beyond [M]. Shanghai：Shanghai Foreign Language Education Press，2001：54.

② 高宣扬. 布迪厄的社会理论 [M]. 上海：同济大学出版社，2004：121.

③ 骆萍. 翻译规范与译者惯习：以胡适译诗为例 [J]. 西安外国语大学学报，2010，18（2）：75-78.

④ 骆萍. 翻译规范与译者惯习：以胡适译诗为例 [J]. 西安外国语大学学报，2010，18（2）：77.

以林则徐为代表的开明知识分子开始意识到对西方列强的无知。为了解英帝国等西方列强的国情，林则徐组织翻译团队，积极翻译外国书刊，其中《四洲志》正是林则徐组织翻译人员依据英国著名地理学家和历史学家穆瑞（Hugh Murray）的 An Encyclopedia of Geography 一书而进行编译的。An Encyclopedia of Geography 于 1834 年在英国伦敦出版，共两册，1838 年该书又出现了修订版，共三册。它强调了"以地理为中心来表述包括地球基本知识在内的完整的自然地理描述，物理、人口统计等资料，亚洲、非洲、欧洲及南北美洲的政区和人文地理的价值和重要性"①。从内容上看，林则徐编译的《四洲志》并没有完全将 An Encyclopedia of Geography 所包含的内容翻译出来，而是简述了其中 30 多个国家的地理、历史和政情，它不仅是"近代第一部系统介绍世界史地的译作"，而且"开了一代睁眼看世界的风气"②。虽然林则徐编译的《四洲志》并不是一部军事译著，但它的诞生为《海国图志》的问世做了铺垫。

第一次鸦片战争失败后，许多爱国志士悲愤填膺，魏源（1794—1857）就是其中的代表之一。在拳拳爱国之心的驱使下，1841 年 3 月他弃笔从戎，投身定海前线。1842 年，50 卷本的《海国图志》成书。从 1847 年到 1848 年，魏源将《海国图志》增补为 60 卷本。历经 10 年，至 1852 年魏源又将《海国图志》扩展到 100 卷本，其内容主要是对清代海防问题的论述和世界史地的介绍。在刘申宁编著的《中国兵书总目》中有这样一段"按语"："是书最初系根据林则徐在广州禁烟时，饬人翻译的外国资料整理而成，后逐次扩为百卷足本，书中内容多涉及海防思想及军事技术。"③

显然，从内容上讲，魏源编写的《海国图志》有编译的性质，或者说该书含有诸多编译的文字。根据相关史料，《海国图志》的内容包括林则徐编译的《四洲志》，还有英国人马礼逊父子著的《外国史略》等外文资料，这也是笔者将其归入近代中国军事翻译史的原因之一。另外，《海国图志》一书中还收录了中国学者所编著的部分内容，如《康輶纪行》就是晚清学者姚莹所著的一本带有军事地理学色彩的著作。

晚清时期的军事翻译活动兴起于洋务运动，特别是江南制造总局的兵书翻

---

① 邹振环. 舆地智环：近代中国最早编译的百科全书《四洲志》[J]. 中国出版史研究，2020（1）：80.

② 邹振环. 影响中国近代社会的一百种译作 [M]. 修订版. 南京：江苏教育出版社，2008：43.

③ 刘申宁. 中国兵书总目 [M]. 北京：国防大学出版社，1990：270.

译活动。1865年9月20日，由曾国藩筹划、李鸿章负责的洋务企业江南制造局在上海成立。为了方便制造洋枪洋炮，1868年江南制造局又成立了翻译馆，它是晚清官办性质的翻译出版机构，主要翻译出版西方科技类书籍，其中西方兵学著作翻译是重中之重。根据闫俊侠的统计，从1860年到1895年，"译介到中国来的兵学译著至少有97种"①，其中由江南制造局翻译出版的军事译著有44种②，译介内容涉及军制类4种（陆军军制1种，海军军制3种）、军事装备类23种（战船战车3种，枪炮火药20种）、军事管理和教育类3种、军事工程类6种、军事训练类3种、行军作战类3种、防海类1种和军事地理类1种。③

从该统计数据可以看出，江南制造局在1860年至1895年间翻译出版的军事译著主要集中于军事装备类，其中枪炮制造和火药制造类的军事译著最多，这是由洋务派自强运动的目的所决定的。1851年1月11日，洪秀全在广西金田村宣布起义，长达13年的太平天国运动爆发。1856年10月，第二次鸦片战争爆发。在内忧外患交织下，清政府统治集团中，以奕䜣、曾国藩、左宗棠、李鸿章等为代表的洋务派逐步接受了林则徐、魏源提出的"师夷长技以制夷"的思想，他们以"自强、求富"为口号，从19世纪60年代至90年代开展了以"引进西方军事装备、机器生产和科学技术"为举措的洋务运动。在洋务运动中，出于"练兵"和"制器"的目的，翻译西方军事著作的活动就成了必然，因此，翻译西方军事装备类书籍，就是这一时期最重要的军事翻译政策。

确切地说，晚清时期有明确规定的军事翻译政策的出台是在甲午中日战争之后。甲午战争的失败，使清政府认识到仅靠购买西方军事装备无法取得军事的胜利。1906年，清廷设立陆军部。1907年陆军部设立兵学编译馆，在1907年11月的《秦中官报》中，它清晰地记载了陆军部兵学编译馆的使命：

（北京）陆军部铁尚书以中国陆军颇有进步，现拟设法整顿，以期与各国陆军齐观，昨已于东安门外康家胡同设立兵学编译馆一处，延聘精通各国文字者多人，编译各国关于战术之书，发往各营以资参考，现已开办，

---

① 闫俊侠. 晚清西方兵学译著在中国的传播（1860—1895）[D]. 上海：复旦大学，2007：55.

② 闫俊侠. 晚清西方兵学译著在中国的传播（1860—1895）[D]. 上海：复旦大学，2007：60.

③ 数据来源于"表2-1 1860年后至1895年间兵学译著一览表"，参见：闫俊侠. 晚清西方兵学译著在中国的传播（1860—1895）[D]. 上海：复旦大学，2007：55-61.

派许参议秉琦综理其事云。①

从这段官报来看，清廷陆军部编译馆明确规定了其译介西方兵学的对象——战术之书，这可以看作晚清时期的第一份军事翻译政策。在这个翻译政策中，它目标明确，定位清晰，开军事翻译政策制定之先河，在近代中国军事翻译史上具有重要意义。紧接着，1909 年，海军处仿照陆军部，也成立了编译局，但并未对海军编译事项进行规定，不属于军事翻译政策范畴。1909 年，成立于 3 年前的军咨处从陆军部独立，成为清廷独立的军令部门。1910 年，军咨处对陆海军书籍报章的编译权限进行了划分：

> 军咨处本为高级机关，专司全国军法，其性质略与西洋各国之参谋部相同，只以独立未久，故一切规制尚未组织完全。兹悉该处堂官为灌输军学起见，近已与陆海军部划分权限，凡高等军用书籍，版权均归该处第五厅编译专科所有，其军事官报亦由该厅刊印，而海陆军部所设之编译局，则只准刷印普通军事学书报以清界限。如有私家著述，亦须呈由该处大臣会同审定，方许刊行。②

军咨处对陆海军军事书籍和军事报章编译权限的划分，一方面，凸显了清廷内部的权力斗争；另一方面，也反映了清廷对高等军用书籍的重视。这一时期对外国兵学著作的编译不再局限于普通军事学著作，这可以视为清廷的第二份军事翻译政策，虽然该规定并不翔实，但至少反映了清廷末期对外国高等军事著作翻译的重视，清末军咨处组织人员翻译克劳塞维茨的《战争论》（当时译名为《大战学理》）也从侧面印证了这一点，军咨处《大战学理》也成为《战争论》的第一个中译本。

第四节 北洋时期的军事翻译政策

1912 年中华民国的成立，特别是袁世凯执政年间，国内相对稳定的社会环

---

① 陕西课史馆. 各省近事：军政：陆军部设立兵学编译馆 [N]. 秦中官报，1907-11-03 (29).

② 上海广学会. 国内紧要新闻：编译陆海军书籍报章 [J]. 大同报（上海），1910，14 (1)：28.

境为军事翻译的开展奠定了有利的社会环境，这也为军事翻译政策的出台铺平了道路。在 1913 年前后，北洋政府就制定了多项军事翻译政策，涉及军事翻译的范围、军事翻译人员的待遇、军事翻译的标准以及军事译著的审查等问题。1913 年 1 月 25 日，为了激励军事翻译，北洋政府发布了教令第十七号文件——《陆海军著作奖励条例》，该条例经时任国务总理赵秉钧、陆军总长段祺瑞和海军总长刘冠雄联名签署，其具体内容如下：

陆海军著作奖励条例

第一条　左列各款皆为陆海军著作由著作人呈送陆军部海军部审查认为有益军事者，依第二条、第三条规定分别奖励之。

一　自著或翻译之军用书籍

二　自著或翻译之军用图画

三　自著或翻译之军用表册

四　翻译之机要报告

第二条　书籍奖励之方法如左

一　归陆军部或海军部印刷发售，以两千部至五千部为率与著作人协定，每部相当售价，以售价之若干成为奖励金照数预给，其著作权仍归著作人保有。

二　依左列之价格给予奖励金，其著作权收归部有。自著，每千字十四元以上二十元以下。译文，每千字三元以上十五元以下。以上两种奖励方法由受奖励者自择。

第三条　图画、表册、机要报告之奖励金随时定

第四条　凡呈送陆海军部审查之著作，其系自著者须具说明书说明著作之缘起，并附其所参考之书籍、图画、表册；其系译文者须将原文原稿随同呈部。

第五条　陆海军著作经陆海军部审查不合格者，发交著作人领回。

第六条　陆海军著作已经领奖，其著作权收归部有者，不得再将原稿或类似之稿售于他处，或自行印刷发售。

第七条　陆海军著作受第二条第一种奖励方法者，其著作权虽归著作人保有，但在部印之本未经售罄以前，著作人不得自行印刷发售，或将著作权售于他处；若陆海军部因初印之本不敷应用，须印第二版或大量多印，仍按初次协定，每部奖励金之额，照续印部数给予奖金。

第八条　陆海军著作呈送到部得有收据，而尚未经给奖原稿又未发还以前，部员有保守秘密之责。

第九条　呈送陆海军著作包裹递送之法如左：包裹法，用白布包裹，密缝烙以火漆，上印著作人图记；递送法，包面书明：著作物交陆军部或海军部军学司检收等字样。

第十条　本条例自公布日施行。①

据考证，《陆海军著作奖励条例》是民国时期的第一部军事翻译政策，它对军事译著的奖励作出了明确的规定，同时，也明文规定了对军事译著的审查，只有审查合格，才能给予译者相关报酬。在军事翻译场域中，这种军事翻译政策使译者的文化资本顺利地转化为经济资本。自晚清在天津小站编练新军开始，袁世凯一直都在积极地学习西方先进的军事制度和军事训练方法，这成为袁世凯军事思想的主要组成部分。中华民国成立后，北洋政府延续了袁世凯的军事思想，继续积极地学习西方的军事制度和训练方法，这在民国草创后的军事翻译政策中有明显的体现。根据第二历史档案馆的资料，北洋政府陆军部曾在1913年前后公布了《翻译东西各国兵书》一文，具体内容如下：

翻译东西各国兵书

凡著名之陆军国，均向其购买最新之军事书籍，如德如俄如法如日均无不备买俱先，后购寄到京，当择其目前最切要者，如典范令等书，先为着手翻译，早经脱稿者如左：

德文　《野战炮兵操典》

日文　《日本马种略》

日文　《西藏通览》

法文　《战时炸药使用法》

现将脱稿者如左：

德文　《世界各国军政考》

德文　《步兵操典》

德文　《山炮兵操典》

德文　《辎重兵操典》

德文　《步兵射击教范》

---

① 赵秉钧，段祺瑞，刘冠雄．陆海军著作奖励条例［J］．政府公报，1913（260）：2-5.

德文　《重炮兵操典》

德文　《各兵种野外工作教范》

德文　《交通教范》

德文　《劈刺教范》

德文　《船桥教范》

日文　《战术详论》

日文　《将校必携》

日文　《典范令研究之集》

法文　《步兵野战工程教范》

法文　《各国之炮兵》

俄文　《军界通则》

以上之书籍均系于成书之后即付刷印，因本司办有印刷所也。又以典令、教范均为军队训练之根底，俟此项书类一齐脱稿后，再斟酌缓急重轻依次编译。他如专门参考各书，凡可牖我学识、宏我军政者，当广为搜译。查各国军学著作充栋汗牛，几有日新月异之概，而我国从事于此者尚寥若晨星。推其原因，未始非无以为之倡所致。故与海军部曾订《陆海军著作奖励条例》，以唤起海内著作之心。该条例已由大总统公布在案矣。[①]

《翻译东西各国兵书》显示了北洋政府 1913 年前后军事翻译的概况，从该文可知，德国和日本两国的军事操典、各军种的教范是这一时期军事翻译的重点，这与袁世凯重视军队教育、重视学习西方军事制度的思想是一脉相承的，"以典令、教范均为军队训练之根底，俟此项书类一齐脱稿后，再斟酌缓急重轻依次编译"，这一翻译政策规定了这一时期军事翻译内容的先后顺序。1913 年 3 月底，袁世凯任命海军名将刘冠雄担任中华民国海军部总长。随后，刘冠雄开始着手整顿海军，计划从军事装备、战术和人才等方面强化海军建设。1915 年 4 月 20 日，袁世凯北洋政府批准了海军部编译委员会的规则，具体内容如下：

海军部编译委员会规则

第一条　海军部编译委员会为编译海军应用各种书籍而设

第二条　委员会委员以精通外国文字并汉学具有根底之海军部部员兼

---

① 陆军部．北洋政府档案：翻译东西各国兵书［DB/OL］．中国第二历史档案馆档案查询网站，2018-08-15．

任之委员由总长临时指定

第三条　委员会除委员外应置录事若干员，专司填录及经理书籍等事

第四条　委员会应行编译之书籍如左

一　航海学

二　船艺学

三　弹道及射击学

四　兵器学

五　电气学

六　磁气学

七　水雷及鱼雷

八　轮机学

九　造船学

十　各种操典

十一　各国海军军制

十二　各国海军伟人传记

十三　各国海军通览

除前各项所列外其他各种书籍及记载有足资海军参考者

第五条　委员会应购置各种图书以备编译及参考之用

第六条　委员会承受编译之书籍应先将原书名及著者姓氏开明送交委员长以免重复

第七条　无论编译何种书籍总以文字简明为主，不得故求高深

第八条　除编译成书随时由委员会详送总长阅定外，编译员应于每七日将所编译之稿送委员长签阅，月终由委员长送请总长查核，尚未成书者仍发还继续编译

第九条　所编译之稿如由委员长校阅以为有错误时得随时签注发还该委员修正

第十条　编译成书后无论一人编译一书或数人合同编译一书均应于卷首登载姓名，以负编译之责

第十一条　编译成书后该委员应将书中名词为国文中所不常用者列成名词对照表于卷尾，以便阅者易于查考

第十二条　本委员会不另支津贴，于编译成书送由总长阅定后给予

奖金

第十三条　奖金给予之标准如左

一　编著 每千字四元以上八元以下

二　编译 每千字二元以上四元以下

第十四条　除前条外关于编译机要图书之奖金随时酌定

第十五条　编译委员会每届年终，凡编译委员成绩卓著者由委员长详由总长分别呈请给予勋章或奖章以资酬勚

第十六条　虽非委员会人员，凡海军官佐如有编译成书或有特别心得者送交委员会转详总长阅定以为有益时其奖金得照本规则办理

第十七条　本规则自呈奏批准日施行

中华民国四年四月二十日①

从内容上看，《海军部编译委员会规则》是一部比较成熟的军事翻译政策，主要表现在三个方面：第一，从翻译的内容上说，它明确并详细地规定了外国海军军事著作翻译的范围，涉及航海学、船艺学、弹道及射击学、兵器学、电气学、磁气学、水雷及鱼雷、轮机学、造船学等，其中电气学、磁气学在当时属于比较新颖的学科，这说明了该军事翻译政策制定与时俱进的特点；第二，从翻译标准上看，它规定了译文的翻译标准——以简明为主，与《翻译东西各国兵书》和《陆海军著作奖励条例》相比，这会使军事翻译的译文更加规范，无疑反映了这一时期军事翻译政策的一种进步，也可以说是军事翻译规范的一次充实，为这一时期军事翻译场域规范的缓慢发展做了铺垫；第三，与《陆海军著作奖励条例》一样，《海军部编译委员会规则》明文规定了海军军事译著的奖励标准，从场域资本的角度说，这一举措强化了军事译著的文化资本向经济资本的转化。值得一提的是，在北洋政府时期，特别是1914年第一次世界大战爆发后，北洋政府掀起了一股翻译一战军事相关内容的浪潮，为此，国民政府内务部于1917年9月6日专门制定了《内务部辑译欧战资料章程》，内容如下：

内务部辑译欧战资料章程

第一条　辑译欧战资料由编译处办理，其应行辑译事项如左

一　关于欧战中及欧战后外交事项

---

① 蔡鸿源．民国法规集成（第10册）［M］．合肥：黄山书社，1999：363．

二　关于欧战中及欧战后经济事项

三　关于欧战中及欧战后社会事项

四　关于欧战中及欧战后政治事项

五　其他关于欧战中及欧战后重要事项

第二条　辑译事务由编译处处长总其成，处长之下置职员如左

一　主任一人

二　辑译员若干人

三　事务员一人至三人

第三条　主任及辑译员由处长商承内务总长就编译处职员及其他部员选派之

主任承处长之指挥总理辑译事务

辑译员承处长主任之指挥分掌辑译事务

第四条　事务员由处长就部中学习员选派但须呈报内务总长

事务员承处长主任之命掌关于辑译上预备及辅助事务

第五条　关于缮写印刷事项得酌置录事

前项录事得以部中录事兼充

第六条　本章程自公布日施行①

　　从《内务部辑译欧战资料章程》的内容上看，其中要求辑译"关于欧战中及欧战后外交事项"和"关于欧战中及欧战后经济事项"的著作，从军事学的发展角度看，这两项翻译内容分别属于军事外交学和军事经济学范畴，毫无疑问，这一翻译政策从规定上拓展了北洋政府时期军事翻译的范畴，在军事翻译实践中会进一步加快中国近代军事学的发展。总体上看，在北洋政府初期，军事翻译政策的制定是比较完备的，这也得益于北洋政府初期较为稳定的社会环境和袁世凯着力发展军事教育的决心。然而，随着袁世凯的死去，北洋政府政权更迭频繁，战乱不断，很多军事翻译政策并没有落到实处。

---

① 蔡鸿源. 民国法规集成（第12册）［M］. 合肥：黄山书社，1999：184.

第五节　土地革命时期的军事翻译政策

一、南京国民政府的军事翻译政策

1928 年年底，张学良宣布"东北易帜"后，蒋介石完成了全国形式上的统一，这为南京国民政府发展军事翻译事业奠定了稳定的社会环境基础，也是这一时期军事翻译出现繁荣景象的重要原因。从 1929 年开始，南京国民政府军事翻译工作专门由训练总监部军学编译处实施，在每年年底都会公布年度军学编译实务报告书。据现有资料可知，《训练总监部民国十八年工作报告书》《训练总监部民国十九年工作报告书》和《训练总监部民国二十年工作报告书》都详细记载了每年度军学编译的工作计划和完成情况，其中详细记录了这一时期的军事翻译政策。1929 年，南京国民政府的第一个军事翻译政策出台，即《训练总监部审查军用图书规则》，1933 年 9 月 1 日，训练总监部军学编译处又对其进行了修订，颁布了《修正训练总监部审查军用图书规则》，其具体内容如下：

修正训练总监部审查军用图书规则

第一条　本部为统一军事教育、提倡军事知识，并奖励军事著述起见，特订立审查军用图书规则。

第二条　凡各坊肆或私人编译之军用图书，无论已否出版，均得送呈本部请受审查，但系译本应附原书。

第三条　本部审查军用图书分甲乙丙三类，如左：

甲　给予审查证

1. 凡译述之书，其原书有价值而译笔简洁、精当及畅顺者；

2. 凡著述之书，其理论精湛、引证详确、文笔畅顺者；

乙　只准出版，不给审查证

1. 凡译述之书，其原书无甚价值而译笔简洁、精当及畅顺者；

2. 凡著述之书，其理论平常、引证欠详而文笔畅顺者；

丙　不准出版者

1. 凡译述之书，无论其原书价值如何，而译笔舛误及不畅顺者；

2. 凡著述之书，其理论陈腐荒谬、引证不确实，及文笔不畅顺者。

第四条　各坊肆已经出版之军用图书，虽未送请审查，但发现其内容过于陈旧，或谬误过多者，本部得令其烧毁或没收之。

第五条　凡已经本部审查之军用图书（除丙种外），本部当保护其出版权及发行权，他人或其他坊肆不得私行翻印。

第六条　凡经本部审查之军用图书，出版后均须送呈本部五本存案。

第七条　凡经本部审查合格之军用图书，必要时得由本部通知取消其出版权。

第八条　本规则如有未尽事宜，得随时呈请修改之。

第九条　本规则自公布之日施行。

民国二十二年九月一日①

从内容上看，该军事翻译法规并没有对军事译著的具体内容和范围进行明确规定，南京国民政府对有关军事教育、军事知识等的一切军事著作均表示欢迎，但明确规定了军事译著的出版条件，其中对不同种类军事译著的翻译标准进行了明文规定，与北洋政府时期的军事翻译政策相比，无疑反映出这一时期军事翻译政策在翻译标准方面的发展。以场域的观点来看，可以说，这一时期军事翻译场域规范得到了进一步的完善。与此同时，南京国民政府其他军事部门也制定了相应的军事翻译政策。1929 年，南京国民政府海军部成立，在陈绍宽担任海军部长期间，各项法规与组织制度逐步完善，其中 1930 年 9 月 24 日颁布的《海军编译处条例》是一部特色鲜明的海军军事翻译政策，其内容如下：

海军编译处条例

第一条　海军编译处直隶海军部，掌编辑编译海军应用各种书籍事宜。

第二条　海军编译处设处长一人，由海军部遴选精通中外文字之海军军官，呈请国民政府任命之。

第三条　处长承海军部长之命，综理处务审核、编辑、编译各事宜。

第四条　海军编译处职员依编制表组织之。

第五条　编译处应行编译、编辑之书籍种类如左

——　关于海军战术种类

——　关于航海航空种类

---

①　训练总监部. 修正训练总监部审查军用图书规则 [J]. 安徽教育行政旬刊, 1933, 1 (35): 9-10.

—— 关于海军应用科学

—— 关于海军机械种类

—— 关于海军制造种类

—— 关于各国海军操典

—— 关于各国海军组织制度

—— 关于各国海军史传

—— 关于其他足资海军参考者

第六条 凡海军官佐如有编译成书，或有特别心得者，送交编译处转呈海军部阅定，认为有益时得酌给奖金。

第七条 本条例如有未尽事宜，得呈请海军部修正之。

第八条 本条例自公布之日施行

民国十九年九月二十四日海军部[①]

从《海军编译处条例》的编译内容可知，南京国民政府海军处的翻译活动具有明显的趋向性，根据该项规定，海军战术类著作、航海航空类著作、海军应用科学类著作被安排在了优先的位置，而关于各国海军操典的军事著作却被放于次要位置，凸显了这一时期海军军事翻译的特点，与南京国民政府陆军部优先翻译各国操典、典范类军事著作的翻译政策还是有所不同的。这一时期，蒋介石也十分重视空军建设。早在 1928 年，南京国民政府成立航空署，隶属军政部。为了空军军事建设的需要，航空署也制定了相应的军事翻译政策——《航空署编译委员会简章》，其内容如下：

航空署编译委员会简章

第一条 本会承署长之命掌翻译各国航空书籍、新闻、杂志及其他著作事务。

第二条 本署译件暂以英、法、德、日四国文字为限。

第三条 本会以本署谙熟航空学识、精通东西文字之职员及随时选定之外译员组成之。

第四条 本会之组织如左：主任委员、委员、事务员、书记、外译员。

第五条 主任委员承署长之命，综理本会翻译，并审查译件，选择书报一切事务。

---

① 蔡鸿源. 民国法规集成（第 44 册）[M]. 合肥：黄山书社，1999：476.

第六条　委员承长官之命，分任翻译、编纂、修正，并规定酬金书目，译件限期一切事务。

第七条　事务员承长官之命，分任收发、核对及书籍机要一切事务。

第八条　书记承长官之命，分任缮写、印刷、校订一切事务。

第九条　外译员专司翻译本会交译。

第十条　译件均用本会规定之稿纸誊写之，并由承译员签名盖章。稿纸式样以附表定之。

第十一条　译件之提出期限，均由委员会商定，但外译员每日译件至少须满稿纸二页，如有复杂繁难之处，必须展期者另行规定。

第十二条　外译员应将承译之原件加以保存，如有遗失或污损等项，情事应由本会酌令赔偿。

第十三条　外译员对于原件及译稿，均有保守秘密之责任，不得泄露于他人。

第十四条　外译员承译之件，经本会审查后，每页并无错误或至多错误在十分之二以内者，酌予左之酬金：

一　英、法、德文，译足稿纸一页，予以一元至二元以内之酬金；

二　日文，译足稿纸一页，予以五角至一元以内之酬金。

图表按所占字数地位照给酬金。

第十五条　外译员承译之件，经本会审查后认为不适当时，得随时签注发还该承译员修正。

第十六条　外译员每半月应将译成稿连同原件，送呈本会一次。

第十七条　本会另设翻译室一所，所有在会职员，除外译员在寓翻译依限呈缴外，均在该室办事。

第十八条　会中所备书报等类，除分发承译外，非得主任委员之许可，不得外携。

第十九条　本会所有书籍、译件，均应登簿备查。

第二十条　本会所译之件，应随时呈送署长核阅。

第二十一条　本会办事细则另订之。

第二十二条　本简章自公布日施行。①

---

①　蔡鸿源. 民国法规集成（第12册）［M］. 合肥：黄山书社，1999：334.

与陆海军军事翻译政策不同，《航空署编译委员会简章》从政策上规定了以英、法、德、日四国的航空书籍和杂志为源语文本进行翻译，这一规定是由英国、法国、德国、日本四个国家空军实力的强大所决定的。第一次世界大战期间，英国、法国与德国之间曾展开了激烈的空战，侦察机、战斗机、轰炸机悉数登场，这对于空军力量薄弱的南京国民政府自然有极大的吸引力。另外，《航空署编译委员会简章》还规定了翻译英文、法文、德文、日文航空军事著作的待遇问题：源语是日文的译著，"译足稿纸一页予以五角至一元以内之酬金"，而源语为英文、法文、德文的译著，"译足稿纸一页予以一元至二元以内之酬金"，同样字数的译文，后者是前者的两倍，这显示出精通英语、法语、德语军事翻译译者的文化资本的高价值性。除了对陆海空三军的军事翻译活动作出明文规定外，南京国民政府还对军事翻译人员的待遇和考核作出了专门的政策规定。1933年9月，军政部公布了《整理军用译述人员及兼任工作待遇办法》，其具体内容如下：

整理军用译述人员及兼任工作待遇办法

一　译述员之考核　由各机关长官指定译述员与专门人互校，以求辞意合于军用，其译件篇幅不论长短，均应注译者及校核者之姓名，并分送主管部及有关系机关与顾问处，以资参考及备查。

二　译述员之考勤　由各主任或兼任机关长官考察，照颁布之报告表依式按期填报，并由各主管部会同顾问处派员视察，其视察办法另定之。

三　译述员之养成　恢复译述讲习所，甲班生其恢复手续由该所呈，请奉准着手办理。

四　主管机关与兼任机关之分别得依左列各项之规定：

1. 译述员之主任机关（除各机关自行委用者外）系以顾问为转移，顾问之原聘机关即为顾问译述员之主任机关；

2. 凡译述员除服务于主任机关外，由其他机关按章呈请奉准调派顾问兼任，该译述员奉令随同该顾问兼任工作者为兼任机关；

3. 译述员在兼任机关工作，其时间得按照部颁军职兼任教官，待遇规则之规定每星期不得过六小时，但不限于一机关；

4. 译述员随同外员兼任译务已有六小时者，不得私自图谋或接受其他兼课钟点；

5. 兼任机关之钟点如超过主任机关时，则原主任机关应改为兼任机关，原兼任机关应改为主任机关；

6. 如高级机关临时令顾问讲演或与顾问接洽，译述员应随行，翻译时不得谓之兼任；

7. 如外员在一服务机关或一部队兼任多种工作时，亦不得谓之兼任。

五　译述员一般待遇及兼任工作待遇得依左列各款之规定：

1. 译述员一般待遇除恢复全薪外，每月仍准发给车费十八元；

2. 译述员在兼任工作其待遇得按照部颁军职兼任教官待遇规则之标准，计每小时四元，准由各兼任机关正式领报；

3. 如奉命出差，无论为本机关或为其他机关工作者，仅照章发给旅费，不得以兼任工作计之；

4. 如一服务机关或一部队之驻在地各部分相距甚远，公家可给车马往来，如无车马，得由各该机关或部队核实，酌给舟车费，不得因地点相距甚远而认为兼任；

5. 凡兼任未经主管部明令者，不得接受任何方面之津贴或补助费（每小时四元）。

六　本办法如有未尽事宜，得由各外员服务机关及顾问处随时呈请修正之。

七　本办法自公布日施行。①

1934 年 2 月 21 日，南京国民政府军事委员会又公布了《修正军用译述人员任用待遇及考核暂行规则》，内容如下：

修正军用译述人员任用待遇及考核暂行规则

第一条　凡服务军事委员会、军政部、参谋本部、训练总监部及所辖各机关之译述人员，均称为军用译述员（以下简称译述员）。

第二条　译述员以能通晓一国或数国文语，就左列标准选用之：

一　在外国留学毕业，精通译述并曾在公家服务，确有成绩者；

二　在外国留学毕业，经试察能胜译述之任者；

三　在本国高中以上或专修学校习外国文课毕业，经试察能胜译述之任者。

第三条　军事委员会、参谋本部、训练总监部对于译述员之遴选，得随时咨询军政部顾问处意见，其任用权仍有会部自主。

第四条　译述员由各主管会部分配职务，与外员共同工作除服从会部

---

① 蔡鸿源. 民国法规集成（第 45 册）[M]. 合肥：黄山书社，1999：130.

主管长官之命令外，并受服务机关长官之指挥。

第五条　译述员之薪级与晋级年限，除按附表一规定外，尚须具备左列之资格，由会部主管长官查核，于每年六月及十二月各汇办一次。

一　年终考绩课目、学术能力、品格、身体均在乙等以上；

二　现级职内确无过失处分或处分经撤销有案者。

第六条　初次任职之译述员通常由最低级起支薪，如确系学历优深，并有服务经验者，得量予之级，但第二条第一项资格之员初次不得超过十级薪，二、三两项资格之员初次不得超过十三级薪。

第七条　译述员除依每年年终考绩外，为明了工作情况及勤惰起见，应由各服务机关按周调制工作成绩表，每月月终呈报主管会部核查，如附表第二。

第八条　凡认为学术平常、工作不力，服务机关得随时申述意见，呈由主管会部查核，分别予以记过、降级及免职之处分。

第九条　受记过处分者，非经两月以上之考查、确能悔过并工作努力、有事实可证者，不得撤销其过犯，在未撤销处分以前停止其晋级。

第十条　凡受降级处分者，非经三月以上之考察、确能悔过并工作努力、有事实可证者，不得恢复原级，在未恢复原级以前之年资均不得与现职合计。

第十一条　译述员任免、升降、奖惩爰于军事委员会者，由会决定径行后交军政部转知备查；爰于参训各部者，由各部审定呈会备案，并移付军政部办理人事手续。

第十二条　译述员之任免、考绩、奖惩、抚恤奖等项在本规则所未规定者，均依各该军事法规办理之。

第十三条　译述员因病或因事故请假，均照各该服务机关之规则办理。

第十四条　译述员因公出差，其旅费照旅费规则支给，由各服务机关领报。服务转移者，由新服务机关领报；临时调用者，由调用机关领报。

第十五条　本规则如有应行修改之处，由军政部呈请军事委员会核准施行。

第十六条　本规则呈请军事委员会公布后施行，并由军政部呈报行政院备案。

民国二十三年二月二十一日军委会修正[1]

---

[1]　蔡鸿源. 民国法规集成（第 45 册）［M］. 合肥：黄山书社，1999：66.

从《修正军用译述人员任用待遇及考核暂行规则》的内容上看，该军事翻译政策主要是对军事翻译人员作出的规定，具体包括军事翻译人员（文中称"军用译述员"）的任职条件——"在外国留学毕业精通译述并曾在公家服务确有成绩者""在外国留学毕业经试察能胜译述之任者""在本国高中以上或专修学校习外国文课毕业经试察能胜译述之任者"，很明显，这些条件突出了军事翻译人员的语言文化资本，囊括了从事军事翻译人员习得外语语言资本的所有情形，表现出南京国民政府对军事翻译人员"求贤若渴"的态度。另外，该规则还对军事翻译人员的经济待遇和军衔晋升给出了明文规定，这也就更加明确地确立了军事翻译场域的经济资本和权力资本，表现出这一时期南京国民政府军事翻译场域发展的成熟。（如表5-1所示）

表5-1　军用译述人员任用待遇及考核表①

附记	中尉同等官			上尉同等官			少校同等官			中校同等官			上校同等官		少将同等官		官级比附	译述员之薪级与晋升年限表
一 原有译述人员得按照其现支薪数比照本表定等职级其已有年资仍予保留但其年资确已届满时得比照应升之级改职 二 前项应行考职等级之员统由顾问处拟定列表汇呈军政部核定分行知照并转报军事委员会备案 三 晋级须按级次晋级不得超越	十六级	十五级	十四级	十三级	十二级	十一级	十级	九级	八级	七级	六级	五级	四级	三级	二级	一级	薪级	
	一〇〇	一一〇	一二〇	一三〇	一四〇	一五〇	一六〇	一七〇	一八〇	二〇〇	二二〇	二四〇	二六〇	二八〇	三〇〇	三二〇	月薪数	
	连续任职满一年以上	连续任职满一年以上	连续任职满一年以上	连续任职满一年以上	连续任职满一年以上	连续任职满一年以上	连续任职满一年半以上	连续任职满一年半以上	连续任职满一年半以上	连续任职满一年半以上	连续任职满一年半以上	连续任职满一年半以上	连续任职满二年以上	连续任职满二年以上	连续任职满二年以上	连续任职满二年以上	各级晋升年限	

① 蔡鸿源. 民国法规集成（第45册）[M]. 合肥：黄山书社，1999：66.

总的来说，从 1928 年至 1937 年抗日战争爆发前期，南京国民政府处于权力场域的中心位置，南京国民政府的军事翻译政策还是比较全面的，它涉及陆、海、空三个不同军种。而且从军事翻译的选材，到军事翻译的标准、军事译员的待遇以及对军事译著的审查，都作出了明确的规定。在国统区的军事翻译场域，这些军事翻译政策对场域规范的最终确立起着重要的作用，也促进了国统区军事翻译场域的逐步形成和军事翻译活动的繁荣。

二、中国共产党的军事翻译政策

中国共产党对西方军事著作的翻译活动始于大革命失败后。1927 年 8 月 1 日，南昌起义爆发，中国共产党开始展开武装斗争。出于军事斗争的需要，中国共产党领导的翻译力量开始进行军事翻译。在 1928 年 10 月 25 日发布的《中央通报第七十四号——关于军事问题》中，中国共产党中央制定了军事工作计划大纲，其中对军事翻译问题提出了明确的要求："中央军部应翻译及编辑各种军事技术及武装暴动技术一类的小册子"①。据考证，这是中国共产党方面最早的关于军事翻译的规定。尽管该规定只有一句话，但它反映了中共早期军事翻译政策的特点。1929 年 6 月 19 日，在中共中央《军部工作报告》中，曾记载了当时中央军部的工作，其中"统计调查收集军事书籍及编辑军事小册子"是重要内容②，除此之外，在该工作报告中，还记录了当时编辑军事小册子的具体类别。

关于编辑小册问题，已编订有七种：

（1）游击战争。

（2）武装暴动。

（3）市街战术。

（4）城市军事组织。

（5）农村军事组织。

（6）五五制编制大纲草案。

---

① 解放军政治学院党史教研室．中共党史教学参考资料（第 14 册）［M］．南京：解放军政治学院党史教研室，1985：104.

② 解放军政治学院党史教研室．中共党史教学参考资料（第 14 册）［M］．南京：解放军政治学院党史教研室，1985：121.

（7）*广州暴动的军事经验*。①

虽然报告里并没有说关于军事著作翻译的问题，但此时的军事编辑政策已经包含了军事翻译问题，军事翻译工作已经展开。"此时，中共中央军委在周恩来同志的领导下，正集中力量组织从苏联归国的同志，从事军事翻译工作，为军委训练班和各地武装斗争准备教材。"② 不过，这一时期的中国共产党军事翻译活动并没有专门的政策规定。1931 年 4 月 17 日，中华苏维埃中央革命军事委员会发布了第九号通令，宣布成立"红军战史编辑委员会"，其中由精通俄语的左权担任编译部主任，其工作内容包括四个方面，其中第二条规定："搜集中国红军战士在战争中的经验与创见，及介绍国际尤其是苏联军事作家的著述，以提高红军军事指挥员的技能"③。显然，在该项规定中对苏联军事作家著述的介绍离不开军事翻译，从军事翻译的内容上看，该规定明确了中国共产党军事翻译的选材对象——苏联军事作家的著述，这是中国共产党方面军事翻译政策的一次重要发展。1931 年 11 月，中华苏维埃共和国临时中央政府在江西瑞金成立，为中国共产党的军事翻译活动营造了相对稳定的社会环境。1932 年 1 月，中央革命军事委员会出版局成立。1932 年年底，中央革命军事委员会编译委员会成立，与出版局合署办公，专门负责翻译出版苏联等外国军事著作。总之，在土地革命时期，中国共产党对外国军事著作的翻译活动并没有制定专门的翻译政策，军事翻译的政策呈现出与当时的军事斗争密切相关的特点，虽然中国共产党方面的军事翻译规模较小，但军事翻译场域中的文化资本已经在慢慢积累，为抗战期间陕甘宁边区军事翻译场域的完备积蓄着力量。

第六节　抗日战争时期的军事翻译政策

一、国统区的军事翻译政策

1937 年全面抗战爆发后，中日民族矛盾上升为社会的主要矛盾，"抗日救

---

① 解放军政治学院党史教研室. 中共党史教学参考资料（第 14 册）［M］. 南京：解放军政治学院党史教研室，1985：122.

② 陈石平，成英. 军事翻译家刘伯承［M］. 太原：书海出版社，1988：43.

③ 项英，朱德，毛泽东. 中华苏维埃中央革命军事委员会通令第九号 成立红军战史编辑委员会［J］. 军事历史，1992（5）：41.

亡"成为时代主题，军事成为很多知识分子的关注焦点，军事译著的出版量依然很大。在国统区，国民政府延续了全面抗战爆发前的军事翻译政策。1938年3月，国民党政府军训部公布了《军训部审查军用图书规则》，其内容如下：

军训部审查军用图书规则

第一条　本部为统一军事教育、提倡军事知识，并奖励军事著述起见，特订立审查军用图书规则。

第二条　凡各坊肆或私人编译之军用图书，无论已否出版，均得送呈本部请受审查，但系译本应附原书。

第三条　本部审查军用图书分甲、乙、丙三种，如左：

甲　给予审查证

1. 凡译述之书，其原书有价值而译笔简洁、精当及畅顺者；

2. 凡著述之书，其理论精湛、引证详确、文笔畅顺者；

乙　只准出版，不给审查证

1. 凡译述之书，其原书无甚价值而译笔尚属精当及畅顺者；

2. 凡著述之书，其理论平常、引证欠详而文笔尚畅顺者；

丙　不准出版者

1. 凡译述之书，无论其原书价值如何，而译笔舛误及不畅顺者；

2. 凡著述之书，其理论陈腐荒谬、引证不确实及文笔不畅顺者。

第四条　各兵监与总务厅业经审查完竣之书类，无论合格与否，应签具考语，呈请部长核定后，发交军学编译处备案，分别办理，至由编译处自行审查之书籍，亦按上述手续办理。

第五条　各坊肆已经出版之军用图书，虽未送请审查，但发现其内容过于陈旧或谬误过多者，本部得令其烧毁或没收之。

第六条　凡已经本部审查之军用图书（除丙种外），本部当保护其出版权及发行权，他人或其他坊肆不得私行翻印。

第七条　凡经本部审查之军用图书出版后，均须送呈本部五本以备存查。

第八条　凡经本部审查合格之军用图书，必要时得由本部通知取消其出版权。

第九条　本规则如有未尽事宜，得随时呈请修改之。

第十条　本规则自公布之日施行。

民国二十七年三月公布①

从《军训部审查军用图书规则》的内容来看，抗日战争时期的军用图书审查规则在军事翻译译文标准方面进行了调整，其他对军事译著的出版规定并未发生变化，军事翻译译文标准的调整必定会引起军事翻译场域规范的变化，关于民国时期军事翻译标准的讨论，将在下一章进行专门讨论。随着国民党军队在正面战场上的节节败退和南京的沦陷，东部沿海地区的众多出版印刷机构纷纷内迁，残酷的战争环境使很多军事翻译活动出现了停滞，为了鼓励军事翻译活动，1939 年 11 月 8 日，国民政府军事委员会颁布了《奖励公余翻译军用图书暂行办法》，具体内容如下：

奖励公余翻译军用图书暂行办法

第一条　为促进军事教育并奖励通晓外国语文起见，特制定奖励公余翻译军用图书办法，以资策励。

第二条　军事机关学校及各部队军官佐属，有熟谙外国语文者，公余之暇，均得翻译军用图书，由所属长官将原书原稿转呈军训部核定给奖。

第三条　军用图书之翻译，以由所属长官交译，或其他机关学校部队经所属长官许可委托代译者为主，不得自行选译，以示限制。但如发现外国军用图书确有价值者，得呈请所属长官核准后，再行翻译之。

第四条　公余翻译军用图书，以适合于现时军队教育之参考，或所属机关学校业务上之需要为主，其普通译稿，不得呈请给奖。

第五条　公余翻译军用图书之奖励，除成绩特优者，得按照陆海空军奖励条例之规定，请给褒状，其余按左列之规定，给予奖金。

甲　文字明显与原文无舛误者，每千字五元至八元，或每篇五十元至百元。

乙　大意与原文尚无舛误而文字尚需修正者，每千字三元至五元，每篇二十元至五十元。

丙　翻译图表按前项之规定，酌定奖金。

第六条　公余翻译军用图书人员，务以不妨碍其所担任之业务为主，并不得因之借故请假，或在办公时间，从事译述。

---

①　军训部.军训部法规［M］.重庆：军训部总务厅，1941：151-152.

第七条　翻译军用图书，必须翔实，不得自行有所损益致其失真，否则概不得率行呈请给奖。

第八条　翻译军用图书，如查有抄袭冒替等弊，须以严厉惩处。

第九条　翻译军用图书，经核定给奖后，译者不得保留其著作权。

第十条　各机关学校原有之翻译人员，或业务上有译述国外军事图书之责任者，概不得援照本办法呈请给奖。

第十一条　公余翻译军用图书之奖金，由原属机关学校部队于节余经费项下开支，汇报军政部核销。

第十二条　本办法自公布日施行。①

从《奖励公余翻译军用图书暂行办法》的内容上看，该项翻译政策奖励的对象是国民政府军队系统内非专职军事翻译人员，规定那些精通外国语言文字的军事人员在闲暇时间都要从事军事翻译工作，还规定了这些非专职军事翻译人员从事军事翻译的具体要求，主要有四个方面：第一，不得擅自进行军事翻译活动，必须呈请上级长官许可；第二，非专职军事翻译人员不得妨碍正常本职工作；第三，军用图书的译文必须翔实，不得失真；第四，从事公余军用图书翻译人员在翻译过程中不得进行剽窃，否则会受到严惩。总体上看，这一翻译政策涉及国民政府军事翻译场域中军事翻译的选材：适合于现时军队教育之参考，或所属机关学校业务上之需要，不再是对所有外国军事译著都进行奖励支持，表现出明显的针对性和自主性。另外，该军事翻译政策扩大了国民政府从事军事翻译活动的主体，规定了业余军事翻译译者的道德规范和待遇问题，意味着国民政府军事翻译场域文化资本和经济资本的增多，对这一时期国统区军事翻译场域的发展有重要的推动作用。

二、陕甘宁边区的军事翻译政策

1935 年 10 月 19 日，中央红军到达陕北吴起镇，至此，以毛泽东为代表的中国共产党在西北革命根据地拥有了相对稳定与和平的社会环境。随着抗日战争的爆发和全民族抗日统一战线的形成，陕甘宁边区和延安成为中国共产党领导敌后抗日的中心。外部社会环境的稳定为中国共产党军事翻译活动的展开创造了有利的条件。这一时期，陕甘宁边区的各类教育机构和研究机构迫切需要

---

① 军委会. 奖励公余翻译军用图书暂行办法［J］. 浙江兵役，1940（12）：12-13.

各类教材和军事书籍。毛泽东等共产党人对翻译工作十分重视，"没有搞翻译工作的我们就看不懂外国的书，他们翻译外国的书，很有功劳……不要轻视搞翻译的同志，如果不搞一点外国的东西，中国哪晓得什么是马列主义"①。毛泽东还曾说过，"做翻译工作的同志很重要，不要认为翻译工作不好。我们现在需要大翻译家……我们党内能直接看外国书的人很少……首先要翻译马、恩、列、斯的著作，翻译苏联先进的东西和各国马克思主义者的东西"②。从毛泽东的这两段话可以看出，在延安时期中国共产党中央领导人对翻译工作的重视，虽然毛泽东没有直接指出军事翻译的重要性，但对苏联等国的马列主义军事著作的翻译也必然包含在内。

1938 年 10 月，中共中央成立了军委编译处，译员主要包括曾涌泉、焦敏之、何思敬、刘云、杨松等人，专门负责翻译马列主义和苏联的军事著作及资料，在中国共产党军事翻译史上，延安军委编译处的成立具有重要意义，因为它是"第一个由共产党的中央军委在革命根据地建立的专门翻译马列军事著作的机构"③。1939 年 1 月 2 日，毛泽东发表了《〈八路军军政杂志〉发刊词》，文章阐述了《八路军军政杂志》的办刊意义，"为了提高八路军的抗战力量，同时也为了供给抗战友军与抗战人民，关于八路军抗战经验的参考资料"④。同年 2 月 15 日，由毛泽东、王稼祥、谭政联合署名的文件《为指导工作影响友军决定在延出版军政杂志》规定了《八路军军政杂志》的登载内容，包括八类："一、论文；二、政治工作；三、战略战术、战斗经验教训、战例；四、敌军之研究；五、供给卫生；六、战地军队及战斗的通讯；七、文艺及小品；八、译丛"⑤。事实上，作为陕甘宁边区的重要军事类期刊，《八路军军政杂志》对登载"译丛"的规定可视为延安时期中国共产党最重要的军事翻译政策，成为延安革命根据地军事翻译场域的重要组成部分。

---

① 中共中央文献研究室. 毛泽东在七大的讲话和报告集［M］. 北京：中央文献出版社，1995：227.
② 中共中央文献研究室. 毛泽东在七大的讲话和报告集［M］. 北京：中央文献出版社，1995：147-148.
③ 中共中央马克思恩格斯列宁斯大林著作编译局马恩室. 马克思恩格斯著作在中国的传播［M］. 北京：人民出版社，1983：303.
④ 解放军政治学院党史教研室. 中共党史教学参考资料（第 8 册）［M］. 南京：解放军政治学院党史教研室，1979：232.
⑤ 解放军政治学院党史教研室. 中共党史教学参考资料（第 16 册）［M］. 南京：解放军政治学院党史教研室，1979：130.

第七节　解放战争时期的军事翻译政策

一、国民党政府的军事翻译政策

除了延续抗日战争时期制定的军事翻译政策外，在解放战争中，南京国民政府还制定了一些其他的军事翻译政策。随着第二次世界大战的结束，美国扶蒋反共的立场日益明显。在仿照美国军事体制的基础上，南京国民政府于1946年6月成立国防部，其下辖参谋部首次设立了8个特业参谋局，其中包括史料局，简称国防部史料局，1947年4月，更名为国防部史政局。在《国防部三十五年度工作报告书》中，记载了由南京国民政府史料局牵头组织的战史编纂工作，其中涉及较多的军事翻译政策，具体内容如下：

第三节　战史之编纂

战史为战争之写真，可供研究两方战争之得失，与成败之关键，借以探求战略战术之真理而求改进，且战史为牺牲亿万人之生命，及无量数之金钱所写成，如吾人仍犯同一错误，而遭受同样失败，即为吾人不能接受历史之教训，亦即未能熟读战史，有以致之，在此次世界大战中，武器革新，战略战术之变化，诸多进步，为求获得精确之检讨，并为研究未来战争之资料计，故对于此次战争之战史，亟需有一翔实之记载。

……　……

第三款　世界大战史

一、选译美国版穆勒氏著第二次世界大战史，由高级编审官主持，二处派员协力，集十余人之力，于本年年底大体完成，俟详加审核后，即签请付印。

二、第二次世界大战大事记，分国内国外战场，为上下两册，参考有关资料，整理编纂完竣，经奉准付印五千册。

三、第二次世界大战纪要及所见，经整理编纂完竣，现正修改中。

四、第二次世界大战图解简史，于十月竣事，呈核请印，已核准印一万册。

五、马歇尔元帅第二次世界大战报告书简编，依据原文及译文，摘其精华作有系统之叙述，使读者易于明了，经编译完善，付印一万册。

六、选译德国版第一次世界大战史纲要，备供参考与借鉴。①

第六节　国防学术书刊之编译

…… ……

第二款　译述之书刊

一、日本内幕及战时经济学二书，原由国防研究院译出，经该局接收，予以审核校正后，奉准由坊间出版，正交书局承印中。

二、利比亚战役、挪威战役、中东战役、日本登陆作战，及军事领导心理等译稿六种，经加审核后，准予付印。

三、苏联国境筑城情报记录，为日本参谋本部根据关东军所汇集之情报编成，以供一般将校教育训练上之参考，经摘译准予付印。

四、东苏联军后方准备调查书两卷，为日本陆军部所调制，依后方补给之能力，判断苏军对日作战时，可能使用之兵力，并叙述东苏人员物资补给运输之能力，以供高级司令部战时之参考，全书经译出准予付印。②

从《国防部三十五年度工作报告书》的内容可知，在解放战争时期，南京国民政府的军事翻译活动特别重视对第二次世界大战以来经典战役进行译介，特别是对美国、日本和苏联之间的二战战史进行译介，以便为国内的军事教育训练和军事学研究服务。从军事学发展的角度看，国防部史政局军事翻译政策的制定是具有积极意义的。然而，从整个解放战争史来看，随着国民政府军队在战场上节节败退，其军事翻译政策，特别是关于军事翻译译者的待遇，在这一时期逐渐呈现出倒退的趋势。1945 年，在《甘肃省政府法令公报》第 2 卷第 9 期上，国民政府军事委员会发布训令，颁布了修改后的《奖励公余翻译军用图书办法》，该办法最早于 1939 年 11 月颁布。两者相比，新规定的最大变化体现在对非专职军事翻译人员的待遇上，详情如下：

第五条　公余翻译军用图书之奖励，除成绩特优者，得按照陆海空军奖励条例之规定，请给褒状，其余按左列之规定，给予奖金。

甲　文字明显与原文无错误，每千字两百元至三百元，或每篇两千元

①　国防部. 国防部三十五年度工作报告书（一）［M］. 南京：国防部史政局编印，1947：91-93.

②　国防部. 国防部三十五年度工作报告书（一）［M］. 南京：国防部史政局编印，1947：94-95.

至三千元。

乙　大意与原文尚无错误，而文字尚需修正者，每千字一百五十至两百元，每篇一千五百元至两千元。

丙　翻译图表按前项之规定，酌定奖金。①

从该内容上看，1945 年版《奖励公余翻译军用图书办法》对军事翻译待遇的规定有大幅度上涨：在 1939 年，一类军事译文"每千字五元至八元，或每篇五十元至百元"，二类军事译文"每千字三元至五元，每篇二十元至五十元"；然而，到 1945 年，一类军事译文"每千字两百元至三百元，或每篇两千元至三千元"，二类军事译文"每千字一百五十至两百元，每篇一千五百元至两千元"。出现该现象的原因是，国统区在抗日战争后期出现了严重的通货膨胀。毫无疑问，这种现象的产生势必导致军事翻译译者经济资本的动荡。1947 年 8 月 21 日，国民政府国防部颁布了第三版《修正奖励公余翻译军用图书办法》，在该办法中，变化最大的仍是军事翻译的待遇问题，具体情况如下：

第五条　公余翻译军用图书之奖励，除成绩特优者，得按照陆海空军奖励条例之规定，请给褒状，其余按左列之规定，给予奖金。

甲　文字明显与原文无舛误者，每千字（译成中文之实有字数）五千元至一万元。

乙　大意与原文尚无舛误，而文字尚需修正者，每千字三千元至五千元。

丙　翻译图表按前项之规定，酌定奖金。

丁　核算字数办法，按规定制用之翻译纸，以页数计算，每页一百二十格，按一百字计算，（每页一百二十格，除标点符号及每段头尾空格外，实一百字左右），发翻译奖金五百元至一千元，在核算时其首尾不足半页者，不计，半页以上者，作一页计算。

第六条　翻译文体，概用文言，不得用白话，并力求简洁明了。②

从 1947 年版的《修正奖励公余翻译军用图书办法》可知，此时的军事翻译待遇：一类军事译文"每千字五千元至一万元"；二类军事译文"每千字三千元

---

① 军事委员会. 奖励公余翻译军用图书办法 [J]. 甘肃省政府法令公报，1945，2（9）：34-35.

② 国防部. 修正奖励公余翻译军用图书办法 [J]. 国防部公报，1947，3（3）：22-24.

至五千元"。与1945年的待遇相比，该军事翻译政策将军事翻译的奖金提高了近30倍，然而，这并非意味着国民党政府非专职军事翻译人员待遇的提高。随着国民政府在内战中的节节败退，国民政府滥发纸币，物价飞涨，通货膨胀异常严重。另一方面，从军事翻译的文体而言，该办法竟然要求军事译文采取文言文体，"翻译文体，概用文言，不得用白话"，在提倡白话文运动近20年后的1947年，该规定无疑会减少军事翻译译者的经济收入。以场域的观点来看，军事翻译译者收入的减少，也就意味着国统区军事翻译场域中译者经济资本的减少，也在侧面解释了解放战争后期国民政府军事翻译活动的式微。

二、解放区的军事翻译政策

抗战胜利后，蒋介石政府为了维护其独裁统治，单方面撕毁停战协定，于1946年6月26日发动全面内战，至1946年11月，解放军以消灭敌人的有生力量为主要目标，出于战略上的需要主动放弃了某些地区和城市。但某些战场的确出现了失误，有些城市是"因仗打得不好被迫放弃的，这说明了我军在指挥上、战术上、技术训练上、政治工作与后勤工作上，或多或少的还存在着弱点"[①]。在1946年11月23日《中央军委、总政治部关于军队训练与培养干部的一封信》中，中央军委还提出了进一步的要求，"提议各野战集团（如刘邓、粟裕等集团）办一中上级指挥员随营战术研究班（队），营团正副职轮流训练，主要学习大踏步进退的机动歼灭战、中国革命战争与战略问题、联合兵种战术、各兵种性能、兵器学常识、实战经验。总之，要使经验与理论结合"[②]。

在解放战争时期，虽然中共中央没有出台明确的军事翻译政策，但中国革命的战场态势已发生变化。解放军以游击战为主的作战方式逐渐转变成以运动战和歼灭战为主，这要求广大中上级指战员与指挥员进一步学习相关的新战术和战略，在客观上要求翻译大兵团作战方面的军事书籍，这也是这一时期大量相关军事译著出现的原因，如《红军野战参谋业务令》（刘亚楼译，1947年）、《论苏军合围钳形攻势》（刘伯承编译，1948年）、《十个歼灭性突击》（付克、冗携合译，1949年）、《运动战的战术规则》（王学野等译，1949年）。随着国

---

① 解放军政治学院党史教研室. 中共党史教学参考资料（第18册）［M］. 南京：解放军政治学院党史教研室，1979：235.

② 解放军政治学院党史教研室. 中共党史教学参考资料（第18册）［M］. 南京：解放军政治学院党史教研室，1979：237.

民党政权在大陆的垮台和新中国的成立，中国人民解放军的军事翻译活动迎来了新的发展阶段。

第八节　民国时期军事翻译政策的特点

综上所述，可以清晰地看出以下几点：第一，民国时期的不同军事翻译政策总是依附于各自的权力场域，军事翻译政策的变化总是随着各个政权的兴衰而出现繁荣或式微，权力场域的稳定会促进军事翻译政策的完备，反之会造成军事翻译政策的废弛；第二，军事翻译政策的流变总会引起军事翻译场域的变化，军事翻译政策在相当大的程度上决定了军事翻译场域规范的建构；第三，完备的军事翻译政策是军事翻译活动繁荣的重要保证；第四，由于军事是政治的继续，所以从本质上看，民国时期的军事翻译政策是这一时期的中国"译政"话语的重要组成部分。在这一时期的军事翻译实践中，不同历史阶段的军事翻译政策直接建构了不同时期的军事翻译规范或标准，下一章将考察民国时期军事翻译标准的嬗变。

第六章

民国时期军事翻译标准的嬗变

布迪厄认为，惯习"来自社会制度，又寄居在身体之中（或者是生物性的个体里）"①，是个体性和集体性的统一，社会行动者的惯习是不同场域规则被内化的结果。在《译者惯习的关键性地位》（*The Pivotal Status of the Translator's Habitus*）一文中，西米奥尼（Daniel Simeoni）对图里（Toury）的多元系统论进行了新的解读，认为"惯习涵盖规范（norm），二者区别在于惯习同时具有建构和被结构化的双重功能（double dimension of 'structuring and structured' function）"②。换句话说，惯习和规范之间存在双向互动关系：一方面，规范建构惯习；另一方面，惯习也建构着规范。在传统译论看来，规范指的就是规定（prescriptive），"亦指指导原则，甚至理解为译者必须遵守的规则"③。在现代译论中，图里把规范解释为"社会文化对翻译的约束力，它处于两极之间，一极是总体性的规则（rules），另一极是纯粹的个人风格（idiosyncrasies），'规则'是客观性极强的'规范'，而个人风格又是主观性极强的个人'规范'"④。由此可见，无论是传统译论还是现代译论，"规范"与"规则"这两个概念在某种程度上可以等同。在军事翻译场域中，对译者而言，翻译标准是最重要的翻译规范，它与译者之间存在着建构与被建构的双重互动关系。因此，考察民国时期的军事翻译标准变迁是理解军事翻译译者翻译惯习的重要环节。

翻译活动是一种社会化的实践活动，其发生与发展总要受一定社会历史环境和条件的制约。在特定的历史时期，独特的翻译实践必然产生独特的翻译标

---

① 布迪厄，华康德. 实践与反思：反思社会学导引［M］. 李猛，李康，译. 北京：中央编译出版社，1998：171.

② SIMEONI D. The Pivotal Status of the Translator's Habitus［J］. International Journal of translation studies，1998，10（1）：21-22.

③ 方梦之. 译学辞典［M］. 上海：上海外语教育出版社，2004：32.

④ 方梦之. 译学辞典［M］. 上海：上海外语教育出版社，2004：32.

准，民国时期西方军事著作汉译活动就具有这样的特质。根据方梦之（2004）的观点，"翻译标准"（criteria of translation）指的是"翻译活动必须遵循的准绳，是衡量译文质量的尺度，是翻译工作者不断努力以期达到的目标"①。在中国翻译活动的历史长河中，比较重要的翻译标准有严复提出的"信、达、雅"，傅雷提出的"神似"，钱钟书提出的"化境"，刘重德提出的"信、达、切"，许渊冲提出的"三美"；而国外比较重要的翻译标准有"等效""等值""对等"等。对翻译标准的认识，不同学者的强调重心并不一样，以上这些观点基本上都是从原作和译作之间的内容关系思考的。翻译的标准还具有层次性和多元化的特点。1982年，辜正坤在其《翻译理论教程》中提出了"翻译标准多元化理论"，他认为由于翻译的多功能性，人类审美的多样性和读者、译者的多层次性，"翻译手法、译作风格、译作价值因而势必多样化，而这一切最终导致具体翻译标准的多元化……在整个翻译标准系统中，绝对标准一元化和具体标准多元化是既对立又统一的"②。苏联翻译理论家科米萨罗夫对翻译标准的多层次性也展开了相关论述，他认为，"翻译有若干个标准：等值标准、体裁-修辞标准、译语标准、语用标准和应时标准"。从科米萨罗夫对翻译标准的分类可以看出，人们对翻译标准的认识会随着研究视角的不同而产生变化。本章主要从场域理论视角讨论民国时期军事翻译标准（规范）的变迁。

第一节　"简洁性"标准

1915年4月20日，北京政府颁布了《海军部编译委员会规则》。据笔者考证，《海军部编译委员会规则》是民国时期颁布最早的一部专门军事翻译法规。在该规则中，关于军事翻译标准的规定主要是第七条：

> 无论编译何种书籍，总以文字简明为主，不得故求高深。③

很明显，"文字简明"即要求译文简单明了，而非晦涩难懂。这一翻译标准在1915年8月出版的翟寿褆译本《大战学理》中得到了证明：在蒋作宾的序言中，他说该书"我国旧有译本，文辞芜陋，不能得其蕴奥，翟君寿褆取而重译

---

① 方梦之. 译学辞典［M］. 上海：上海外语教育出版社，2004：23.
② 方梦之. 译学辞典［M］. 上海：上海外语教育出版社，2004：23.
③ 蔡鸿源. 民国法规集成（第10册）［M］. 合肥：黄山书社，1999：363.

之，以飨军人"①；在"重译者自序"中，翟寿禔提到，《战争论》"经日本士官学校数人译之，明治三十四年始行脱稿，吾国原有重译之本，清军咨府仅得其半，予往在保定速成学校，曾应同人之请，为译其卷八一篇，迄今视之，殊涩陋不可读，深俱其真价湮而弗彰也"②。很明显，无论是蒋作宾，还是翟寿禔，他们均认为原译本晦涩难懂，这是译者重译《战争论》的重要原因。

从场域的观点来看，"文字简明"可以看作这一时期军事翻译场域的一条规则，或者说是军事翻译场域的一个逻辑，它塑造了军事翻译译者的惯习。从中华民国海军部编译处的成立到海军部编译委员会的创设，严复均担任总纂，而且早在1898年严复便提出了"信""达""雅"翻译标准三原则，但《规则（1915）》并没有完全体现这一精神。不过，"文字简明"反映了这一时期军事翻译场域中的翻译规范，可以看作民国时期军事翻译标准的萌芽。

第二节　"时效性、忠实性"标准

在南京国民政府时期，军用图书审查制度的变迁清晰地反映了军事翻译场域中翻译标准的变化。这一时期，南京国民政府对一切军用图书实行专门的审查制度，一切出版过的和尚未出版的军用图书都要接受审查，负责审查军用图书的部门是南京国民政府训练总监部军学编译处。在审查军用图书的过程中，军事翻译场域中的翻译标准逐渐形成。

1928年10月，南京国民政府改组军事委员会，成立训练总监部，下设军学编译处，负责军事图书编辑翻译等工作。在人事制度上，军学编译处下设处长与副处长各一人，其中处长的职责为"承部次长之命，督率本处各科室职员，担任军事参考图书之编译，审查及汇集保管诸事宜"，副处长辅佐处长处理主管事务。军学编译处设三科一室，即军学编译处第一科、第二科、第三科和军学编译处图书室，其中军学编译处第一科的职责是翻译军事图书，第二科的职责是编辑军事图书，第三科的职责是审查军事图书，军学编译处图书室的职责是

---

① 蒋作宾. 蒋序［M］//克劳塞维茨（原题：格鲁塞威止）. 大战学理（上册）. 翟寿禔,
　　重译. 北京：个人刊, 1915：7.
② 蒋作宾. 蒋序［M］//克劳塞维茨（原题：格鲁塞威止）. 大战学理（上册）. 翟寿禔,
　　重译. 北京：个人刊, 1915：7.

汇集保管军事图书杂志及其他参考书。军学编译处各科室均设有科长主任一名，负责分配各科室职员的业务。

《训练总监部民国十八年工作报告书》详细记录了训练总监部成立一周年以来的工作状况，内容包括 1929 年度编译军学书籍的概况、军学书籍的出版情况和军学图书的审查状况。在军学图书审查报告中，训练总监部军学编译处阐明了其审查军用图书的初衷：

> 本部军学编译处，职司编译，对于出版界之情形不得不略加考察，以免编译重出、持议相乖。盖迩年军书出版寥若晨星，射利之徒恒拾旧刊、易以新名，或由一、二私人翻译外籍、草草成书售之以渔利，事不问新陈、理不求真妄、漫不负责、贻害滋深。本部有慨于此，爰于本部成立之初，即令草拟审查各坊肆军用图书规则，由处起草、业经呈请核定，咨行各省，通饬各坊肆遵照在案，以遏毒瘤侵润、谬说播传。①

从这段文字中得知，在南京国民政府成立之初，国内军用图书市场十分混乱，重复翻译、私人翻译乱象丛生，为了规范军用图书市场，消除"漫不负责、贻害滋深"的军用图书，训练总监部军学编译处制定了《国民政府训练总监部审查各坊肆军用图书规则》②，在该规则中，第四条、第五条的规定如下：

> 第四条　各坊肆现有之军用图书，经本部审查认为过于陈旧或谬误过多、不堪适用者，不给审查证，停止发卖。
>
> 第五条　各坊肆或私人编译之军用图书，已经脱稿尚未付印者，经本部审查认为不堪适用者，不给审查证，停止出版。

根据第四条，训练总监部军学编译处对军事译著优劣的评判标准——是否"过于陈旧或谬误过多"。是否"过于陈旧"，这是就原作选材而言的，体现的是军事译著的"时效性"，换句话说，它体现的是军事译著选材的"价值性"要求。原书的价值性，或者说实用性，是军事翻译活动开展必须考虑的因素，这一点也可以从训练总监部军学编译处对一些军事译著的审查报告中看出。例如，批拨提书店经理张寄春，曾将译著《军需工业动员》一书提交审查，但训

---

① 何应钦. 训练总监部民国十八年工作报告书［M］. 南京：训练总监部，1929：9.

② 训练总监部军学编译处. 附录［M］//训练总监部军学编译处. 训练总监部审查军用图书案牍汇编. 南京：训练总监部军学编译处，1934：1-2.

练总监部军学图书编译处却建议"该书店毋庸再译"①，因为该书"业已有人翻译，呈经本部审查合格，给证再案"②，此例证明了军事书籍译介时译者要遵循的"价值性"标准。是否"谬误过多"，体现的是译文的"忠实性"要求，即严复所说的"信"。例如，在训练总监部军学编译处审查军用图书的案牍中，曾记载了这样两则批文：

> 函军政部为准函送曾连胜所译《一九三二年各国军事概况》，原稿请审核见复等由，经审尚无不合检，同原件请复查照饬知由：案准贵部第一五三二三号函略开案据本部顾问处，呈送军医司上校服务员曾连胜译就《一九三二年各国军事概况》一书，查该书颇有研究价值，除准予给价收买五百册分送各机关以供参考外，至译成之原稿是否完善，事关军事参考书籍，请审核办理见复等由附原稿二本准此查，该书内容尚佳，可供参考。③

> 批权晙为呈送《最新初级军事要图例》仰祈审核准予备案以利刊行由：呈暨附件均悉，查该译本文句殊欠通畅，译语亦多与原书有背，非大加修改未可出而向世，所请备案之处，核与本部审查军用图书规则不合，未便照准。仰即知照原件发还此批。④

根据这两则批文，由于曾连胜所译《一九三二年各国军事概况》"颇有研究价值"，所以得以"给价收买五百册"，由此可见，"价值性诉求"是军事译著得以出版的重要条件；而译者权晙所译的《最新初级军事要图例》，因"译本文句殊欠通畅，译语亦多与原书有背"而没有通过审查。因此，可以说在南京国民政府成立初期的军事翻译场域中，军事翻译标准有两个特点：第一，凸显译作选材上的时代性要求，或者说翻译选材上的"价值性"诉求；第二，彰显译文"忠实性"标准。不过，这些翻译标准是针对军用图书市场的混乱状态提出的，与《海军部编译委员会规则》相比，军事翻译的"简洁性"标准并没有在

---

① 训练总监部军学编译处编．训练总监部审查军用图书案牍汇编（二）［M］．南京：训练总监部军学编译处，1934：10.

② 训练总监部军学编译处编．训练总监部审查军用图书案牍汇编（二）［M］．南京：训练总监部军学编译处，1934：10.

③ 训练总监部军学编译处编．训练总监部审查军用图书案牍汇编（二）［M］．南京：训练总监部军学编译处，1934：41-42.

④ 训练总监部军学编译处编．训练总监部审查军用图书案牍汇编（二）［M］．南京：训练总监部军学编译处，1934：3-4.

《国民政府训练总监部审查各坊肆军用图书规则》中得到彰显，这从侧面反映了这一时期军事翻译场域规范的不健全问题。

第三节　"价值性、简洁性、精当性和顺畅性"标准

自南京国民政府成立以来，随着军事翻译场域的逐步完善，军事翻译标准也逐步确立起来，其主要表现在军用图书审查规则对军事译著译文标准的规定上。南京国民政府于 1933 年和 1938 年分别颁布了《修正训练总监部审查军用图书规则》和《军训部审查军用图书规则》，规定军事译著译文的最高准则为"原书有价值，译笔简洁、精当及畅顺"，最低准则为"原书无甚价值而译笔尚属精当及畅顺"，可以说这些准则是构建民国时期军事翻译场域规则的重要组成部分。

一、《修正训练总监部审查军用图书规则》

1933 年 9 月 1 日，南京国民政府训练总监部颁布了修正后的军用图书审查规则，进一步巩固了军用图书审查制度。在这项制度下，所有军事译著被分为三类：第一类是给予审查证，允许出版；第二类是不予颁发审查证，但可以出版；第三类是不给予审查证，也不允许出版。下面是《修正训练总监部审查军用图书规则》（以下简称《规则（1933）》）中关于军事翻译标准的具体内容。

修正训练总监部审查军用图书规则

（民国二十二年九月一日）

第三条　本部审查军用图书分甲乙丙三类，如左：

甲　给予审查证

1. 凡译述之书，其原书有价值，译笔简洁、精当及畅顺者；

2. 凡著述之书，其理论精湛、引证详确、文笔畅顺者；

乙　只准出版，不给审查证

1. 凡译述之书，其原书无甚价值，而译笔简洁、精当及畅顺者；

2. 凡著述之书，其理论平常、引证欠详而文笔畅顺者；

丙　不准出版者

1. 凡译述之书，无论其原书价值如何，而译笔舛误及不畅顺者；

2. 凡著述之书，其理论陈腐荒谬、引证不确实，及文笔不畅顺者。①

根据《规则（1933）》第三条规定，军事译著获得出版权的最低条件是"译笔简洁、精当及畅顺"；给予颁发审查证的条件则更高，要求"其原书要有价值"且"译笔简洁、精当及畅顺"。"原书有价值"是从军事翻译选材上做出的要求，体现出军事翻译的时效性、实用性诉求；"译笔简洁"即要求译文简明扼要，没有画蛇添足的内容，这正是北洋政府时期军事翻译场域要求译文"文字简明"的体现；"译笔精当"指的是译文精确恰当，没有误译等现象，符合了严复所提出的译文"信"的要求；"译笔畅顺"则指的是要求译文流畅、通达，没有艰深晦涩之感，这与严复的"达"的要求相吻合。

二、《军训部审查军用图书规则》

1938 年 1 月，南京国民政府对军事委员会进行改组，其中训练总监部被改组为军训部，下设军事编辑处，杨言昌继续任处长，负责军事参考书的编辑、翻译、审核及搜集保管事项。1938 年 3 月，南京国民政府又颁布了《军训部审查军用图书规则》②（以下简称《规则（1938）》），该《规则（1938）》沿袭旧制，在内容上基本与《规则（1933）》一致，但对军事译著的审查标准稍做变动，主要体现在第三条规定中，其具体内容如下：

第三条　本部审查军用图书分甲、乙、丙三类，如左：

甲　给予审查证

1. 凡译述之书，其原书有价值，译笔简洁、精当及畅顺者；

2. 凡著述之书，其理论精湛、引证详确、文笔畅顺者；

乙　只准出版，不给审查证

1. 凡译述之书，其原书无甚价值而译笔尚属精当及畅顺者；

2. 凡著述之书，其理论平常、引证欠详，而文笔尚属畅顺者；

丙　不准出版者

1. 凡译述之书，无论其原书价值如何，而译笔舛误及不畅顺者；

2. 凡著述之书，其理论陈腐荒谬、引证不确实，及文笔不畅顺者。③

---

① 军事委员会. 军事规章汇刊·第二辑［M］. 南京：南京国民政府军事委员会，1934：4.

② 军训部. 军训部法规［M］. 重庆：军训部总务厅，1941：151-152.

③ 军训部. 军训部法规［M］. 重庆：军训部总务厅，1941：151-152.

根据《规则（1938）》，军事译著被划分为三个等级：第一类为"原书有价值，译笔简洁、精当及畅顺者"；第二类为"原书无甚价值而译笔尚属精当及畅顺者"；第三类为"无论其原书价值如何，而译笔舛误及不畅顺者"。与《规则（1933）》相比，第一类军事译著的翻译标准没有改变，原本选材的价值性，译笔的简洁性、忠实性和顺畅性，仍是军训部颁发审查证的标准；然而，第二类军事译著的评判标准却发生了变化，由原来的"译笔简洁、精当及畅顺"变为"译笔尚属精当及畅顺"，很明显，这一时期乙类军事译著出版的标准有所降低，译文的"简洁性"标准被删去，只保留了译文的忠实性与顺畅性，即严复所说的"信"和"达"。

第四节　军事翻译场域规则与"信、达、雅"标准

一、军事翻译标准与"信、达、雅"标准的同构

陈忠华在《谈科技英语汉译的"达"和"雅"》一文中指出，"科技英语的翻译，首要的标准是准确，即通常所谓的'信'，这是不言而喻的；但是，'达'和'雅'这两个因素也同样不应忽视。当然，科技翻译的'雅'与文学翻译的'雅'有所不同。概括地讲，科技英语的'雅'就是简洁明快、流畅通顺，体现科技英语的特点"①。根据陈忠华的观点，科技翻译中的"雅"指的就是译文的"简洁性"。在军事翻译中，除了军事理论著作外，大部分军事著作属于军事科技类文体。因此，可以说《规则（1933）》中所要求的"译笔简洁"，即要求译文的"雅"；而译笔"精当"，即要求译文"精确恰当，或准确适当"，这是严复翻译标准中"信"的要求；译笔"畅顺"即要求译文"通畅、通顺"，这是严复翻译标准中"达"的要求。总之，"译笔简洁、精当及顺畅"正是"信、达、雅"翻译三原则在军事翻译中的体现，但是，与文学翻译相比，军事翻译的价值性诉求非常明显。

二、翻译场域规范与军事翻译场域规范的互动

从北洋政府时期的"文字简明"，到南京国民政府初期的是否"过于陈旧或

---

① 陈忠华. 谈科技英语汉译的"达"和"雅"[J]. 中国翻译, 1984（1）：18.

谬误过多"，再到这一时期的"原书要有价值"且"译笔简洁、精当及畅顺"，在民国时期的军事翻译场域中，军事翻译的标准是逐步形成并加以完善的。作为民国时期翻译场域中的子场域，军事翻译场域中的规则与翻译场域中的规范具有同构关系，而且，军事翻译场域规则具有自己的特色。

　　根据布迪厄的文化生产理论，翻译场域的规范或规则势必会影响到军事翻译场域中翻译标准和译者惯习的确立。尽管严复早在 1898 年《天演论》例言中就提出了"信、达、雅"三标准，但国内翻译界对该翻译标准的大规模讨论开始于五四运动时期。1919 年，傅斯年在《新潮》一卷三号中对严复的翻译行为进行了评价，他说，"严几道先生译的书中，《天演论》和《法意》最糟……这都是因为他不曾对于原作者负责，他只对自己负责任……严先生那种达恉的办法，实在不可为训，势必至于改恉而后已"①；1924 年，胡适在《五十年来之中国文学》中对严复的译文进行了评价，"严复的英文与古中文程度都很高，他又很用心不肯苟且，……故能勉强做到一个达字……严复的译书，有几种——《天演论》《群己权界论》《群学肄言》——在原文本有文学价值，他的译本，在古文学史也应该占一个很高的地位"②。很明显，傅斯年批评了严复的译文不能"达旨"，即不"信"，不忠实；胡适认为严复的译文实现了"达"和"雅"。另外，蔡元培、张君劢等学者也对严复的译文进行了褒贬不一的评价。在 20 世纪 30 年代初，文坛健将鲁迅和共产主义战士瞿秋白之间关于翻译的论战，把严复"信、达、雅"翻译标准评价推向高潮。1931 年 12 月 5 日瞿秋白在《鲁迅和瞿秋白关于翻译的通信——瞿秋白的来信》一文中，认为"他（严复）是用一个'雅'字打消了'信'和'达'……翻译应当把原文的本意，完全正确的介绍给中国读者，使中国读者所得到的概念等于英俄日德法……读者从原文得来的概念，这样的直译，应当用中国人口头上可以讲得出来的白话来写。为保存原作的精神，并不用着容忍'多少的不顺'"③。在 1931 年 12 月 28 日鲁迅给瞿秋白的回信中，鲁迅说道，"他（严复）的翻译，实在是汉唐译经历史的缩图。中国之译佛经，汉末质直，他没有取法。六朝真是'达'而'雅'了，他的《天演论》的模范就在此……无论什么，我是至今主张'宁信而不顺'"④。暂

　　① 罗新璋. 翻译论集［M］. 北京：商务印书馆，1984：151.
　　② 罗新璋. 翻译论集［M］. 北京：商务印书馆，1984：151.
　　③ 罗新璋. 翻译论集［M］. 北京：商务印书馆，1984：267-270.
　　④ 罗新璋. 翻译论集［M］. 北京：商务印书馆，1984：275.

且不说鲁迅与瞿秋白谁的观点正确，作为翻译理论家，他们对严复翻译标准三原则的激烈辩论，足以说明"信、达、雅"已经成为当时翻译界比较普遍的提法。在 20 世纪 30 年代，尽管不同的学者对"信、达、雅"有着不尽相同的理解，但它已逐渐成为翻译场域翻译规范，为军事翻译场域规范的形成产生了重要的影响，成为军事翻译场域中要求译文"简洁性""忠实性""顺畅性"标准的参照。

实际上，整个翻译场域与军事翻译子场域之间存在互动关系。1942 年 4 月 28 日，在给黄焕文译《大战学理》一书写的书评中，西南联大历史学教授程绥楚首次阐述了军事著作的文本性质及翻译标准问题，他说：

> 兵学书与哲学、史学相同，而又近似纯科学书，故文字贵炼，句法贵精，意义不可模棱，或仅凭臆测，然译事之难，已尽人皆知。原作或有简练者，一旦译成汉文便不免烦琐唠叨，盖西文状词特多，既为文意述状之精髓，当然不可遗弃，而中文烦琐之病恐随之而生了。……译书既有上述之难，译西方兵书自不能用孙吴春秋战国文体，且克氏之作，反复辩说，详明兼备，欲求简单，实不可能，于是不得不求译成可诵之现代时文，而又不许有艰涩之弊，既利研读，尤便记忆摘录，则黄焕文先生之译本，相当达到了这个标准。……纯科学书最易译，如本书中一部分之论战争方法战术诸章，而第一篇之第一、二、三章及第二篇之二、三、五诸章，则较难，盖此纯为心理哲学思想及艺术论一类之文字，故自西文译中文意思难恰当，但若译得欠佳，又使全部之精华失色，不免可惜。……克氏论《法兰西法典》云："立言唯真，非真不语，非全真不语"。而译书尤非"全真"不可，即林琴南所谓"信、达、雅"是。黄君译本堪称得体了。
>
> ——三一年四月二八日程绥楚于昆明西南联大①

在程绥楚看来，军事著作的文本类型与哲学、史学的文本一样，但又近似纯科学文本，因此要求语言文字简练、句法精准，翻译时不能出现模棱两可的译文，这也证明了军事翻译场域中要求译文"译笔简洁"的必要性。接着，程绥楚又详细分析了《大战学理》的文本性质，认为《大战学理》部分内容属于纯科学性质，因而最容易翻译；而属于心理学、哲学及艺术学内容部分则比较

① 程绥楚. 程氏书评［M］//克劳塞维茨（原题：克劳塞维兹）. 大战学理. 黄焕文，编译. 重庆：商务印书馆，1944：2-3.

难翻译。程绥楚还认为，在译书的过程中，必须做到立言"全真"，做到"信、达、雅"。程绥楚对黄焕文译本的评价，反映了民国时期国内学者对军事翻译标准的思考，对军事本文翻译方法的思考，这是翻译场域"信、达、雅"规范在军事翻译场域的映射。1942 年 5 月，译者黄焕文在给《大战学理：战争论》撰写的"本书之不朽及其译本"说明中说道：

> 　　笔者鉴于克氏兵术思想的重要，特编译简要精本，以供我国人士研究参考之用。当编译克氏名著完成时，看到一本列举读克氏战争论的笔记（二十九年十二月读书出版社出版），译者冰生君在书后说："克氏耗尽心血的伟著，直至现在，还没有好的中译本出来，实在是文化人的一个耻辱"。于是发现我所编译克氏这书的努力，不会白费精神。出版后很多长官友好，纷纷来函说比较陆大和训练总监部的译本都好。至于前生活书店出版傅君根据俄文的译本，编译者完全没有兵学根底，所以错误更大。笔者编译克氏名著，虽然不是直译法，但"信、达、雅"三字，自信做到九分之九了。

——三十一年五月黄焕文于桂林①

　　根据上面的译者说明，黄焕文说"'信、达、雅'三字，自信做到九分之九了"，可见，译者黄焕文在编译克劳塞维茨《战争论》的过程中，所遵循的翻译标准是"信、达、雅"三原则。这也意味着，"信、达、雅"翻译标准三原则不仅是翻译场域中的规范，也是军事翻译子场域中的规范。再如，军事翻译家戴坚将军在《军官袖珍研究》的"译者序言"中说道：

> 　　笔者常见到有些人对译述的军事书籍，总觉得有点看得不顺眼，甚至轻描淡写的以"不合国情"四个字来抹杀一切。自然译书要译得人人叫好，当然是不容易，不过这也要分两方面讲。在译者方面，如果是译一本军事书籍，至少得先对中外国的文字通顺，军事学有基础；如果是一本关于战斗方面的书籍，更得要对于教兵练兵有实地的经验，否则就难做到所谓"信、达、雅"的地步。在读者方面，看译述的军事书籍，先就要对军事学有相当的修养，最好能稍有一点外国文的知识，普通的常识（如某国军队的素质，习用的战法，现行的编制装备等）尤其要丰富，假使想进一步有

---

① 黄焕文. 本书之不朽及其译本［M］//克劳塞维茨（原题：克劳塞维兹）. 大战学理. 黄焕文，编译. 重庆：商务印书馆，1944：4-5.

心得而能应用的话，那就融合自己的实地经验而巧于运用了。

——民国二十九年戴坚序于桂林①

从上面引文可以看出，针对读者对军事译著的误解，戴坚将军表达了自己的看法，他认为无论是军事译著的译者，还是军事译著的读者，他们都要具备军事知识，这样才不至于造成误解。对军事翻译的译者而言，拥有军事学基础是做到"信""达""雅"的必备条件；于读者而论，具备军事修养是读懂军事译者的前提条件。很明显，戴坚将军也是把"信、达、雅"三原则作为其翻译标准的。

"信、达、雅"翻译标准三原则，不仅是翻译场域中的重要规范，也是军事翻译子场域中的重要规范。从本质上讲，军事翻译场域中的"精当性、顺畅性和简洁性"翻译标准与"信、达、雅"翻译标准三原则具有同构性。具体地说，军事翻译的"精当性"就是"忠实性"，也就是"信"；军事翻译的"顺畅性"指的是译文流畅通顺，无晦涩难懂之感，也即"达"；而军事翻译的"简洁性"则要求译笔简练，正是'雅'的要求。不过，在军事翻译场域中，原本的价值性，或者说是原本的时效性，是军事翻译实践的重要考量，这是军事翻译实践区别于其他类型翻译活动的重要特征。

"价值性、简洁性、精当性和顺畅性"军事翻译标准的提出，标志着军事翻译场域规范的确立，这种军事翻译规范会不断地塑造军事翻译译者的惯习，进而体现在具体的军事翻译实践中——译者对翻译策略的选择。因此，考察民国时期军事翻译场域中译者的翻译策略，是解读军事翻译实践必不可少的环节。

---

① 戴坚．译者序言［M］//洛墨尔．军官研究袖珍．戴坚，译．南京：同仇学社，1941：1．

第七章

译者惯习与西方军事著作汉译的策略

　　"译者惯习"是指"译者在翻译过程中体现出的思维习惯和思维定式，是译者早期的信仰不断内化，在历史语境中塑造而成的，它内化于特定历史阶段的译者意识结构之后，作为一种'前结构'的行为模式，指挥和调动译者的翻译方向，赋予翻译行为以特定的意义，是译者行为规则、翻译策略等实际表现及精神方面的总根源"①。根据布迪厄的文化生产理论，翻译场域的规范或规则塑造了译者惯习，而译者惯习又是导致译者采取不同翻译策略的根源所在。

第一节　翻译策略与翻译方法

　　长期以来，"翻译策略"和"翻译方法"这两个术语在翻译研究中经常被混为一谈，人们谈到翻译方法就会说到翻译策略，两者之间并无清晰的界定。1993 年，耶斯凯莱宁（Jääskeläinen）把策略定义为"与'目标取向性'和'主观最优性'相关联的过程，而非是解决问题的过程。换句话说，翻译策略是译者在翻译实践中，自认为要达到既定目标的最佳方法"②。耶斯凯莱宁（1993）把翻译策略分为整体策略（global strategies）和局部策略（local strategies）两种，整体策略是指"一种宏观层面上的操作，涉及文本风格问题，以及选择对原文本某些方面进行抑制抑或强调等诸多宽泛问题"③，而局部策略是指"对特

---

① 骆萍 . 翻译规范与译者惯习：以胡适译诗为例［J］. 西安外国语大学学报，2010，18（2）：75-78.
② 李德超 . TAPs 翻译过程研究二十年：回顾与展望［J］. 中国翻译，2005（1）：30.
③ BAKER M, SALDANHA G. Routledge Encyclopedia of Translation Studies［M］. Second Edition. Shanghai：Shanghai Foreign Language Education Press，2010：283.

定语言结构和词汇的翻译"①。韦努蒂（Venuti）也对翻译策略进行了界定，他认为翻译策略是"选择原本和拟定一种翻译方法"②。不过，韦努蒂对翻译策略的定义是以母语为目的语而言的。根据他的观点，包括归化、异化、原文选择、改写、阻抗、文化移植等都是翻译策略的具体形式。从这些定义可以看出，国外学者对翻译策略的定义并没有达成共识，翻译策略和翻译方法之间并没有明显的界限，它们之间似乎存在一种同构关系。

近年来，对翻译策略和翻译方法这两个概念的界定，国内学者也进行了一些研究，具有代表性的有王建国（2005）、方仪力（2012）、熊兵（2014）、方梦之（2013）、韩江洪（2015）等。国内学者的观点大致可以分为两类：第一类观点认为，翻译策略和翻译方法分别属于宏观和微观层面的概念，翻译策略分为归化和异化两种，而翻译方法有直译、意译、音译等多种方法（方梦之，2013；熊兵，2014）；第二类观点认为，翻译方法和翻译策略之间并没有本质区别，翻译方法就是翻译策略（王建国，2005；方仪力，2012）。本质上讲，翻译活动是一种复杂的社会文化实践，它牵涉翻译的方案、模式、框架等宏观层面的内容，将宏观的翻译策略和具体的翻译方法混为一谈是不恰当的。但是，在具体的翻译实践中，宏观翻译策略也可以是异化和归化的结合，可以使归化策略多一点，也可以使异化策略多一点，翻译策略的取舍要根据具体的翻译实践而定。

从国内外学者对翻译策略和翻译方法的研究可以推测，关于翻译策略和翻译方法的争论还会持续下去。综合以上学者对该问题的研究，笔者比较支持耶斯凯莱宁（1993）的观点，她将翻译策略划分为整体策略和局部策略，避免了对翻译策略和翻译方法的无休止的争论。在耶斯凯莱宁看来，整体策略是指从宏观层面对文本的操作，涉及文本风格的选择，对原文本不同内容的处理方式等诸多宽泛问题，它是对整个翻译活动中翻译方法的宏观思考；而局部策略则是在具体翻译实践中译者对文字、词汇等的处理方式，是对翻译活动中具体文字操作的微观考量。就"归化""异化""直译""意译"这四个概念而言，笔者更倾向于将归化和异化看作文化上的宏观考量，也就是一种翻译策略，这是

---

① BAKER M, SALDANHA G. Routledge Encyclopedia of Translation Studies［M］. Second Edition. Shanghai：Shanghai Foreign Language Education Press，2010：283.

② BAKER M, SALDANHA G. Routledge Encyclopedia of Translation Studies［M］. Second Edition. Shanghai：Shanghai Foreign Language Education Press，2010：240.

因为归化强调了一种以目的语文化为参照的宏观思维，而异化强调了一种以源语文化为参照的宏观思维，这两者都是从文化的宏观层面着手。对直译和意译两个概念而言，虽然两者也反映了宏观的文化方面，但它们更倾向于译本的文字操作层面。因此，笔者认为，翻译活动中的整体策略包括三种类型：异化策略、归化策略、归化策略和异化策略的结合。翻译活动中的局部策略指的是具体的翻译方法，要根据整体翻译策略类型的不同而发生变化。

第二节　西方军事著作汉译的翻译方式

根据上文的讨论，笔者认为翻译策略分为两大类。第一类是归化策略，这种策略要求译者以目标语文化为价值取向，关心译入语读者，在此策略关照下的翻译方法包括意译、编译和改译三种，其中改译又包括摘译、缩译、译写、译评等形式。之所以将摘译、缩译、译写、译评归入改译，是因为它们都多少改变了原作在形式上、内容上或风格上的特征。第二类是异化策略，即以源语文化为价值取向，关心原文作者，在此策略关照下的翻译方法是直译，直译又包括零翻译、音译、逐词翻译。

结合译者惯习理论，本章主要从宏观层面考察民国时期西方军事著作汉译活动中译者的翻译策略，并不涉及语言内部的转换问题。根据笔者统计，在874种军事译著中，有明确译者信息的译著有778种，就译者的翻译方式而言，有全译、编译、译述、撰译、节译等形式，其中"全译""编译"和"译述"类的军事译著所占的比例较大，分别达到64.4%、25.4%和5.0%，具体情况如表7-1所示。

表7-1　民国时期军事译著的翻译方式统计表

序号	军事译著翻译方式	数量（种）	比例（%）
1	全译	501	64.4%
2	编译	198	25.4%
3	译述	39	5.0%
4	译著	13	1.7%
5	校译	7	0.9%

序号	军事译著翻译方式	数量（种）	比例（%）
6	撰译	3	0.4%
7	辑译	3	0.4%
8	节译	2	0.3%
9	译编	2	0.3%
17	某某口译，某某笔记	2	0.3%
10	著译	1	0.1%
11	佚名译	1	0.1%
12	摘译	1	0.1%
13	译校	1	0.1%
14	译注	1	0.1%
15	选译	1	0.1%
16	译绘	1	0.1%
18	某某译并补编	1	0.1%

　　从表7-1可以看出，在民国西方军事著作的汉译活动中，译者们的翻译方式呈现出多样化的特点。为了及时、快速地学习外国先进的军事经验和技术，从事军事翻译的译者们或军事翻译家们采用了"撰译""译著""译编""著译"等翻译形式，如戴坚采取"撰译"的方式翻译了《兵学研究纲要》和《白纸战术》，这些翻译形式的产生促进了军事翻译活动的繁荣，具有重要的研究意义。

第三节　军事翻译中的归化策略

一、军事翻译中的意译

　　顾名思义，意译就是译文内容和原文内容一致，而形式不同的翻译方法。它反映了把译入语文化作为参照的一种价值取向。根据文本的内容，在民国时期西方军事著作汉译活动中，采用意译方法进行翻译的文本大多为军事理论和军事史方面的著作。例如，在《1914 年至 1915 年世界大战史》（周修仁译，1933）一书前言部分的"补充语"中，译者周修仁对他所采用的翻译方法进行了详细的说明：

> ……六、译书原有意译直译之分，以本书性质论，似以意译为佳，故鄙人采用此法，逐假译述之际，先行通读数遍，领会其意旨，在融化其原意，以中文说明之，不为原文所牵制，以形成中国式之译文，对于读者，似可节省若干脑力，较之原文，虽不免稍有简略，然大意不差，精华具在。左图右书，精细按阅，自能明了各次战役之状况，绝不至迷离恍惚，徒乱人意，鄙人能力，如斯而已，是我非我，任诸阅者之评判……。①

周修仁，字籽农，湖南长沙人，曾任黄埔军校南京本校第七期中校编译官。在中国传统翻译理论中，"直译"和"意译"一直都是重要的翻译方法，可以说是翻译场域中的重要规范，周修仁作为专职军事翻译官，采取"直译"或"意译"的方法终归是由翻译场域中的译者惯习所决定的。在这段译文中，译者周修仁对自己采用意译翻译策略的原因做了详细说明，译者选用意译进行翻译的原因在于源语文本的性质。另外，译者认为，意译的语体符合"中国式之译文"，有利于读者阅读，虽然采用意译会造成原文内容的某种损耗，但"大意不差、精华具在"。

二、军事翻译中的编译

对于编译的本质和定义，刘树森（1991）曾对其进行了精辟的解释，他认为编译的本质是"将一种语言文字写作的内容、一本著作的内容，或者若干篇文章、若干部著作中的相关内容，用另一种语言文字忠实而又完整地予以概述。编译的特殊性在于用精当的语言再现原作本质性的内容，略其形态，取其精髓而舍弃其余"②。在民国时期的军事翻译中，编译策略的运用是非常普遍的。从表 7-1 可知，就翻译方法而言，在民国时期的军事译著中，编译是除了全译之

---

① 周修仁. 补充语［M］//英马诺尔. 1914 年至 1919 年世界大战史（上卷）. 周修仁，译. 南京：军学研究社，1933：3.
② 刘树森. 编译：外语专业高年级学生应当掌握的一种能力［J］. 中国翻译，1991（3）：55.

外占比最大的一种翻译策略。例如，在 1946 年 11 月 参谋总长陈诚为《马歇尔元帅第二次世界大战报告书简编》（裴元俊、黄涤芜编译）所写的"序言"中，编译的原则得到了体现。

> 在此次世界大战中，我国首先抵抗侵略，使轴心重要一环之日本深陷泥淖……欲知我国抗战对此次大战所做之贡献，不可不先明了此次大战之内容，更不可不先明了美国所贡献于此次大战之史绩，兹特命本部史料局，就马帅报告原书，删繁就简，择其精华，作有系统之编译，名为《马歇尔元帅第二次世界大战报告书简编》，印发各级干部研究……①

从刘树森的定义可知，编译策略的本质就是"取其精髓、略其形态"，采用这种翻译方法可以在最短的时间内，以最佳的方式向目标语读者提供最重要的信息。对民国时期从事军事译者，特别是那些从事军事参谋工作的人员来说，在军情如火的环境中，采用编译方法进行翻译军事信息已经成为他们的一种翻译惯习。再如，在 1944 年程晓华给黄焕文译本《大战学理》撰写的书评中，也明确提到了译者采取"编译"策略的主要原因：

> 去年夏秋之间，焕文兄到桂林来，要我们创办现代战争周刊，发扬军事科学文化，……我于是奉劝他与其翻译全本，不如编译精本，则我国军官青年学生很容易阅读研究。焕文兄立即同意我这个建议，他说："克氏思想精神，理论一贯，可惜他生前没有修正草稿，而普通翻译者又不敢更动。实则克氏大战学理八篇，系统鲜明……我可以取菁去芜，编译成为精本，用最普通的言语，使克氏思想可以明确了然，对我国知识分子不无一点裨益。"
>
> ——民国三十年三月十日程晓华于桂林②

从上段文字可知，程晓华认为编译本能使"我国军官青年学生很容易阅读研究"，黄焕文欣然接受了这个提议，这正是在军事翻译场域中编译策略本质特征"取其精髓、略其形态"的体现，这体现了译者惯习对翻译策略选择的决定

---

① 裴元俊，黄涤芜. 序言［M］// 马歇尔. 马歇尔元帅第二次世界大战报告书简编. 裴元俊，黄涤芜，编译. 南京：国防部史政局，1947：1.
② 程晓华. 程序［M］//克劳塞维茨（原题：克劳塞维兹）. 大战学理. 黄焕文，编译. 桂林：国防书店（发行），1941：17.

性作用。

三、军事翻译中的改译

改译是一种"译文的内容或主旨与原文有异"的翻译方法①，在某些实际的翻译中，"有时为了达到某种特定的（不同于原作者的）翻译目的，或为了满足目标语读者某种特定的需求，可能会用到改译的方法"②。根据黄忠廉（2001）对改译的定义可知，改译主要发生于三个方面，即原作的内容、原作的形式与原作的风格。从场域的观点来看，在军事翻译场域中，"改译"翻译策略产生的原因主要有两个方面：译者的意识形态惯习和读者意识惯习。在民国时期军事书籍译介的活动中，译者采取改译方法进行翻译的军事著作多产生于军事理论和战略战术方面。

（一）政治意识形态惯习产生的改译

从本质上讲，"改译"可以看作一种改写。勒弗菲尔认为，翻译是意识形态、诗学和赞助人操纵下的一种改写，这种改写"是以某种方式对源语文本进行重新解释、改变或操纵，而在这一过程中，受到了译者的（有意识的或无意识的）意识形态和目的语文化中占主导地位的诗学的制约，因而对源语文本的思想内容乃至意识形态会有所改变"③。可见，意识形态方面的因素是产生改译的重要原因。从场域理论来看，无论是意识形态，还是诗学因素，它们都会内化为译者的惯习，进而决定译者在翻译过程中所采取的翻译策略。在民国时期，源于意识形态惯习，对西方军事著作的改译主要分为两类：第一类是对日本军事著作的改译；第二类是对苏俄军事著作的改译。

1. 对日本军事著作的改译

九一八事变后，中日之间的民族矛盾逐渐上升为国内的主要矛盾，日本帝国主义与中国人民之间的侵略与反侵略的战争成为时代主题，广大知识分子（包括译者）逐渐形成了一种反对日本帝国主义的意识形态惯习，其主要表现：

---

① 熊兵. 翻译研究中的概念混淆：以"翻译策略""翻译方法"和"翻译技巧"为例 [J]. 中国翻译，2014，35（3）：86.
② 熊兵. 翻译研究中的概念混淆：以"翻译策略""翻译方法"和"翻译技巧"为例 [J]. 中国翻译，2014，35（3）：86.
③ LEFEVERE A. Translation, Rewriting and the Manipulation of Literary Fame [M]. Shanghai: Shanghai Foreign Language Education Press, 2004: 2-4.

在翻译日本军事著作的过程中，由于原文本中充满各种荒谬论断和军国主义思想，这与译者的反侵略惯习发生矛盾，这是促使对日本军事著作改写的主要原因。例如，在《少年科学未来战》（刘振汉译，1937）的译者序中有这么一段话：

> 这册书是从日本小山胜清著《少年科学未来战》编译过来的，说是编译，当然是因为译文与原文颇有出入的地方。例如，第一章中"草船借箭"的故事原书是没有的，但笔者因为感到有加上去的必要，就插进了一段。又如，第九章中说到烟幕的历史时，笔者也加入了黄帝和蚩尤之战的一段。至于原文本身，因为有些地方都以空话鼓励读者对战争产生好感（这本是日文书的普遍特色），都已删去；有些地方是重复的叙述，笔者也把它简略了。总之一句话，这册书的面目已与原书不同，但原书的精神——精彩部分却都保存着。此外，笔者又加上了一章自撰的海上战争。①

根据这段序文，从本质上讲，译者刘振汉所采用的翻译方法已不再是编译，而是改译。译者在译本中加入"草船借箭"和"黄帝战蚩尤"两节原作没有的内容，这超过了编译的范畴。由于意识形态惯习的不同，译者删去了那些"以空话鼓励读者对战争发生好感"的地方，原著的内容发生改变。由于中日之间意识形态的不同，原作者与译者对中日之间战争的看法也不相同，译者根据自己的意识形态惯习对原文进行删减或增添。再如，1932 年 8 月 24 日，在张孤山译著《日本的假想敌——劳动赤军》的"译者序"中说道：

> 我的希望是这样，所以把他翻译出来，贡献于行将化为大战炮灰的中国人民之前。或者国人能因此明白自己今后所……，起来作最后的拼命！……至于作者过于夸大或不符合事实之处，译者便于其下用一括弧，或注以（？）的符号，用以提醒读者，间有一二处作者在结论上，肯定日本必胜，凡无事实学理根据者，则略而不译，或添上一二句，稍变其语意，使读者知其"或然"而不信其"必然"。译者并于篇中插入战争地图，以

---

① 刘振汉 . 序［M］//原作者不详 . 少年科学未来战 . 刘振汉，译 . 上海：开明书店，1937：1.

便读者按图索骥，借以补充原著之不足。①

1931 年九一八事变后，东北沦陷，国内抗日救亡的呼声日益高涨，对于对日作战孰胜孰败，具有不同意识形态惯习的人，其看法也必然不一样。译者将原作者"肯定日本必胜，凡无事实学理根据者"进行删除，这又体现了译者意识形态惯习对翻译策略选择的决定作用。

2. 对苏俄军事著作的改译

蒋介石掌握政权后，逐渐抛弃了"联俄、联共、扶助农工"的政策，并迅速与苏联断绝关系。1927 年 4 月 12 日，蒋介石发动了四一二反革命政变，大肆屠杀共产党人。1927 年 12 月，南京国民政府颁布"国府断绝俄交令"，彻底与苏俄决裂。对蒋介石国民政府方面的译者而言，他们秉持的是三民主义意识形态惯习，而共产党方面的译者则拥有共产主义意识形态惯习，这种差异明显地反映在对苏俄军事著作的翻译上。在译介苏俄军事著作的过程中，国民党方面的译者除了要对来自苏联军事著作的内容进行删改外，就连苏俄军事著作的名称也被改变。即便是翻译同一本苏俄军事著作，中国共产党方面的译者和中国国民党方面的译者对译著的命名方法不同。例如，《劳农赤军步兵操典》（训练总监部军学编译处译，1932）和《苏联工农红军底步兵战斗条例》（中央军委会编译委员会译，1937）系译自同一本书，然而这两者的译本名称却明显不同，这是由译者意识形态惯习的差异所造成的。

> 1931 年 5 月 2 日，中国国民党第三届中央执行委员会通过了《全国一致消弭共祸案》，第一次将共产党及其领导的中国工农红军由"共匪"统一改称为"赤匪"。……要消灭赤祸，"必须断绝赤匪思想言论及其出版物之流传……赤匪思想言论，乃至所传播之文艺学说，悉当群策群力，自动禁绝之"。②

这是国民党政府从法律上对反共宣传进行的规定，要求国统区的文学领域、出版领域坚决贯彻，由此，在国统区的军事翻译场域中，反共政策也逐渐成为

---

① 张孤山 . 译者序言［M］//平田晋策 . 日本的假想—敌劳农赤军 . 张孤山，译 . 上海：南京书店，1933：3.
② 梁忠翠 . 浅析十年内战时期国共两党的宣传战［J］. 鲁东大学学报（哲学社会科学），2013，30（4）：14-15.

某些译者的翻译惯习。在国民党军事译者译介的著作中，不能出现"工农红军"等字眼，要一律改译为"劳农赤军"；在涉及"苏联红军"时，译者要把它改译为"赤军"，例如，《赤军防空教令》（麦务之，1933）、《赤军野外教令》（训练总监部军学编译处译，1931）、《赤军伪装教范》（训练总监部军学编译处译，1935）等，这再次证明了在某些情况下，军事翻译也是意识形态惯习操控下的一种改写。

（二）读者意识惯习产生的改译

1813 年，德国翻译理论家施莱尔·马赫在其《论翻译的方法》一文中提出，翻译通常有两种方法："一是译者尽量不惊动原作者，让读者向他靠近；一是译者尽量不干扰读者，让原作者向读者靠近"①。在《鲁迅和瞿秋白关于翻译的通信——鲁迅的回信》一文中，鲁迅说在从事翻译活动时需要对读者进行分类，译者要有读者意识，"我们的译书，还不能这样简单。首先要决定译给大众中怎样的读者。将这些大众，粗粗的分起来：甲，有很受了教育的；乙，有略能识字的；丙，有识字无几的。……但就是甲乙两种，也不能用同样的书籍，应该各有供给阅读的相当的书。供给乙的，还不能用翻译，至少是改作……至于供给甲类读者的译本，无论什么，我是至今主张'宁信而不顺的'"②。从施莱尔·马赫和鲁迅的观点来看，他们的共同点是都主张译者要有读者意识。由此可见，在翻译场域中，读者意识是一种重要的翻译惯习。

在翻译活动中，由于读者的情况千差万别，不同译者的读者意识惯习也各不相同，由此也会产生不同形式的改译。例如，在军事翻译中，面对时刻变化的敌情，读者需要在最短时间内掌握最多的情报信息，这时候就需要对原作进行缩译、摘译、译评、译写或"变译+补充"等。

1. 译评

"译评"是指将原作翻译之后再结合其内容展开评论的一种变译活动，这种翻译行为反映了译者的主体意识，译者不再是原作者的"仆人"，而是新思想的创造者，他们对原作进行译介的同时也在研究、思考，并逐渐形成了自己的思想和判断，这是典型的职业军人译者的惯习特征。在民国时期的军事翻译场域

---

① LEFEVERE A. Translation / History/Culture：A Source Book ［M］. London：Routledge，1992：149.

② 罗新璋. 翻译论集 ［M］. 北京：商务印书馆，1984：275.

中，采用这种翻译方法的译者多为军事教育家或军事理论家，他们的译者惯习常常促使其把研究和翻译结合起来，如蒋百里、吴光杰、杨言昌等，这种翻译方法在他们的译著中常有体现。例如，1940 年在 10 月《战术纲要》（1941）的"译者序"中，译者吴光杰说：

> ……1935 年德国重整军备之后，军事益进，故可君将《军队指挥》一书内容大加增改，……光杰获得是书，读其内容新颖，甚适抗战需要，未敢偷惰，译成国文，稿成后，第二次欧战再起，德军出其新颖之兵器与战术，得以迅速克波克法，因有所感，故不揣简陋，草拟附录四篇，说明空军陆战队之使用与防御、装甲及摩托化部队之编制与使用、闪击战之说明，以阐扬新兵种及战术在第二次欧战中之价值与运用，又鉴于我国国情在抗战中游击战之需要，对于该队之组成与运用，亦略叙述，俾供读者之研究，贡献袍泽，聊进区区爱国之忱。①

根据这段序文，二战中德军采用闪击战新战术迅速攻克法国、波兰，并且新的武器层出不穷，再加上中国正处于水深火热的抗战中，读者需要了解这些新军事科技和战术，需要了解中国该如何应对。作为知名的军事理论家和军事翻译家，吴光杰在译介的同时，结合中国的国情和抗战的局势，表达了自己对新战术的看法，"因有所感，故不揣简陋，草拟附录四篇，说明空军陆战队之使用与防御、装甲及摩托化部队之编制与使用、闪击战之说明，以阐扬新兵种及战术在第二次欧战中之价值与运用，又鉴于我国国情在抗战中游击战之需要，对于该队之组成与运用，亦略叙述，俾供读者之研究，贡献袍泽，聊进区区爱国之忱"，这就是译评中"评论"的成分。在民国时期的军事翻译中，"译评"这种翻译方法，从侧面反映了外国军事理论本土化的一种倾向，这是中国军事理论成长的重要环节。从这种意义上讲，"译评"翻译方法在军事翻译中具有重要的意义和研究价值。

2. 译述

根据黄宗廉的定义，"译述"是指译者用自己的语言转述原作主要内容或部分内容的翻译活动。与编译方法相比，这种翻译方法的自由度较大，因为编译

---

① 吴光杰.《战术纲要》译者序［M］//可亨豪逊. 战术纲要. 吴光杰，编译. 重庆：军用图书社，1941：9-10.

方法至少要"取其精神、略其形态",也就是说在内容上是完整的,而译述方法在内容上可以不完整。例如,1935 年 11 月,在上海《科学战争》(赵立云、吕鹏博译述,1936)的"说明"中,译者吕鹏博阐述了他的翻译方法:

> 鄙人译这部书,煞费斟酌,遇到他矜夸过甚处,酌量删去;但是他的实在长处,以及他所发明的兵器,皆一一照原文译出,存其意义。孙子有云"知己知彼,百战百胜"。人家胜过我们的地方,我们要晓得;我们不如人家的地方,我们也要晓得……①

军事翻译中,能在最短的时间内学习他人的长处,这是读者的潜在诉求。因此,对军事翻译中的译者而言,有时需要删减那些重复的、过时的、虚妄的信息,译述方法便是最好的选择。

3. 变译+增补

变译+增补,它是在编译的基础上,为特定读者群体的需求,将与译本内容密切相关的额外资料附加于译本中的翻译行为,通常情况下,附加资料只是附于原作内容之后。这种翻译方法有利于特定读者短时间内掌握大量的相关信息。在民国时期的军事翻译中,这种变译方法也是屡见不鲜的。例如,1941 年 12 月 31 日,中央宣传部国际宣传处在《美日两国海军实力之比较》一书的"弁言"中说:

> 本书系以美国普尔斯顿(W. D. Puleston)近著《太平洋的武力》一书第五章"美日海军实力的分析比较"一文为主体,再附以本处编制的"美日海军五种主要舰艇一览表"合编而成……凡文中未及叙述者,编者均另加注释补充,以求完备。今美日海军已正式交锋,究竟孰强孰弱,或可从本书得一比较正确的印象也。②

1941 年 12 月 7 日,日本突袭珍珠港,太平洋战争爆发。该"弁言"的落笔日期为 1941 年 12 月 31 日,太平洋战争刚刚爆发,国内急需关于美日两国军事实力方面的资料。从这段引文得知,《美日两国海军实力之比较》首先是从《太

---

① 赵立云,吕鹏博.说明 [M] //寺岛征史.科学战争.赵立云,吕鹏博,译述.上海:商务印书馆,1936:1.
② 中央宣传部国际宣传处.弁言 [M] //原著者不详.美日两国海军实力之比较.中央宣传部国际宣传处,译.贵阳:文通书局,1942:1.

平洋的武力》一书中摘译，之后又附加了关于美日海军舰艇的舰艇资料，再加上译者的注释，翻译文本最终形成。从该军事译著的成书过程中可以看军事翻译中变译的尺度。

第四节　军事翻译中的异化策略

异化策略，即以源语文化为价值取向，关心原文作者，在此策略关照下的翻译方法是直译，直译又包括零翻译、音译、逐词翻译等。在民国时期西方军事译著汉译活动中，直译也是使用较多的翻译方法，直译法多用于对纯军事科技类文本的翻译。这是因为，与意译相比，直译更有利于吸收外来有益的事物，更有利于反映异国情调。孙子曰："兵者，国之大事也，死生之道。"对于军事科技的翻译，必须非常严谨，因为它是一个国家生死攸关的问题。因此，采取直译法翻译外国军事科技类书籍是一种必然，例如，在1933年出版的曾昭抡、吴屏译述的《化学战争通论》"译者序"中，译者说道：

> 本书译文，力求真实。在不过于生硬难读之条件下，力求按照原文按字直译。唯因中西文字结构之根本不同，不得不牺牲直译以求通畅之处，亦常有之耳。——民国二十二年九月一日，序于南京。①

曾昭抡，1899年生于湖南湘乡市，1920年毕业于清华学堂，后留学于美国麻省理工学院，1926年获麻省理工学院化学博士学位，回国后历任中央大学、北京大学、西南联合大学等多所高校教授。曾昭抡属于典型的学者型译者，他的翻译和研究大都是关于化学方面的内容，严谨性是这类译者的一种普遍性的惯习。在翻译场域中，直译法是保证科技类译文准确性的重要手段。为了追求译文的严谨性，化学家曾昭抡和吴屏选择了直译的方法，遇到译文不畅时才使用意译。当然，在军事翻译场域中，除了与原本的性质有关外，译者采取何种翻译方法进行翻译，还与译者长期以来形成的其他翻译惯习有关。例如，在1935年出版的王光祈译的《空防要览》"译者序"中，王光祈

---

① 曾昭抡，吴屏．译者序［M］//韩斯连．化学战争通论．曾昭抡，吴屏，译述．上海：商务印书馆，1935：3．

说道：

> 余向来译书之法系先用直译；直译看不懂，再加以意译。如遇译文
> 不合中国文气之处，辄添上一二补句，以贯通之；并于补句上下，加一
> 括弧以分别之。但本书原文，往往过于简短，非多加补句，不能连贯。
> 因而所添补句，特别众多，如果处处照例加上括弧，甚碍读者之眼。于
> 是决计将其悉数删去。好在此书系一种通俗著作，非如名家作品之务必
> 存其庐山本面者可比也。——1932 年 4 月 22 日王光祈于柏林国立图书
> 馆中①

王光祈，1892 年生于四川成都，1920 年赴德留学，起初研究政治经济学，
后改学音乐，1927 年入柏林大学学习音乐，1934 年获波恩大学音乐学博士学
位。"余向来译书之法系先用直译；直译看不懂，再加以意译"，王光祈对自己
的译书方法是长期翻译实践形成的，即翻译实践中的一种习惯。作为一名非职
业军人译者，选择译介外国军事类书籍的活动，也是由王光祈的惯习决定的。
在《空防要览》的"译者序言"中，王光祈说道：

> 余本以研究乐学为终身职业者，但鉴于此次沪变之被敌蹂躏，而自身
> 远处异国，不能稍尽抵御之责，至以为愧。乃发愤收集西洋国防材料，于
> 课余之暇，从事译述，以备国人参考。……犹忆从前在蜀肄业中学之时，
> 曾遍购吾国古代各种兵书读之，慨然有荷戈卫国之志。当时同学中如曾慕
> 韩、周太玄、郭沫若诸君，多知其事。其后，虽改学政治，改学音乐，而
> 旧时书生谈兵积习，仍未尽忘。故余今日编译此种军事书籍，亦并非毫无
> 趣味者。——中华民国二十一年四月二十二日王光祈序于柏林国立图书
> 馆中②

王光祈发愤收集外国军事材料进行翻译，这是译者保家卫国思想的一种惯
习；而今编译军事书籍，部分原因来自学生时代的兴趣，这是译者钟爱军事的
惯习。《空防要览》主要介绍了防空办法、空中兵器、防空兵器、防毒设施、欧
战期间防毒设备功能等内容，可以说它是一本纯军事科技类书籍，这也是王光
祈选择直译法的重要原因。

---

① 王光祈. 译者序［M］//赛德尔. 空防要览. 王光祈，译. 上海：中华书局，1935：4-5.
② 王光祈. 译者序［M］//赛德尔. 空防要览. 王光祈，译. 上海：中华书局，1935：4-5.

　　本章主要从宏观角度考察了民国时期西方军事著作汉译的翻译策略，文章认为，从本质上讲，军事翻译的策略是由不同军事翻译译者（群）的惯习所决定的，其中译者的意识形态惯习对军事翻译策略的选择具有重大的影响。除了译者惯习之外，军事翻译策略的选择还要根据军事文本的性质而定，偏向军事科技类的文本一般情况下以异化策略为主，方法上多采用直译；而偏向人文性质的军事文本则多以归化策略为主，方法上多采用意译、编译和改译。从晚清的"强军"到袁世凯建立新式陆军，从中国国民党的"建国兴军"到中国共产党创建新型人民军队，再到中国人民解放军的创建，军事翻译活动的落脚点始终在于"学习外国，为我所用"，因此考察民国时期西方军事译著在我国的接受情况十分有必要。

第八章

民国时期西方军事著作在中国的接受概况

自 1840 年鸦片战争起，迫于内外交困的时局压力，以李鸿章、张之洞为代表的洋务派主张向西方学习，"制器"成为 19 世纪 60 年代到甲午中日战争期间的主要目标，在外来传教士和先进知识分子的合作下，采用"洋译华述"的翻译模式对西方的兵学著作进行了选择性的翻译，译介范围主要集于西方武器装备书籍。这一时期的军事翻译活动对中国军事近代化的影响主要表现在四个方面：第一，鸦片战争后至甲午中日战争期间的兵学翻译活动客观上促进了中国近代独立的军事翻译人才群体的诞生，这为甲午战后的晚清及民国时期军事翻译活动的繁荣提供了智力支持；第二，由于这一时期的兵学翻译活动以西方的军事装备为主要内容，它为中国近代军事装备的制造和生产提供了技术支撑；第三，除了重点译介西方的军事装备书籍之外，这一时期的兵学翻译活动还涉及西方的军事管理和教育、军事工程、军事训练、行军作战、防海、军事地理和战史等内容，为甲午战后中国资产阶级军事思想的发展起到了启蒙作用；第四，在这一时期的兵学翻译活动中，大量新的军语被引进，"为中国军事科学的形成提供了前提"①。

第一节　甲午战后对西方兵学译著的接受

甲午战争的失败，深深刺痛了晚清的知识分子和统治者，"整军经武，以救危亡"的呼声遍布全国，军事变革显得日益紧迫。晚清大臣许景澄向清廷上书说，"自辽海兴兵，战守不利，中外论者审溯兵事得失，无不以仿用西法创练新

---

① 闫俊侠. 晚清西方兵学译著在中国的传播（1860—1895）[D]. 上海：复旦大学，2007：172.

兵为今日当务之急"，而翻译外国兵书就成为当务之急。在这一时期，"中国兵书在质和量方面都发生了划时代的变化。就质来说，它吸收了近代西方资产阶级军事思想的内容，使中国近代军事思想加快向资产阶级转化；就量来说，自甲午战争到辛亥革命15年中，国内共翻译国外各种军事著作340余部，占整个近代翻译西方军事著作的83%"①。从翻译内容上看，甲午战后的兵书翻译涉及军事科学的许多领域，大概可以划分为12个方面：武器装备方面、军事训练方面、行军作战方面、后方勤务方面、军事筑城方面、军事地理方面、军制方面、军事管理教育方面、军校建设与教育方面、海军与海防方面、战史方面和军事学术方面。与甲午战前相比，此时的兵书翻译呈现出新的特点，主要表现在以下几个方面。

第一，军事训练方面。甲午战争的失败使清政府开始重视陆军建设，1895年年底袁世凯在天津小站练兵，开始全盘接受西方练兵方法，其中以德日为主。由此，众多德日练兵操典被翻译成中文，代表性的译著有《德国步兵操典》《德国骑兵操典》《德国陆师操法入门要诀》《德国武备体操课》《步兵操典》《日本普通体操学》《步兵战斗射击教练书》《步兵部队教练书》《步兵射击教范》等。

第二，行军作战方面。行军作战方面的兵书翻译在甲午战后出现了新的变化，首先，更注重各种具体作战方法的学习，此类代表性的译著有《要塞战法》《陆军战法》《应用战法》《步队战法》《马队战法》《炮队战法》《三合队战法》《防御攻击遭遇战战法》和《野战规则》；其次，军事侦察领域的兵书也首次被引入，如《步兵侦探》《行军侦探要义》；最后，反映新兴军事科技、司令部勤务、战备动员等领域的译著也横空出世，如《行军电报说》《航空战术》《空中经营》《日本战时高等司令部勤务令》《陆军动员计划令》等。

第三，后方勤务方面。兵马未动粮草先行，这种朴素的作战思想在这一时期也开始学术化，后方勤务方面的译著也开始涌现，这反映了晚清先进知识分子对新时期作战规律的思考，此类代表性的译著有《战粮供给法》《兵站勤务》《陆军经理学笔记》《作战给养法》《临阵伤科捷要》等。

第四，军制和军事管理教育方面。甲午战后，清廷将陆军建设摆在首要位置，"在军队管理上，袁世凯仿照西方军队，制定了一系列规章、制度、法典，使新军的一切行动都有明文规定"②。在这一过程中，关于西方军制和军事管理

---

① 刘子明．中国近代军事思想史 [M]．南昌：江西人民出版社，1997：234.
② 刘子明．中国近代军事思想史 [M]．南昌：江西人民出版社，1997：229.

教育方面的译著如雨后春笋般地涌现，前者代表性的译著有《德国陆军考》《德国陆军制述要》《俄罗斯陆军制》《日本宪兵制》《西国陆军考略》《各国陆军考》，后者有《军队内务条例》《日本武备教育》《日本军法大全》《日本陆海军刑法》。

第五，海军与海防方面。甲午海战中北洋舰队的全军覆没并没有阻止国人继续追求富国强兵的雄心，译介西方海军与海防方面著作的活动并未停止，其中具有代表性的译著有《海战旨要》《海军旨要》《海防臆测》《船坞论略》《海军政艺通论》等。值得一提的是，"海权论"鼻祖马汉的经典著作《海权对历史的影响》的部分章节——《海上权力要素论》也被译介到中国，这是"海权论"观点在中国传播的起点。

第六，军校建设与教育方面。1896年，张之洞在南京建立江南陆军学堂，紧接着，袁世凯在天津设立新军行营武备学堂。1901年9月，清廷宣布废除武科考试，主张大力兴办军事学堂。"据不完全统计，从1896年到1904年，各省共建军事学堂19所，其中12所是1901年后建立的。军官、将弁、步兵、炮兵、参谋、测绘、军医、马医、军械、后勤、师范、宪兵等，学堂林立。另有海军学堂4所。这些学堂大都聘请德国或日本军官为教官，所学专业与课程能紧密联系新军建设和军事技术实际发展，为培养新型军事人才建立了基础。"① 晚清军事学堂的西化要求大力进行教材建设，而译介西方尤其是德国、日本的军事教材成为必然，代表性的译著有《江南陆师学堂课艺内编》《江南陆师学堂课艺外编》《卫生学教科书》《高等兵学教科书》《临时筑城学教程》《日本陆军学校章程汇编》《军制学教科书》等。

第七，军事学术方面。清末军事学堂的兴起促进了军事教育的发展，而军事教育的振兴则必然促进军事学术进步，这意味着此时的兵书翻译已不能仅仅局限于外国的军事装备和技术等器物层面了，军事战略、战术、战法等军事理论方面的译著开始出现，中国近代军事科学的诞生呼之欲出。在这一时期，代表性的军事学术译著有《战略要说》《战略学》《战术学》《大战学理》《战法学》《德国名将兵法论》《战法兵语字汇》《行军测绘学》等，其中德国军事理论集大成者克劳塞维茨的《战争论》在1911年3月由保定陆军学堂从日文版转译到中国，译名为《大战学理》，是《战争论》的第一个中译本，该书作者运用辩证法系统地阐述了战争的性质、战争理论、战略、战斗、防御、进攻等问

---

① 刘子明. 中国近代军事思想史［M］. 南昌：江西人民出版社，1997：232.

题。有些研究者认为，《战争论》首个中译本的出现具有重要的历史意义，它是"西方军事学早期在华传播的一个界碑"①。

第八，战史方面。甲午海战的失败使清政府再次实施军事改革，部分知识分子提出"以日为师"，从战争中学习经验教训的战史研究有了新的方向，有关海军战史、日俄战史的兵书成了新的译介焦点，代表性的译著有《战史丛书》《英美海军战史》《意大利独立战史》《尼罗海战史》《日俄战事始末译略》《日俄战纪》等。

由上可以看出，与甲午战前相比，甲午战后的兵书翻译在范围上和内容上都已广泛触及军事学的制度和理论层面，这为中国近代资产阶级军事思想的形成奠定了坚实的基础。西方兵书的大规模译介和传播促进了晚清先进知识分子对构建中国军事理论的思考，他们尝试着形成自己的军事主张，部分知识分子甚至开始著书立说。例如，在学习西方军事操典方面，由袁世凯辑、段祺瑞校的《训练操法详晰图说》（12卷）于1899年出版；在吸收西方军事成就精华的基础上，晚清军事专家徐建寅结合自己30多年来在江南制造局兵工厂工作和译书的经验，编著了16卷本的《兵学新书》，该书主要包含"步、炮、马兵使用新式枪炮的基本操法、阵法、行军和协同作战等问题，还叙述了教育训练、驻防宿营、军械粮饷、工程营垒、铁路交通等适应近代战争需要的新的军事内容"②，被认为是"第一个编写出比较完整系统的中国近代军事学术著作……建立中国近代资产阶级军事思想体系的开端"③，"开启了近代中国军事学的大门"④。

1911年10月，辛亥革命爆发，清王朝灭亡。然而，国人追求富国强兵的步伐仍未停歇，进步知识分子对反映外国先进军事理论、军事思想等兵书的翻译和研究仍在继续，这进一步促进了中国近代资产阶级军事思想的成长。

---

① 侯昂妤. 中国近代军事学的兴起：学科史的几个重要问题研究：1840—1949 [M]. 北京：军事科学出版社，2007：26.
② 侯昂妤. 中国近代军事学的兴起：学科史的几个重要问题研究：1840—1949 [M]. 北京：军事科学出版社，2007：44-45.
③ 刘子明. 中国近代军事思想史 [M]. 南昌：江西人民出版社，1997：236.
④ 侯昂妤. 中国近代军事学的兴起：学科史的几个重要问题研究：1840—1949 [M]. 北京：军事科学出版社，2007：45.

第二节 北洋时期对西方兵学译著的接受

1912 年 1 月 1 日，中华民国的成立，为资产阶级军事思想的形成和确立扫平了道路。如果说甲午战争至辛亥革命期间的军事翻译活动促进了近代中国资产阶级军事思想萌芽的话，那么，北洋政府时期的兵书译介活动则极大地推进了近代中国资产阶级军事思想的建立。在北洋军阀统治时期，"军事学专门研究机构的成立、军事学专业杂志的创办，以及军事学校的创建、军事学教科书的出版等，都在中国军事学向新阶段发展的过程中起到了推动作用"①。例如，1912 年 6 月 25 日，由留德陆军生周凝修发起的军学研究社（起初名为"军事研究社"）成立，其宗旨为"联络留学西洋的军人，不使军人干涉政治，致力于军事研究"②。军学研究机构或杂志将军事翻译与研究结合起来，这一点在《军学研究社研究部办事细则草案》中可以清晰地看出。

军学研究社研究部办事细则草案

第一章 总纲

第一条 本部隶属于军学研究社，依据本社章第六第八两条之规定，专门研究军事学术，编辑军事学杂志。

第二条 本部以左列两股组成：

（一）军学股 （二）译述股。

第三条 军学股专门研究一切军事学术，择优编入军学杂志，以向世区为十六课分任之。

（十七）用兵学课 关于战略事项及国防作战动员秋操诸计划之范式均属之。

（十八）军政学课 关于军事行政方法及陆军经理统计事项均属之。

（十九）军制学课 关于军制原理及列国军制并征兵教育诸制度均属之。

---

① 侯昂妤. 中国近代军事学的兴起：学科史的几个重要问题研究：1840—1949［M］. 北京：军事科学出版社，2007：84.

② 侯昂妤. 中国近代军事学的兴起：学科史的几个重要问题研究：1840—1949［M］. 北京：军事科学出版社，2007：86.

（二十）战史课　中外古今一切战史均属之。

（二十一）地志学课　关于汇集中外兵要地志事项均属之。

（二十二）后方勤务课　关于辎重兵站事项均属之。

（二十三）交通学课　关于交通通信及运输事项均属之。

（二十四）战术学课　诸兵种连合之基本应用，诸战术均属之。

（二十五）步兵课　关于步兵专科及机关枪队之学术均属之。

（二十六）马兵课　关于马兵专科学术及马政事项均属之。

（二十七）炮兵课　关于各种炮兵专科学术及兵器制造弹道原理诸学均属之。

（二十八）工兵课　关于工兵专科及要塞之学术均属之。

（二十九）辎重兵课　关于辎重兵专科学术及训练输卒方法均属之。

（三十）法规课　关于国法军法公法及宪兵学术均属之。

（三十一）测量学课　关于诸种测地学术及地形学均属之。

（三十二）军医学课　关于军医马医之学术及平战两时之勤务均属之。

第四条　译述股专翻译东西各国军学书报，择优编入军学杂志，用资借镜，区为五课分任之：

一、德文；二、法文；三、英文；四、日文；五、俄文。①

由上可以看出，军学股和译述股构成的军学研究部离不开军学翻译，两者共同促进了民国初期中国近代军学的发展。军学研究社的具体学术研究被划分为 16 个分支：用兵学课、军政学课、军制学课、战史课、地志学课、后方勤务课、交通学课、战术学课、步兵课、马兵课、炮兵课、工兵课、辎重兵课、法规课、测量学课、军医学课。与晚清军学研究相比，民国初期的军学研究方向更为清晰和科学，显示了中国近代军学的进一步发展。在北洋军阀政府时期，特别是第一次世界大战爆发后，中国军事学的发展出现了新的特点：虽然北洋政府政权更迭频繁，但先进的北洋军人知识分子主动对第一次世界大战进行反思与学习，走在时代前列的正是那些从事兵书翻译的职业军人译者，他们将兵书译介与军学研究巧妙结合，积极推动中国军事学的发展。

1914 年 7 月下旬，第一次世界大战爆发。作为震惊世界的大事，各大报纸纷纷刊文报道，译文和评论此起彼伏。知识军人译者更是主动译介关于第一次

---

① 侯昂妤. 中国近代军事学的兴起：学科史的几个重要问题研究：1840—1949［M］. 北京：军事科学出版社，2007：345-347.

世界大战的书籍，仁者见仁智者见智。在报刊方面，比较有代表性的是由梁启超创办并担任主编的《大中华》，该杂志于 1915 年 1 月在上海创刊，1916 年 12 月停办，月刊，共 24 期。在《大中华》杂志中，有关第一次世界大战中新式武器及战略战术问题也被大规模地进行译介和研究，具体可见表 8-1：

表 8-1　《大中华》杂志军事学研究类文章统计表（1915 年 1 月—1916 年 12 月）

时间	题目	领域	作者或译者	备注
1915 年	《欧洲战争中之新事物》	新式武器、军事战术	杨锦森译，《美国战略报》格利格雷著	第 1 期 1-9 页，第 2 期 1-7 页
	《欧战蠡测：欧战之动因》	军事评论	梁启超	第 1 期 2-9 页，第 2 期 1-9 页
	《欧洲列强之军用汽车》	军事交通	陈霆锐译自《美国科学杂志》	第 3 期 1-5 页
	《英国之飞行车》	军事交通、新式武器	陆守经译自《美国披挨孙丛报》	第 4 期 1-15 页
	《德意志作战方略之评论》	军事战略战术	青霞译自《美国大西洋月报》，阿尔般脱原著	第 5 期 1-15 页
	《欧洲战争与地理》	军事地理学	陆青霞译自《地理学报》，倍禄原著	第 6 期 1-13 页
	《军队卫生之研究》	军事后勤	陈霆锐译自《美国战报》	第 6 期 1-6 页
	《战时欧洲外交之新秘史》	军事外交	张君劢	第 7 期 1-10 页
	《列强海军力之比较》	军备	严桢译自《英国海军年报》，海斯原著	第 7 期 1-13 页
	《最近世界空中战》	军事战术、军事评论	廖惕园	第 8 期 1-10 页，9 期 1-11 页，10 期 1-17 页，11 期 1-14 页，12 期 1-12 页

续表

时间	题目	领域	作者或译者	备注
1915年	《德国军备主义之影响》	军备	翁长钟译自《美国科学杂志》	第9期1-10页
	《无线电信电话最新之进步》	军事装备	顾绍衣	第10期1-12页
1916年	《欧战与中国》	军事外交	欧阳法孝	第2期1-10页
	《美国之飞行海军》	战术，军种	陈海澄译自《工业革命》	第4期1-6页
	《美国国防》	国防	陈霆锐译自《美国科学月报》	第4期1-13页
	《潜水艇战与德国议会》	武器装备	效公译自《日本外交时报》	第5期1-2页
	《欧洲战役与社会主义》	军事与政治	友箕译自《日本国民经济杂志》	第6期1-12页
	《飞行机在战争时之应用》	武器装备	陈霆锐译自《英国杜白林杂志》	第6期1-15页
	《战后之贸易与国际经济战》	军事与经济的关系	法孝译自《日本国民经济杂志》	第6期1-11页，第7期1-9页
	《二十世纪之新武器：最近发明之毒瓦斯》	武器装备	任致远译自《英国杜白林杂志》	第7期1-4页
	《论欧战原于经济之理由》	军事与经济的关系	观化译自《日本经济论丛》	第7期1-8页
	《从历史上观察之德意志帝国》	战史	芥舟	第7期1-13页
	《五年来之教训》	战史	梁启超	第10期1-5页
	《英国征兵问题解决之由来》	征兵	卢寿籛译自《日本外交时报》	第11期1-4页
	《德意志之陆军》	战史	芥舟	第11期1-21页
	《最近飞行界状况及攻击飞机之亚开枪》	武器装备	麟生译自《温特沙杂志七月号》	第12期1-3页

从上表可以看出，第一次世界大战爆发后，北洋时期先进的知识分子就开始与时俱进，对欧洲战场上的新武器装备、战术及战略进行译介和研究。在新式武器方面，军用汽车、飞机（此时称"飞行车、飞行机"）、无线电、潜水艇、毒气等悉数登场。陈海澄译自《工业革命》的"美国之飞行海军"揭示了新式军种——海军航空兵的出现。在 1915 年第一卷之第 8 期 1-10 页、第 9 期 1-11 页、第 10 期 1-17 页、第 11 期 1-14 页和 12 期 1-12 页，廖惕园以敏锐的视角对一战中出现的新战术——"空战"进行了较大篇幅的解读，这为中国近代空军的发展做了铺垫。

在军事译著方面，由端木彰编译的《欧战最新改良军事丛编》（下称《改良丛编》）第一册于 1924 年 7 月在天津出版。端木彰，1880 年出生于浙江丽水，先后毕业于日本成城学校、日本陆军士官学校、日本陆军大学。《改良丛编》第一册共八节：阵地编成之变迁、堑壕勤务、冲击特组队、手榴弹之用法、机枪之用法、狙击炮之用法、迫击炮之用法、铁甲战车（西名"唐克"）。正如端木彰在《改良丛编》"自序"中所言，"世界大战以来，各国军事家，咸殚精竭虑、矢心勠力，以研究当时兵器筑城战术之奇妙，于是军事学术之进步一日千里，开未有之新纪元"[①]。译者端木彰将第一次世界大战中出现的新武器如坦克、迫击炮、平射步兵炮（端木彰称之为"狙击炮"）等的使用方式进行了详细的介绍，他采取"编译"的方式，并对一战中阵地战的经验教训有译有评，这一点在《改良丛编》的"例言"中被清晰地表现出来：

《欧战最新改良军事丛编》例言

一　本书以研究世界大战中兵器奇出、筑城更新、战术进步为编纂主旨。

二　本书以当时实地之调查、列强之战报及最新发明细部之研究，并战后躬行考察之经验合纂而成。

三　本书为便同好之研究。除将摄制当时战场战线兵器堑壕等实地景物影片及说明附诸卷首外，更列各种图表，详记参战主要各国之兵力、兵器、战费、车马、航空、船舶等统计表，俾可一目了然。

四　书中如对航空机车队之行动及步兵之射击冲击、特组队之编成、数线阵地之攻防、炮弹下步兵之队形、步炮之协同动作、通信法、阵地编

---

① 端木彰 . 自序［M］//原著者不详 . 欧战最新改良军事丛编 . 端木彰，编译 . 南京：共和书局，1929.

成之变迁、堑壕勤务之规定等，列强均曾极力研究。而于新兵器中，如战车、机关枪、掷弹枪、迫击炮、狙击炮、手炸弹、毒气、防毒面具、铁兜等，亦复力求精进，实为世界大战中之最关重要者，故特详细记载。

　　五　是书仓促编成，谬误之处在所难免，尚祈读者加以指正。①

从这则"例言"可知，与梁启超主编的《大中华》相比，在端木彰编译的《改良丛编》中，译者端木彰对第一次世界大战中涌现出的新式武器的运用、新战术利弊的介绍和研究都达到了较高的水平，尤其是对步炮协同战术的介绍和研究，在当时的军史学界是比较罕见的，这体现了作为身兼军事翻译译者和军学研究者的端木彰的前瞻性，反映了这一时期中国知识军人对军事学前沿问题的敏锐性及其接纳，为后期中国军事学的发展奠定了坚实基础。

第三节　土地革命时期对西方兵学译著的接受

一、国民党对西方兵学译著的接受

1928 年年底，张学良宣布"东北易帜"，南京国民政府实现了形式上的全国统一，这为中国军学的持续发展营造了良好的社会环境。截至抗日战争爆发之前，国民党知识军人在这一时期的军事翻译和研究活动是卓有成效的，他们将西方先进军事理论、武器装备等军事科学的翻译与研究紧密结合了起来，进一步推动了西方军事理论在中国的"本土化"，并一定程度上实现了战场上的运用和中国近代资产阶级军事思想的确立。

以《军事杂志（南京）》（*The Military Magazine*）为例，该杂志于 1928 年 7 月在南京创刊，月刊，初期由国民革命军杂志社负责编辑发行，从第 46 期开始由军事委员会军事杂志社负责。由于抗战的爆发，从 1939 年 3 月起，第 112 期在重庆刊发，由军训部负责。抗日战争结束后，1946 年至 1947 年出现短暂停刊，1948 年 1 月复刊，由国防部军事杂志社负责发行。随着国民党在大陆统治的结束，现有资料显示，1948 年 11 月该杂志停办。《军事杂志（南京）》经营近 20 年，它是反映国民党军事理论和军事思想变迁的一份重要期刊。在《军事

---

　　①　端木彰. 例言［M］// 原著者不详. 欧战最新改良军事丛编. 端木彰，编译. 南京：共和书局，1929.

杂志（南京）》的"投稿简章"中，杂志社对投稿范围进行了说明，"投寄之稿或自撰，或翻译，或介绍外国军事学说，而附加意见，其文体不拘文言白话，均所欢迎"①。首期的"序言"中，总干事王柏龄总结了该杂志的创刊意义："第一，团结国民革命军的精神；第二，引起研究学术的趣味；第三，供给青年军官研究的材料；第四，宣传国家在军事上的意旨；第五，研究国家重要问题；第六，普及全国民众在军事上的知识"②。从《军事杂志（南京）》的"投稿简章"和"序言"可知，一方面，这一时期的军学发展不仅仅体现在继续对外国军事学说的翻译和介绍上，而且还注重对外国军事学说的评价与评论，这需要注入对军事学说新的思考，对于中国军事科学的建立具有重要意义；另一方面，向全体国民普及军事学知识，这一目标是晚清时期和北洋政府时期所没有提出的，它从侧面体现了西方军事学知识在民国初期的接受和影响历程。

在《军事杂志（南京）》第3期中，叶在瑞发表了《欧洲大战以后步兵战术之研究及其趋势》一文，该文对第一次世界大战后的步兵战术进行了研究，作者充分考虑到了第一次世界大战中出现的新式武器给步兵战术所带来的新变化。他认为，"虽步兵仍为军中主兵，而因飞行机之发达，轻机关枪之发明，狙击炮、迫击炮、枪榴弹、手榴弹之运用等，影响所及，致使步兵战术之旧有原则，不加改良，无以应新战术之要求"③。从叶在瑞的观点可以看出，"飞行机""狙击炮""枪榴弹"等这些在一战爆发才被译介到中国的术语已经成为中国军学发展的一部分。毫无疑问，与端木彰编译《改良丛编》中的观点相比，叶在瑞对一战后步兵战术的发展做出了新的贡献，他对第一次世界大战后步兵战术的发展趋势进行了研究，并提出了"飞行机发达之关系，炮火威力增加之关系，轻机关枪发明之关系，轻炮（狙击炮）迫击炮使用之关系，阵地战之关系，技术发达之关系"六因素，而"今后之战争，全视此有形的机械力能否与无形的战斗力相辅，以定胜负"④。

这一时期，国民党知识军人译者群对促进西方军事理论的本土化做出了重要的努力和贡献。例如，翻译或编译过《（秘本）航空现地战术（上、下册）》

---

① 本社投稿简章. 军事杂志（南京）[J]. 1928（3）.

② 王柏龄. 序言 [J]. 军事杂志（南京），1928（1）：1–2.

③ 叶在瑞. 欧洲大战以后步兵战术之研究及其趋势 [J]. 军事杂志（南京），1928（3）：9.

④ 叶在瑞. 欧洲大战以后步兵战术之研究及其趋势 [J]. 军事杂志（南京），1928（3）：10–13.

《新军队指挥》《（秘本）战时高等司令部勤务令》《（秘本）大兵团之运用》《新战术讲授录（改订增补最近秘本）（第1-6册）》等军学名著的谭家骏就是较为突出的一位。谭家骏，字炳勋，1883年出生于湖南长沙，北京陆军大学毕业。1933年在由国民党南京军事参议院主办的杂志《军事汇刊》第6期上，谭家骏发表了《〈陆海空军协同作战〉脱稿感言》一文，在文章中作者阐述了陆海空三军协同作战的必要性和意义，他说：

> 夫一国之国防，在政略与战略之协调；以保卫其国土，而要以武力之完备为依归，故陆海空三军不可偏废，亦不可偏重，二者居其一，即武力不完全。陆海空三军已建设完备矣，尤须知三者之力量，合之则强，分之仍弱，故运用之际，须使其动作相互协同，上至最高统帅，职权统一，以端其协同之本源；下至各军各部，相互协力，以期其协同之紧密，夫然后陆海空三军，浑然一体，擅各自之特长，成团结之威力，长短相辅，实力充盈，开战胜之图境……①

译者谭家骏将军事学术翻译和学术研究结合起来，撰写出《陆海空军协同作战》一书，并提出了两点：第一，陆海空军三军不可偏废，缺一不可；第二，陆海空三军的协同作战，要求最高统帅的职权统一和各军各部的密切配合。译者谭家骏提出的陆海空三军协同作战思想具有重要价值和现实意义，但这也是国民党军队中所缺乏的，国民党军队内部派系林立导致陆海空协同作战的理念几乎成为泡影。在1936年第21期的《军事汇刊》上，谭家骏发表了论文《现代战争形态论》，对当时的战争形态进行了深刻的阐述。作为国民政府的官方军事刊物，《军事汇刊》登载了多名集军事翻译与军事研究于一身的学者的论文，例如，唐惠洽、周修仁、张孤山等，他们为西方军学的传播做出了重要贡献。唐惠洽（1908—1937），字熙如，海南万宁市人，先后就读于日本陆军士官学校和南京陆军大学，在1937年11月的对日作战中壮烈牺牲。唐惠洽先后在《军事汇刊》上发表译文《步兵重火器之运用》《攻击飞行队及其战斗勤务》等文章，译著有《苏俄赤军战法之研究》《战术原则图解百题》。周修仁，1895年生，湖南人，先后毕业于保定陆军军官学校、德国陆军大学，长期从事军校教学和研究工作，译著有《新兵器的战斗群之战斗训练》《步枪、轻机关枪手枪射击教范草案》《一九一四年至一九一九年世界大战史》《最新基本战术》《游击

---

① 谭家骏. 《陆海空军协同作战》脱稿感言［J］. 军事汇刊, 1933（6）: 41.

战术之理论及战例》《新兵器学教程》等。

在土地革命战争期间，南京国民政府对西方军事学的吸收与"本土化"的另一个重要方面是军事教育，主要表现在对军事人员和普通民众的军事知识普及上。在对国民党军事人员的教育方面，这一时期的国民政府出版了大量普及性的军事学译著，如在《白纸战术系统的研究》的"译者言"中，译者写道，"本书文字简易，理浅而意深，既有条理，复富兴趣，可供一般将校、军校学生及国民作研究战术之参考"①。显然，该军事译著的读者对象主要是军队中的将、校军官和军校学员，不过也兼顾了普通国民。再如，军事译著《防空》的译者在"序"中特别阐明了其读者对象，"此系应时势之需要，特为本校学员生而编译，其中所述，皆为现代防空不可或缺之知识与设计，吾人对于防空之道，可以百年不用而不可一日无备，读者获此一书，当可了然于防空之方法，作为研究防空之一新参考资料也可"②，该书也明确了它的服务对象，即为"本校学员生编译"。在对普通民众的军事教育方面，军事译著也扮演着重要的角色，如在《科学战争》的"序"中："在将来，实行战争的主体，绝非那动员到战场上——实在说，现在的所谓战场者，已经没有一定的界限了——的战斗员，而为参战国全国的国民了。……所以，我们全国的国民，无论如何，对于将来的战争——科学的战争——总非有相当的认识不可。我们之所以译成此书，其目的也正在此"③。显然，译者训练总监部军学编译处对现代战争的全民性进行了说明，全体国民已成为军事译著普及的重要对象。南京国民政府著名军事翻译家吴光杰曾在军事译著《民众防空》中说道，"民众对于防空，必须于平时有十分的了解准备……光杰向以提倡国民军事常识为职志"④。很明显，作为职业军人译者，吴光杰的理想之一便是向全体国民普及军事常识，这一趋势是晚清和民国初期的军事翻译所不能媲美的，也从侧面反映了这一时期中国军事翻译和军事科学理念的进步。

这一时期的军事翻译活动，与时俱进地推动了西方军事理论在中国的传播。

---

① 张相豪. 译者言［M］// 原著者不详. 白纸战术系统的研究. 张相豪，译. 南京：军用图书社，1933：2.

② 中央警官学校编译室. 序［M］// 原著者不详. 防空. 中央警官学校编译室，译. 南京：拔提书店，1937：1-2.

③ 训练总监部军学编译处. 序［M］// 原著者不详. 科学战争. 训练总监部军学编译处，译. 南京：军用图书社，1935：1-2.

④ 吴光杰. 自序［M］//塞德尔. 民众防空. 吴光杰，译. ［出版地不详：出版者不详］，1935：2.

1935 年，德国著名军事理论家鲁登道夫（Ludendorff）出版了《总体战》一书，该书共七部分，阐述了总体战的本质、总体战的基础、经济与总体战、军队的兵力及其内涵、军队的编成及其使用、总体战的实施和统帅，认为"现代战争已演变为一种总体战，国家生活的各个方面在平时就应服从战争准备的需要，一旦开战，就要充分发挥国家的全部物质力量和精神力量，采取一切手段甚至是野蛮的手段，对敌国的武装力量、工业目标和居民展开全方位的作战，战争的进程是闪电式的，力求速战速决"①。1937 年，由张君劢翻译的中译本《全民族战争论》出版，该译著让国民党熊式辉、蒋方震和汤住心等知名人士为其作序，在当时的军界产生了较大的影响。著名学者陆鼎揆在 1937 年《国闻周报》第 14 卷第 20 期上发表了文章《书评：读张译"全民族战争论"书后》。紧接着，教育家姜琦在 1938 年《现代读物》第 3 卷第 9 期上发表了《读了鲁登道夫"全民战争论"以后》，足以说明该军事译著的影响。类似的，这一时期无论是国民党政府，还是民间知识分子，都参与了对西方军事理论经典著作的翻译工作，所采取的翻译方式要么是重译或全译，要么是编译或摘译，其中克劳塞维茨的经典军事名著《战争论》的译介就是明证。1934 年 5 月，上海辛肯书店出版了由柳若水翻译的《战争论》。1937 年 6 月，南京国民政府训练总监重译并出版了新译本《战争论》。如果说清末军咨府和民国初年翟寿褆对《战争论》的译介是对其进行初步介绍的话，那么这一时期对《战争论》的重译则体现了国人对该军事理论的吸收。著名爱国将领、革命烈士吴石将军在 1937 年《军事杂志（南京）》第 98 期、第 99 期和第 101 期上连续撰写军事研究论文《克劳塞维兹战争论之研究》，同年，该论文以专著《克罗则维茨战争论之研究》的形式由南京兵学研究会出版，书中阐述了战争的本质、兵学建设的态度、如何实现战争目的、政略与战略、兵学要素、战略与战术、战争计划等内容，体现了对克劳塞维茨《战争论》的吸收与发展。

二、共产党对西方兵学译著的接受

1927 年 8 月 7 日，中共中央在汉口召开八七会议，会议全面总结了大革命失败的经验教训，并确立了开展土地革命和武装斗争的总方针。为适应武装斗争的需要，中国共产党的翻译工作逐渐由优先翻译革命导师马列著作，如《共

---

① 吴庆生. 蒋百里对西方军事理论的介绍和传播［J］. 绍兴文理学院学报（哲学社会科学版），1999（1）：72.

产党宣言》《反杜林论》转向译介马列主义军事著作。在 1928 年 10 月 25 日中共中央的军事问题通报中，明确提出了"应翻译编辑各种军事技术及武装暴动技术一类的小册子"①。中国共产党的军事翻译活动从一开始就体现了与军事斗争实际相结合的特点，其中从事军事翻译工作较早的军事翻译家有刘伯承、傅钟、党必刚等人。

1930 年春夏之交，刘伯承、左权等从莫斯科回到上海，在此期间，"中共中央军委在周恩来同志的领导下，正集中力量组织从苏联归国的同志，从事军事翻译工作，为军委训练班和各地武装斗争准备教材"②，这是中共正式进行军事翻译的开始。根据《聂荣臻回忆录》，我军的第一个条令和条例都是在这一时期被译介过来的。

> 到军委工作不久，我和刘伯承、叶剑英、傅钟、李卓然等同志一起，商量翻译条令的问题。恩来同志对此也很赞成。当时，江西前线不断传来我军胜利的消息。我们认为，翻译一本苏军的步兵战斗条令和政治工作条例，对前线会有所帮助。伯承、剑英、傅钟、李卓然同志都是由苏联学习回来的，有一定的专业知识和俄文基础。所以，组成两个摊子，由伯承、剑英同志负责翻译步兵战斗条令，由傅钟、李卓然同志负责翻译政治工作条例。军委从各方面给予支持。经过一段时间的努力，这两本书都翻译出来了并送到各个根据地。这就成了我军的第一个条令和条例。③

从这段回忆录可以看出，中共的军事翻译活动从一开始就具有与我军的武装斗争紧密相结合的特点，并且积极采用苏联的马列主义军事著作进行译介，具有明确的方向性。在土地革命战争期间，中国共产党对外国兵学译著的接受还体现在对红军指战员进行军事教育的过程中。1931 年 8 月，闽粤赣边区红军学校与红一方面军教导总队、红三军团随营学校合并，在江西瑞金城东谢氏祠堂成立"中国工农红军中央军事政治学校"，1932 年 2 月，中央军事政治学校更名为"中国工农红军学校"。在刘伯承担任红军学校校长期间，他"不仅以全部精力投入训练红军干部和筹划整个红军学校建设中，同时大力组织翻译并亲自审核各类军事教材和专用讲义。仅在 1932 年上半年，红军学校就出版了九种军

---

① 解放军政治学院党史教研室. 中共党史教学参考资料（第 14 册）［M］. 南京：解放军政治学院党史教研室，1985：104.

② 陈石平，成英. 军事翻译家刘伯承［M］. 太原：书海出版社，1988：43.

③ 聂荣臻. 聂荣臻回忆录［M］. 北京：解放军出版社，2007：98.

事教材，六千余册。如《步兵教程》《炮兵教程》《防敌进攻战斗要领》《劈刺教范》《兵器摘要》《爆破摘要》《排教程述要》《夜间战斗》《迫击炮讲义》等，还专门翻译了苏联军队的战斗条令，作为红军学校的借鉴和参考"①。毫无疑问，这些军事译著对提高红军学校学员的理论修养起到了重要的作用。在这一时期，除了亲自翻译苏联军事著作外，刘伯承还校译了一些其他的军事译著，其中比较著名的是党必刚所译的《游击队怎样动作》一书，"这本书详细介绍了欧洲游击战的起源和发展、游击队的组成、游击队的战术要领等。这是我国最早专门介绍游击战的一部译作，对我国游击战的研究和发展有着相当大的影响"②。在抗日战争时期，中国共产党将游击战理论加以创新、发展和运用，最终成为毛泽东军事思想的重要组成部分。

第四节　抗日战争时期对西方军学译著的接受

1937 年 7 月 7 日，"卢沟桥事变"爆发，中华民族的全面抗战开始，"抗日救亡"成为时代主题，战场与战争形势的变化都深刻地影响着这一时期中国军事科学的发展。在这种时代背景下，有关日本军事以及相关战略战术的外国军事著作被大量地译介，继而引发了国共双方及民间知识分子对诸多军事问题的争论。

一、共产党对西方军学译著的接受

作为敌后抗日根据地的枢纽，延安成了中国共产党研究军事科学的中心，陕北相对稳定的社会环境也为军事科学的发展提供了客观条件。在《毛泽东哲学批注集》的"读书日记"中，清晰地记录了毛泽东阅读克劳塞维茨《战争论》的经过，如下文：

> 二十年没有写过日记了，今天起再来开始，为了督促自己研究一点学问。
>
> ……
>
> 十八日

① 陈石平，成英. 军事翻译家刘伯承［M］. 太原：书海出版社，1988：57.
② 陈石平，成英. 军事翻译家刘伯承［M］. 太原：书海出版社，1988：51.

开始看克劳塞维资的《战争论》，P1-19序言及目录，第一篇论战争之本质，从P24页起，本日看完第一章，至P55页止。

十九日　没有看书。

二十日　P57—91。

二十一日　P92—102。

二十二日　没有看。

二十三日　P103—111。

……

二十八日　《战争论》P112—122。

二十九日　没有看。

三十日　没有看。

三十一日　P123—167。

四月一日　P168—　①

毛泽东研读中译本《战争论》，并在延安举办过克劳塞维茨《战争论》研究会，批判性地吸收了一些重要观点，他认为，

> "战争是政治的继续"，在这点上说，战争就是政治，战争本身就是政治性的行动，从古以来没有不带政治性的战争。抗日战争是全民族的革命战争，它的胜利，离不开战争的政治目的——驱逐日本帝国主义、建立自由平等的新中国，离不开坚持抗战和坚持统一战线的总方针，离不开……一句话，战争一刻也离不了政治。②

抗战爆发后，国民党政府内部出现了"速胜论"和"亡国论"两种论调，为了探讨中国人民抗日战争胜利的正确道路，毛泽东对克劳塞维茨的《战争论》等其他外国军事理论进行批判性的吸收，在1938年5月26日至6月3日的延安抗日战争研究会上发表了著名的《论持久战》的演讲，为中国抗日战争的胜利指明了前进的方向。除了积极批判性吸收西方军事理论观点之外，中国共产党人还积极组织翻译力量对马列主义及苏联的军事著作进行翻译，开展相应的军

---

① 中共中央文献研究室．毛泽东哲学批注集［M］．北京：中央文献出版社，1988：282-283.

② 毛泽东．论持久战［M］//毛泽东．毛泽东选集（第2卷）．2版．北京：人民出版社，1991：479.

事教育，以提升军事干部的理论素养，比较著名的军事译著有《苏联红军中的政治工作》（杨末华译，大众出版社，1938 年出版）、《军队的参谋工作》（鲸布译，新华日报社发行，1938 年 5 月出版）、《军队》（傅大庆译，重庆，生活书店，1940 年 2 月出版）、《伏龙芝选集》（焦敏之等译，曾湧泉校，八路军军政杂志社，1940 年 12 月出版）、《苏联步兵战斗条令》（第一部 战士班排的动作）（左权、刘伯承合译，第十八集团军军事教材编审委员会，1943 年 4 月出版）、《合同战术》（常彦卿译，刘伯承校，八路军留守兵团司令部印，1944 年 9 月）等。

在对西方兵学译著的接受中，中国共产党所开展的军事教育发挥了重要的作用。在这一时期，延安相对稳定的社会环境给中共军事教育的开展提供了条件。1936 年 6 月 1 日，中共中央在陕西瓦窑堡创办"中国人民抗日红军大学"，1937 年 1 月更名为"中国人民抗日军事政治大学"，简称"抗大"，校址迁往延安，1945 年 8 月抗日战争胜利后，"抗大"停办。在艰苦卓绝的抗日战争中，"抗大"先后成立了 14 所分校，共计培养了 10 万多名学员，为夺取抗日战争和解放战争的胜利发挥了重要的作用。在"抗大"的教育中，军事理论普及的对象主要是八路军的连排指挥员，各种战术、战略方面的教育对象主要是营团以上的干部。在建校初期，军事教材极度缺乏，主要靠到北京、南京等地的书店购买，毛泽东等中央领导同志多次致电有关同志购买军事教材。

（1936 年）8 月 22 日 毛泽东、林彪电告周昆、袁国平：红校第三科游击连应暂勿毕业，继续学习至明年 1 月 1 日与三科其他连队同学同时毕业。……全国图书目录望交人带来，应买之战略、战役、战术书籍请先电告。①

（1936 年）9 月 7 日 毛泽东致电刘鼎：前电请你买军事书，已经去买否？现红校需用甚急，请你快点写信，经南京、北平两处发行军事书的书店索得书目，择要买来，并把书目附来。②

（1936 年）9 月 26 日 毛泽东就抗日红军大学求购教材事再次致电刘鼎，提出不要购买普通战术书，只要买战略学书、大兵团作战的战役书，

---

① 中国人民解放军国防大学 . 中国人民抗日军事政治大学史［M］. 国防大学出版社，2000：500.

② 中国人民解放军国防大学 . 中国人民抗日军事政治大学史［M］. 国防大学出版社，2000：501.

中国古时兵法如《孙子》等也买一点，张学良处如有借用一点。①

　　（1937 年）9 月 10 日 毛泽东在中共中央常委会会议上就教材和教学法等问题发表意见，强调教学要理论联系实际，军事理论应讲授战略思想、战略原则。并指出：有的高级军事干部，对战略问题毫无兴趣，上不联系战略，下不联系红军实际，变成外国教条主义。②

　　（1938 年）1 月 29 日 毛泽东电告邓发转在苏联的王稼祥：抗日军政大学缺战略教材，请在苏搜集战略书，同时并请找人翻译后寄回来。③

从这五次电文可以看出，毛泽东对军事教材及其翻译的重视，但他对军事教材的选择是有重点的，突出强调了对战略、战术和战役类书目的学习，也突出了外国军事理论要联系中国的实际，这种指导思想对毛泽东军事战略思想的形成产生了重要的作用。除了对军校学员进行军事理论教育外，对陕甘宁边区留守部队的军事教育也包含了对西方军事理论的学习。

　　当时训练教材短缺，正规教材只有国民党发的《步兵操典》《野外勤务》《作战指导纲要》《步兵教范》等，从数量到内容都不能适应部队训练的需要。于是，兵团就组织教员动手编教材，主要有"夜间训练""防毒防空""轻重机枪使用""参谋工作提纲"等。后来，延安翻译局的同志翻译了一批苏联军事教材，供部队教育训练和各种训练班使用。④

在抗日战争后期，为了适应战场形势的变化，运动战逐渐成为人民军队的主要作战方式。这一时期，译介关于运动战战术、战略方面的军事著作成为重要的工作，如《兵团战术概则（第一分册）》（第四局译，出版地不详，1942年）、《苏德战争中的战略与战术》（伍华芳译，重庆，生活书店出版，1943年）等。

---

① 中国人民解放军国防大学．中国人民抗日军事政治大学史［M］．北京：国防大学出版社，2000：501.

② 中国人民解放军国防大学．中国人民抗日军事政治大学史［M］．北京：国防大学出版社，2000：509.

③ 中国人民解放军国防大学．中国人民抗日军事政治大学史［M］．北京：国防大学出版社，2000：512.

④ 王天丹．陕甘宁边区军事建设问题研究（1937—1945）［D］．西安：陕西师范大学，2020：70.

二、国民党对西方军学译著的接受

1938 年 1 月 1 日，南京国民政府军事委员会改组，原训练总监部改组为军训部，军训部部长为桂系军阀白崇禧，军训部主要负责军队教育、军事学校教育、国民兵教育和军用图书编审。在操典教育方面，这一时期的国民政府比较注重理论联系实际，从英、日、德、俄翻译过来的操典教程并非直接运用，《白崇禧口述自传》清晰地记录了这一点。

> 军训部自 1938 年在武汉由训练总监部改为军训部后，我们对统一典范令、统一教程特别注重，过去我们曾用过德式操典、日式操典，尤其冯玉祥部曾用过俄顾问，没有统一，各自为政……我们不分国别，英、日、德、俄的典范令教材都有，各兵科先起草案后，经过本兵科兵监审查，编成草案，发到各战区，由各战区之饱学及有经验之士签注意见，最后将各方意见搜集至军训部，再交至各兵种学校逐条演练，再转呈军训部，由军训部召集各兵科学校之代表开会，逐条讨论修改。……我们修订典范令要适合战场实际的运用，不是空讲理论。①

从这段口述中可以得知，在抗战中后期，南京国民政府对外国的操典及典范令并非"拿来主义"，而是采取了理论与实际相结合的态度，与南京国民政府执政初期相比，这可以说是一种进步。类似的，在战略、战术、战役等其他军事学领域，这一时期的国民党军事思想在吸收外国军事理论的基础上逐步完成了本土化发展和创新。在抗日战争中后期，除了克劳塞维茨《战争论》之外，意大利杜黑的"制空权"理论（1921 年出版《制空权》）、英国富勒的"机械化战争论"（1928 年出版《论未来战争》，中译本为《机械化战争论》）、德国鲁登道夫的"总体战"（1935 年出版《总体战》，中译本为董问樵译的《全民战争》和张君劢译的《全民族战争论》），以及德国军事家古德里安的"闪电战"（相关的中译本有杨业孔译的《闪电战》）等西方重要军事理论都已被国民党知识军人掌握，并对这些军事理论的优缺点等方面展开了深入的研究和探索。

据唐子长的《抵抗的国防论》，作者提到的西方军事学论著就包括拿破

---

① 贾廷诗，陈三井. 白崇禧口述自传 [M]. 北京：中国大百科全书出版社，2009：335–336.

仑的《战争定理》（*Napolen's Maxims of War*）、克劳塞维茨的《战争论》、约米尼的《战争艺术》、马汉的《海权对历史的影响》、Bernhardi 的《今日之战争》（*War of Today*）、Hamley 的《作战学》（*Operation of War*）、Handerson 的《战争学》（*Science of War*）、恩格斯的《战争与军队》（*War and Army*）、福熙的《战争原则》、富勒的《战争科学的基础》（*Foundations of the Science of War*）、Maurice 的《大不列颠战略》（*British Strategy*）等。①

从这段引文可知，当时国民政府的军事理论家对西方军事学的借鉴和研究已经深入军事学的方方面面。以南京国民政府军事学术期刊《陆大季刊》为例（《陆大季刊》的前身为《陆大月刊》，卢沟桥事变后停刊）。1940 年 7 月，国民政府在重庆创办《陆大季刊》，以传播军事知识、发展军事科学为目的。从1940 年 7 月创刊到 1943 年 1 月，《陆大季刊》共出版了 11 期。以刊文量最多的第 4 期为例，该期共刊文 43 篇，具体内容见表 8-2。

表 8-2　1941 年《陆大季刊》第 4 期刊文信息一览表②

序号	篇名	作者、译者或校对人	页码	译者的军事学术研究信息
1	《动员计划纲要》（附图表）	邓世通	97-101 页	
2	《空军建军之先决问题》	孙琰	127-128 页	
3	《"闪电战"之教训》（附图）	王可襄	195-214 页	《交通决胜论》（英）哈里斯著，王可襄译，南京：世界兵学社出版，1946 年 10 月；《英国陆海空军新论》（英）霍克氏（Elison Hamks）著，王可襄译，重庆：商务时报，1944 年；《英国陆军部组织与业务检讨》王可襄编译，重庆：国防研究院，1944 年
4	《苏联红军一九四〇年的秋季演习》	不详	241-243 页	

---

① 侯昂妤. 中国近代军事学的兴起：学科史的几个重要问题研究（1840—1949）［M］. 北京：军事科学出版社，2007：288.

② 北京图书馆编. 民国时期总书目·军事［M］. 北京：书目文献出版社，1994.

续表

序号	篇名	作者、译者或校对人	页码	译者的军事学术研究信息
5	《军队中指挥官之选择》	（德）马尔克司著，魏国廷译	41-43 页	《战车攻击》魏国廷译，吕文贞校，重庆：陆大季刊社，1942 年 7 月；《歼灭战》（德）佛兰慈编，魏国廷译，重庆，陆军大学校，1941 年；《歼灭胜利》（德）艾福特著，魏国廷译，重庆：陆军大学，1944 年
6	《美国一般对于欧战之观察》	军令部	249-250 页	
7	《现代战争指导与最后胜利问题》（待续）	吕文贞（校对人）	45-53 页	《战车攻击》魏国廷译，吕文贞校，重庆：陆大季刊社，1942 年 7 月
8	《步兵战术》（附图表）（未完）	盛超	183-186 页	
9	《给养补给》	（德）贝恩克劳著，魏国廷译	233-234 页	同序号 5
10	《现代步兵问题之几个意见》	（德）Kohn 著，魏国廷译	121-126 页	同序号 5
11	《德国之装甲师》	（法）布罗赛著，金华隆译	103-112 页	
12	《师一般战术》（续前）	赵秉衡	179-182 页	
13	《国境设防一般之考查》（附图表）	斯达维斯基著，吴保泰译	151-158 页	《普法战史》托马舍夫斯基（原题：多马舍夫斯基）著，吴保泰译，陆军大学校，1944 年出版

续表

序号	篇名	作者、译者或校对人	页码	译者的军事学术研究信息
14	《论大学战史教授法》	（苏）保利绍夫著，陈非译	223-224 页	《加强国军战斗力之基准（卷上）》（俄）布尔霖著，陈非译，陆军大学校，1941 年；《陆军大学应用教学法》，（俄）布尔霖著，陈非译，陆军大学校，1939 年；《战略原理》（俄）布尔霖著，陈非译，陆军大学校，1943 年
15	《统帅之意志力》	（德）塞克特著，张传普译	37-39 页	《第一次世界大战史——西战场国境会战》，（德）曼德编著，张传普译，陆军大学，1945 年出版
16	《大学教育与全民战争》	万耀煌	19-21 页	
17	《后方勤务之几个问题》(附图)	堂庆曾	225-131 页	
18	《战术讲话》	布尔霖著，陈非译	159-170 页	同序号 14
19	《师防御时工兵营长之意见具申》	梁可发	129-134 页	
20	《德国陆军大学校概况》	邱清泉	235-240 页	
21	《包围攻击之研究》（附图）	卢凤阁	75-90 页	
22	《介绍法军战术思想之参考》	张少杰	171-178 页	
23	《今日之筑城方式》	（德）路德威施著，蔚生译	145-149 页	

续表

序号	篇名	作者、译者或校对人	页码	译者的军事学术研究信息
24	《如何攻击设有战车防御共事之地区》（附图）	科扎克著，曾纪绥译	215-222页	《大战之起因及各国战略计划（欧洲战史东战场卷一）》（俄）布尔霖著，曾纪绥译，陆军大学校，1939年；《欧洲战史讲义（高加索方面之战争）》（俄）布尔霖讲述，曾纪绥编译；《（陆军大学校）欧洲战史讲义》，（俄）布尔霖讲述，曾纪绥编译
25	《答友人书论一个军参谋长公文处理法》	苇卿	251-253页	
26	《陆军大学校建筑遵义桃源山中正纪念亭记》	刘建熹	44页	
27	《以现代化战术思想来建立现代化军队》	杜聿明	23-27页	
28	《骑兵袭击》	Steward, M.S著；魏国廷译	117-119页	同序号5
29	《一八一二年战役》	克劳塞维慈著，孔天苏译	187-189页	
30	《编后记：这一期有几篇文章值得特别向读者介绍的…》	不详	255-256页	
31	《夜间之交代（一九三九年六月二十三日）》	（德）波尔慈号著，魏国廷译	135-138页	同序号5

序号	篇名	作者、译者或校对人	页码	译者的军事学术研究信息
32	《中华民国三十年一二三月份世界大事要图》	不详	1 页	
33	《高级司令部之组织：统帅之选择，行动之自主》	毛奇著，孔祥铎译	35 页	《空防纲要》（俄）托马舍夫斯基（V. Tomashevsky）著，孔祥铎译，葵西编译会，1934 年 9 月出版（本书又名《防空讲义》，曾作为国民政府军事委员会北平分会校官差遣队教材）；《平战时参谋业务》（俄）托马舍夫斯基（原题：多马舍夫斯基）著，孔祥铎译，重庆：陆军大学校，1941 年 9 月出版（陆大丛书）；《日俄战史讲义》（俄）托马舍夫斯基（原题：多马舍夫斯基）著，孔祥铎译，重庆：陆军大学校，1944 年出版；《高等战术》（俄）托马舍夫斯基（原题：多马舍夫斯基）著，孔祥铎译
34	《国际问题研究资料之六十四：北美合众国之兵力》	军令部第二庭第二处	247–248 页	
35	《德意法三国战术原理之比较》	（意）马夏著，郭观伟译	29–34 页	《苏联暂行野战参谋业务令》苏联工农红军参谋本部著，郭观伟译，重庆：陆军大学校，1941 年出版（陆大丛书）
36	《论抗战现阶段的国内外形势：孙院长三十年一月十四日在山洞本校讲》	罗颖之	1–10 页	

续表

序号	篇名	作者、译者或校对人	页码	译者的军事学术研究信息
37	《据点攻击战斗之研究》	石祖黄	63—74 页	
38	《苏联红军战略及战术之特征》（附图）	杨业孔	91—96 页	《闪电战》（捷）米克谢（F.O. Miksche）著，杨业孔译，1943 年 5 月出版
39	《歼灭波兰乃德军装甲兵在西方巧妙突破之预习》	Titerten, N. 著，魏国廷译	191—194 页	同序号 5
40	《西欧军队中战车》	宋逢春	113—116 页	《苏联现代陆军作战之特质》（苏）德重昂达非洛夫著，宋逢春译，谭家骏校，重庆：陆大出版社，1942 年 8 月出版（陆大丛书）
41	《国际问题研究资料之六十五：美国陆军机械化部队之改组》	军令部第二庭第二处	245—246 页	
42	《突击战与闪电战》	刘为章	11—17 页	
43	《夜间攻击炮兵之运用》	（苏）阿列伦科著，郭观伟译	139—143 页	同序号 35

　　从上面的统计表中可以看出，从事军事翻译的知识军人是推动军事科学研究的重要力量，他们紧跟时代步伐，将军事翻译与军事学术研究结合起来，不仅及时地将第二次世界大战中的最新军事理论——如闪电战译介到中国，而且还主动研究外国军事理论的不足之处，积极实现西方军事理论学说的本土化。例如，军事翻译家王可襄以近 20 页的篇幅发表了《"闪电战"之教训》一文；军事翻译家杨业孔积极吸取第二次世界大战中苏联军队的作战特点，发表了

《苏联红军战略及战术之特征》一文，体现了知识军人敏锐的视角；陆军大学教育长万耀煌发表文章《大学教育与全民战争》一文。

三、民众对西方军学译著的接受

全面抗战爆发后，中日民族矛盾上升为主要矛盾，"抗日救亡"成为时代主题，加上南京国民政府的军国民教育方针，普通军事学知识吸引了越来越多民间知识分子的关注和兴趣。这一时期，国内出版了众多知识性译著，如《战事知识》（金泽华编译，上海：大中国出版社，1938 年 2 月出版，青年知识丛书）、《列强的国防线与新战术》（王蔚然编译，上海：大中国出版社，1938 年 3月出版，青年知识丛书）、《民众防空》（吴光杰译，译者刊，1935 年 1 月出版，国民军事常识丛书）、《教兵须知》（谭葆寿译，南京：军用图书社，1929 年 8月出版，国民军事教育及军队教育之参考）、《青年军事训练读本》（吴光杰译，上海：中华书局，1937 年 6 月出版，国民军事常识丛书）、《战斗常识》（吴光杰译，香港：中华书局，1940 年 10 月出版，国民军事常识丛书）等。

除了知识普及性的军事译著在民间流行外，广大民间知识分子也积极投入抗日救亡的洪流中，他们对军事译著也表现出积极的兴趣。例如，民国时期著名军事评论家羊枣在文章《战争的辩证——论第二次世界大战》中就引用了两部著名军事译著的观点，他说：

> "战争不过是以别种手段进行的政治的继续"，因此，战争不仅是政治的行为，而且是真正的政治的工具。（克劳塞维茨——《战争论》）①
>
> "战争"愈政治化，就愈显得"像战争"——战争愈缺少政治的东西，就愈显得"像政治"。（列宁——《战争论笔记》）②

克劳塞维茨的《战争论》与列宁的《战争论笔记》都是著名军事理论著作，作为一名军事评论家，羊枣在文中大量引用经典外国军事理论，这凸显了外国军事译著对其产生的影响。如果说羊枣作为军事专家必须学习西方军事理论的话，那么这一时期西方军事译著对普通知识分子的影响则进一步说明了军事翻译的历史贡献。作为新文学团体"创造社"发起人之一和著名爱国作家的郁达夫，其著作明显受到克劳塞维茨《战争论》的影响。全民族抗战爆发后，

① 公盾，耿青. 羊枣政治军事评论选集［M］. 北京：新华出版社，1983：101.
② 公盾，耿青. 羊枣政治军事评论选集［M］. 北京：新华出版社，1983：102.

很多作家投入抗日救亡的洪流中，郁达夫便是一位。在论及抵御外侮和国内政治之间的关系时，他说：

> 德国名将克劳塞维茨的名著《战争论》里，亦曾说过"战争是政治的延长"。一个国家的政治，假如真是彻底澄清的话，当然，内乱也不会起，外侮也不敢入，战争是绝不至于发生的。即使受到了侵略，防御自然有余，准备哪里会得不足？①

郁达夫究竟读的是哪一个版本的《战争论》译本，抑或是郁达夫自己翻译的"战争是政治的延长"，克劳塞维茨的《战争论》对其产生的影响是显而易见的，郁达夫审慎地观察着国内的政治和抗战，结合克劳塞维茨的观点分析国内形势，认为国内政治的浑浊是造成抗战不利的根本原因。这体现了这一时期军事译著对文艺界知识分子的影响。

第五节　解放战争时期对西方军学译著的接受

一、共产党对苏联军事译著的接受

中国共产党对西方军事学著作的接受从一开始就带有明显的国别倾向，译介苏联军事著作是历史的必然选择。在解放战争时期，特别是全面内战爆发后，运动战和歼灭战逐步成为人民解放军的主要作战方式，广大指战员在学习大兵团协同作战、不同兵种协同作战的过程中，来自苏联的相关军事译著发挥了重要的作用，如《兵团战术概则（上、下册）》（编译局译，东北民主联军司令部出版，1947 年 9 月）、《论苏军合围钳形攻势》（刘伯承编译，华北军大印，1948 年 7 月）、《论苏军》（青山译，1948 年）等。

全面内战爆发后，毛泽东特别注重研究苏联在二战中重大战役的经验教训，如对斯大林格勒战役的研究，"苏德战争时期，斯大林在运用集中兵力原则方面又有新的发展，即在主要突击方向建立强大的突击集团，特别注重炮兵的使用，并通常采用两种合围机动的样式歼灭敌重兵集团。第一种样式是一翼突破，向

---

① 郁达夫．政治与军事［M］//郁风．郁达夫海外文集．北京：生活·读书·新知三联书店，1990：5.

敌纵深方向发展、进攻，与另一方面军协同歼敌，或在向敌纵深方向发展、进攻时将敌压迫至难以逾越的天然障碍区后围歼之。第二种样式是两翼突破，然后实施向心突击、合围歼敌。毛泽东对苏军在战争进程中其最高统帅部运用大兵团作战的战略战术和苏联陆军多方向、宽正面、高速度、大纵深的作战方式十分关注，并在其后的战争指导中加以借鉴、运用和发展"①，集中优势兵力打歼灭战成为人民解放军的重要作战方针。随着解放军在解放战争中的胜利和中华人民共和国的成立，1950 年后，中国共产党领导下的新时期军事翻译如火如荼全面展开，对新中国军事科学的发展发挥着至关重要的作用。

二、国民党对美国军事译著的接受

抗战胜利后，随着雅尔塔会议确立的新国际秩序的初步形成，美国为了让中国成为其称霸世界的傀儡，逐渐采取"扶蒋反共"的军事方针，对蒋介石政府进行了大规模的军事援助。为了方便控制，1946 年 2 月下旬，驻华美军顾问团成立，开始对国民党陆、海、空三军进行训练。

为了配合驻华美军顾问团的培训工作，蒋介石国民政府仿照美国军队体制，于 1946 年 6 月成立国防部，同年 9 月，将原后勤总部和军需、军医与兵工三署合并成立联合勤务总司令部。在此期间，国民政府军事翻译活动相当大一部分是围绕美国军制、美国军事法律、美国二战战史、美国参谋业务、美式武器等方面展开的，如《美军作战纲要》《美国监察指南（机密参考资料 第 1 种）》《美国陆军兵工署研究及发展工作概况》《美军参谋之基本原则与业务》等，这些军事译著带有明显的美国烙印。国民政府除组织了大规模的军事翻译外，还引进了美国的军事教育与训练、军制、装备、战略和战术，"美国顾问为国民党军事当局拟定作战计划，从战略方针到战役布置，无所不包"②。但与中国共产党的军事翻译相比，国民党政府对美国军事译著采取"照搬全收"的政策，没有根据具体实际进行创新运用，或者有价值的创新在战场上被抛弃，这是国民党军队对西方军事著作在翻译与接受过程中的最大失败。

---

① 艾跃进．毛泽东军事思想的历史地位和当代价值［D］．天津：南开大学，2012：62.
② 胡哲峰．外国军事顾问与国民党军事力量［J］．军事历史，1990（4）：48.

第六节 本章小结

　　纵观整个民国时期西方军事著作在中国的接受过程，我们可以得出以下几点结论：第一，自晚清时期开始到北洋政府时期，西方军事学著作汉译活动极大地促进了中国军事近代化的进程，促进了中国资产阶级军事思想的形成；第二，从土地革命时期到抗战时期的西方军事学著作汉译活动促进了中国资产阶级军事理论的成熟与本土化发展，也促进了毛泽东军事思想的逐步形成；第三，译介西方军事学著作对中国革命产生了深远的影响，但成败的关键在于翻译后是否联系实际并加以创造性运用。民国时期，《战争论》在我国的译介过程十分精彩，从晚清开始国人对该书的译介几乎没有断绝，它的翻译过程可以视为民国时期西方军事著作汉译活动的一个缩影。下一章将对《战争论》的译介过程进行个案研究，有利于更加深刻地了解民国时期的军事翻译实践。

第九章

个案研究：《战争论》在中国的译介

　　《战争论》（德文：*Vom Kriege*；英文：*The Theory on War*）是德国著名军事理论家卡尔·冯·克劳塞维茨（Carl Von Clausewitz）最重要的一部著作。1831年11月克劳塞维茨病逝，《战争论》由克氏的妻子玛丽（Marie Von Clausewitz）根据其遗稿整理而成。"自 1832 年问世以来，《战争论》先后被翻译成英、法、日、俄、汉等多种文字，在世上广为流传，成为近、现代兵学的奠基之作，对世界军事发展产生了极其深远的影响。"①

　　据不完全统计，民国时期《战争论》曾先后被不同历史阶段的职业军人译者、非职业军人译者及翻译机构翻译过 5 次之多②，这说明了该军事著作的重要性，也暗示了这些译者（或机构）之间的斗争。③ 作为一部世界级的军事名著，《战争论》代表着一种象征资本，对《战争论》的译介可以使译者获得某种附加性的文化资本，甚至是社会资本或经济资本，再加上译者惯习的不同，他们在军事翻译场域中进行了激烈竞争。《战争论》在中国的传播历程，正是民国时期西方军事著作在中国传播的一个缩影，反映着民国时期不同译者或团体凭借自身的资本和惯习在军事翻译场域中所进行的复杂斗争。对《战争论》的译介过程进行个案研究，对于深刻理解民国时期的军事翻译实践具有重要意义。本章拟结合布迪厄的文化生产理论，探讨不同历史阶段职业军人译者、非职业军人译者及翻译机构翻译《战争论》的原因，以及译者所采取的翻译策略。

---

① 任力.《战争论》在中国的翻译和传播 [J]. 军事历史，1991（3）：38.
② 不包括摘译译本。
③ 该统计不包括以摘译、节译等不完全翻译方式译介 *Vom Kriege* 的中文译本。

第一节 《战争论》汉译本概况

《战争论》（*Vom Kriege*）传入日本后，先由日本士官学校多人合译，1901 年（明治三十四年）第一个日译本诞生。1906 年（光绪三十二年），清政府对官制进行改革，将练兵处划归陆军部，设立军咨处。1910 年（宣统三年）4 月，清政府将军咨处改为军咨府。根据相关资料，"吾国原有重译之本，清军咨府仅得其半"[①]，笔者推测，清军咨府得到的残本《战争论》是由晚清政府派往日本士官学校的留学生带回中国，随后清政府组织翻译人员进行翻译的。不管历史的真相如何，这是中国翻译《战争论》的开始。根据《民国时期总书目·军事》（1994），笔者收集到民国时期《战争论》的全译本和编译本共 5 个，具体情况如下表所示。（表 9-1）

表 9-1 民国时期《战争论》主要译本信息统计表（1912—1949）

序号	书名	译者、出版社、出版地及时间	属性	备注
1	《大战学理》（上、下册）（德）克劳塞维茨（原题：格鲁塞威止）著	翟寿褆重译，个人刊，北京，1915 年 8 月出版，2 册，906 页	据日译本重译	全译本，黎元洪、蒋作宾序
2	《战争论》（1）（德）克劳塞维茨（原题：克劳塞维慈）著	柳若水译，上海新垦书店，上海，1934 年 5 月初版，341 页	据日译本重译	全译本
3	《战争论》（上、下卷）（德）克劳塞维茨（原题：克劳则维次）著	训练总监部重译，训练总监部军学编译处，出版地不详；1937 年 6 月初版，1940 年 2 月再版，1942 年 4 月 3 版，2 册（482 页；458 页）	据 1932 年 3 月马迅健之助日译本转译	全译本，杨言昌序
4	《战争论》（上册）（德）克劳塞维茨著	傅大庆译，学术出版社出版，出版地不详；1940 年 11 月初版，408 页	据俄译本转译	全译本

---

① 翟寿褆. 重译者自序［M］//克劳塞维茨（原题：格鲁塞威止）. 大战学理（上册）. 翟寿褆，重译. 北京：个人刊，1915：12.

序号	书名	译者、出版社、出版地及时间	属性	备注
5	《大战学理（战争论）》（上、下册）；（德）克劳塞维茨（原题：克劳塞维兹）著	黄焕文编译，重庆，商务印书馆，1944年12月初版，1946年10月沪再版	据日译本和德文原本进行编译	编译本

从表9-1可以看出：就译本的形式而言，民国时期《战争论》有4个全译本和1个编译本。其中，全译本为《大战学理》（翟寿褆重译，1915）、《战争论》（柳若水译，1934）、《战争论》（训练总监部重译，1937）、《战争论》（傅大庆译，1940）；编译本为《大战学理》（黄焕文编译，1941）。按出版的时间看，在北洋军阀统治时期出现的译本为《大战学理》（翟寿褆重译，1915）；南京国民政府成立到抗战前的译本为《战争论》（柳若水译，1934）和《战争论》（训练总监部重译，1937）；全面抗战时期的译本有《战争论》（傅大庆译，1940）和《大战学理》（黄焕文编译，1941）。

第二节　*Vom Kriege* 不同汉译本的成因及翻译策略

一、翟寿褆译本的成因及翻译策略

翟寿褆（1883—1942），又名翟湘衡，湖南汨罗人，保定陆军军官学校第二期学员，毕业后留校任教，根据 *Vom Kriege* 的日译本，1915年8月翟寿褆在北京以"个人刊"的形式出版了军事译著《大战学理》（上、下册）。1915年，翟寿褆担任陕西第四混成旅参谋长。袁世凯死后，北洋政府任命翟寿褆担任督署中将参谋长，同年，黎元洪任命翟寿褆担任代行省长职务。1921年5月，翟寿褆"离陕赴京，不问军政，专事日文翻译，并研究古典文学"[①]。1925年，担任北京政府军事参议院参议，1928年返回湖南，潜心从事翻译写作，1942年病逝于长沙。根据现有资料，除了翻译《大战学理》外，翟寿褆翻译或编译的军事

---

① 湖南省岳阳市．翟寿褆：汨罗近代人物专题［EB/OL］．中国互联网络信息中心网站，2018-12-10.

著作还有1915年10月由北京日报社出版的《世界和战史要》。

　　作为军事院校的教育人员，关注军事发展、研究军事动态，是这类行动者的集体惯习，这是翟寿褆重译 *Vom Kriege* 的主要原因。在翟寿褆译本的序言中，译者陈述了该译本的产生过程。

　　　　军事哲学，吾国少所发明。孙子十三篇，庶几近之，然文简而意晦，注多而说歧，读者苦之，或目为陈腐不适今用，此我国军事之所以日见消沉也。甲庚两役以还，怵于外祸之危。渐乞兵书于人国。究之辗转移译，非方术单简，即文字鄙陋，求一完全善本，足为运用军之宝鉴者，迄不可得。格氏之书，根据政略，著为名言，实与吾国孙子相出入。……吾国现行兵书，关于战术者多，而战略则缺，世有战略学战略战术详解诸本，虽多本于格氏之说，而推理阐义，究远不及其精深……盖格氏之说，传世垂数十年，以其文理渊奥，经日本士官学校数人译之，明治三十四年，始行脱稿，吾国原有重译之本，清军咨府仅得其半，予往在保定速成学校，曾应同人之请，为译其卷八一，迄今视之，殊涩陋不可读，深惧其真价湮而弗彰也。爰再译之，而志其梗概以弁其端。——民国四年六月既望①

　　　　是书我国曾有译本（由保定陆军速成学校自印，坊间并未发行），惟较之日本原译，不无错误，爰将是书重行译述。——《凡例》②

　　从这两段引文可以得知，《战争论》传入中国后，清政府组织翻译人员对其进行翻译，采取的翻译方式是合译，翟寿褆曾是首译本的翻译人员之一。辛亥革命后，翟寿褆重译《战争论》的原因是多方面的：第一，译者认为中国的《孙子兵法》意义晦涩，容易产生歧义，且"陈腐不适今用"，导致了中国军事学萎靡不振；第二，甲午中日战争、八国联军侵华接连发生，中国外患日益深重，在引进外国军事著作时，因"辗转移译"造成"文字鄙陋"，军事译著缺乏"善本"；第三，国内有关军事战略方面的书籍奇缺，而克劳塞维茨的《战争论》"推理阐义"非常精深，正好能弥补这一缺陷；第四，晚清军咨府的译本错误较多，"涩陋不可读"。正是基于以上四个原因，翟寿褆决定重译《战争论》。根据1915年4月颁布的《海军部编译委员会规则》，译文要求"文字以简明为

---

　①　翟寿褆. 重译者自序［M］//克劳塞维茨（原题：格鲁塞威止）. 大战学理（上册）. 翟寿褆，重译. 北京：个人刊，1915：10-12.

　②　翟寿褆. 重译者自序［M］//克劳塞维茨（原题：格鲁塞威止）. 大战学理（上册）. 翟寿褆，重译. 北京：个人刊，1915：13.

主"，这也是这一时期军事翻译场域中的规范，由此产生的翻译惯习也就决定了译者的翻译策略。翟寿褆在《大战学理》"凡例"中说：

　　——是书我国曾有译本，（由保定陆军速成学校自印，坊间并未发行）惟较之日本原译，不无错误，爰将是书重行译述，遇晦解处，加以按语，且逐段于栏外附以标题，误否固未可知，唯求阅者醒目，则重译者区区苦衷也；

　　——原书章节混杂，重译者于万不得已处，酌改数节，如战争本质篇第一章第六节之甲乙丙三款，原书系第七八九三节，又第四章战争之漾气内，第一二三四节，原书系第四五六七章等类是也；

　　——书内有◎者，系原书旁圈；有○及●者，系重译者加圈；○所以表文字之重要，至●则多附于紧要名词旁，皆所以促阅者注意也；

　　——文字括弧内及双行之注语，上无按字者，系格大将原注；有一按字者，系日译者之注；标明褆按者，则重译者之注也；

　　——书内字旁有＝者，系指地名或国名；—者指人名；

　　——原书系格大将未经完成之稿（参照日译者原序所述，格大将易箦时之言），故文法参差、字意艰深，不无调理纷杂之病，重译者除酌加按语及标题圈点与酌改数节外，对于原书真意，毫无移动。故条理纷杂之病，终不能免，然能详加研究，仍可得其原委也。——翟寿褆附识 ①

很明显，在翻译 *Vom Kriege* 的过程中，翟寿褆采用的翻译策略：以直译为主，保证原书的真意；在晦解处添加按语，逐段添加标题；混杂之处酌改数节。就这一时期的军事翻译场域而言，场域规范要求译文"文字以简明为主"，翟寿褆做出的努力基本上是朝着这个方向进行的。斗争性是场域的本质属性，军事翻译场域也不例外，军事翻译译者总要利用各种资本在场域中斗争，以获取最有利的位置。在翟寿褆翻译 *Vom Kriege* 及译本出版的过程中，他充分利用了自己的社会资本和 *Vom Kriege* 的象征资本。一方面，翟寿褆让时任中华民国副总统的黎元洪（1864—1928）和曾任北京政府陆军次长的蒋作宾（1884—1942）为其译本作序，足见译者强大的社会资本；另一方面，*Vom Kriege* 是世界名著，通过翻译，翟寿褆得到了 *Vom Kriege* 所附带的象征资本，间接地提高了译者的

---

① 翟寿褆. 凡例［M］//克劳塞维茨（原题：格鲁塞威止）. 大战学理（上册）. 翟寿褆，重译. 北京：个人刊，1915：13-14.

知名度。这也许是后期翟寿禔受到黎元洪重用的主要原因。

二、柳若水译本的成因及翻译策略

1929 年，世界经济危机爆发，国际局势日益动荡，帝国主义国家之间的矛盾日益尖锐化，第二次世界大战的阴霾始终挥之不去，国内舆论界对世界局势的研判成为热点。例如，在 1934 年 3 月出版的《时事月报》第十卷第三期中，以预测第二次世界大战为内容的文章多达十篇，《一九三六年与第二次世界大战》（袁道丰著）、《第二次世界大战与中国》（周鲠生著）、《中国在第二次世界大战中所处之地位与所应采之方略》（胡广华著）、《第二次世界大战与中国外交》（王正廷著）等，在这种社会舆论的熏陶下，很多知识分子开始转向军事，这正是军事文化兴起的标志。军事文化的兴起，使很多知识分子逐渐产生了发展军事文化的惯习，这是很多非职业军人译者翻译西方军事著作的内在动因。柳若水就是其中一位，在翻译《战争论》的"译者例言"中，柳若水陈述了他的翻译旨趣。

> 自所谓"一九三六年"宣传以来，浮泛于一般人心，影响至巨、印象至深，亦最兴奋最恐怖的，恐怕就是世界第二次大战了……总之战争是必不可免的了，有须吾人现实地、精深地去行观察之必要。……这本《战争论》确不愧为一本科学的著作，盖以作者不仅为一名将、一军事专门家，且是有一正统哲学思想修养之学者，因之作成了这本理论的及实践的巨著。而对于我们单纯的军事行动者，除了提供实践丰富的实例可资镜鉴外，还指示出许多分析的方法以为其临场之运用。……《战争论》，不是一本单纯论战争的书。其实，我之译读这本书，亦完全是由哲学的兴趣而来。——若水，April 15th，1934①

从上面的引言可以看出，译者柳若水翻译《战争论》的原因有两方面。第一，军事文化兴起，发展军事文化的惯习使柳若水开始关注军事。1934 年前后，德、意两国的法西斯在各自的国家已经取得了统治地位，日本法西斯势力也正在扩张，战云密布，国际局势十分危急，国内关于第二次世界大战的言论铺天盖地，在读者意识惯习的指引下，柳若水翻译《战争论》的首要目的在于向国

---

① 柳若水．译者例言［M］//克劳塞维茨（原题：克劳塞维慈）．战争论．柳若水，译．上海：新垦书店，1934：1-5．

人介绍战争，让国人了解战争，即有"吾人现实地、精深地去行观察之必要"，这是对普通民众而言。另外，柳若水还考虑到了《战争论》对军人的实用价值，即"对于我们单纯的军事行动者，提供实践丰富的实例可资镜鉴"。第二，柳若水，生卒年不详，民国时期重要的哲学翻译家之一，他翻译的主要哲学著作有《黑格尔哲学批判》（柳若水译，1935 年）、《将来哲学的根本问题》（柳若水译，1934 年）、《近世哲学史中之因果性研究》（柳若水译，1934 年）、《淘汰与遗传》（柳若水译，1934 年）等。柳若水翻译《战争论》的原因还在于由个人兴趣而产生的惯习，"《战争论》，不是一本单纯论战争的书。其实，我之译读这本书，亦完全是由哲学的兴趣而来"，作为一名专门从事哲学研究的学者，柳若水不仅看到了《战争论》的军事价值，而且也关注到了它的哲学价值，他把个人研究惯习和翻译活动结合了起来，这正反映了学者型译者把个人研究惯习和翻译活动相结合的选材特点。就译者翻译策略而言，柳若水在"译者例言"中说，

> 我的这个译本，是根据马迅健之助自原书译书重译的。译文是力求忠实与明晓，但以无原文为之订正，所以忠实恐怕只能自我言之而已。翻译，本来是一件繁难的事。偶不小心，便犯谬误，即就原书偶有误字而言，已是发生歧义，若加以自己之疏忽及误解，我想谁也是不能避免错误的。这并不是为我自己译书或为不负责的翻译者辩解，我只是顺笔在这儿表明：纵是努力于求其忠实，而事实上往往有不免贻误的事。——若水，April 15th，1934 ①

很明显，译者柳若水所遵循的翻译标准是"译文力求忠实与明晓"，这与当时军事翻译场域中的规范或规则是一脉相承的。"译文力求忠实"，即南京国民政府颁布的《修正训练总监部审查军用图书规则》（1933 年）中所要求的"译笔精当"，"译文明晓"也即"译笔简洁"。很显然，军事翻译场域的规范已经成为军事翻译译者所遵循的翻译标准，这正是译者翻译惯习起作用的结果。

三、训练总监部译本的成因及翻译策略

1937 年 6 月，南京国民政府训练总监部军学编译处出版了由训练总监部重

---

① 柳若水. 译者例言［M］// 克劳塞维茨（原题：克劳塞维慈）. 战争论. 柳若水，译. 上海：新垦书店，1934：4.

译的《战争论》（上、下卷），它是根据 1932 年 3 月马迅健之助的日译本进行转译的。在杨言昌（1886—1950）给训练总监部译本《战争论》所写的序中，明确地提到了该书的成因：

> 总而言之，德法兵学之根本思想，盖同出于克劳则维次者也，尊之曰西洋近代兵学之创祖，谁曰不宜。克氏才华随为前辈所激赏，同侪所共钦……克氏所著《战争论》……各国竞事翻译。民国初年，我国始据日译《大战学理》转译，流传未广。考日译《大战学理》一书，系陆军军医总监森林太郎留德柏林时，由陆军中将田村怡舆造，约同志数辈……然仅译成第一第二两篇；其后士官学校承其余绪，由法译本继事重译……即明治三十六年（清光绪二十七年）九月，全书告成，因袭法译原名，名之《大战学理》。日人颇以此译文句冗长，诘屈难读，删衍误译，时有不免为病，吾人读之，亦感艰涩。昭和六年（民国二十年）九月，马迅健之助氏，复从德文原本译以日本现代语言，读者称善，……，为应急需，因取马迅氏译本付之重译。
>
> ——民国二十六年，即克劳则维次逝世后一〇六二月春节，杨言昌识①

南京国民政府训练总监部军学编译处，是负责全国军事书籍编译的专门机构，发展军事教育、编译军事书籍既是该翻译机构的责任，也是其集体惯习使然，在这一时期的军事翻译场域中，训练总监部军学编译处既是军事翻译规则的制定者，也是规则的执行者。对军学编译处而言，重译《战争论》是有深刻社会根源的。第一，"民国初年，我国始据日译《大战学理》转译，流传未广"，这里杨言昌所说的《大战学理》指的是 1915 年由翟寿褆翻译的版本，尽管杨言昌在序言中没有交代翟寿褆译本"流传未广"的原因，但是他从另一个侧面道出了其中的原委。对于 Vom Kriege 的第一个日译本，"日人颇以此译文句冗长，诘屈难读，删衍误译，时有不免为病，吾人读之，亦感艰涩"，从这句话可以推测，或许是因为翟寿褆译本所根据的日译本有重大缺陷，所以才会导致翟译本"流传未广"，时代需要新译本的出现。第二，鉴于 Vom Kriege 的第一个日译本存在重大缺陷，1931 年日本译者马迅健之助采用日本现代语言从德文原著直接翻译，结果新译本"读者称善"，这为训练总监部选择优质原文本进行译

---

① 训练总监部军学编译处．汉译战争论序［M］//克劳塞维茨（原题：克劳则维次）．战争论（上卷）．训练总监部军学编译处，重译．南京：军用图书社，1937：1-2.

介创造了客观前提。第三，随着日本侵华步伐的加快，国内一致对外，联合抗日的呼声日益高涨。出于抗战军事斗争和军事理论发展的需要，从现实考虑，"为应急需"而重译《战争论》，符合时代发展要求。

四、傅大庆译本的成因及策略

傅大庆（1900—1944），江西临川人。五四运动期间，曾积极参加各种爱国活动。1921年，赴莫斯科东方大学学习，其间加入中国共产党。1924年回国，曾担任苏联代表团团长鲍罗廷和军事顾问加伦将军的俄语翻译。1927年，参加八一南昌起义。抗战爆发后，曾到武汉八路军办事处、重庆中共中央南方局工作，其间翻译 *Vom Kriege*。1944年，被日军逮捕，不久英勇就义。从译者人生经历来看，傅大庆信仰共产主义，这是他的意识形态惯习；熟练掌握俄语，这反映了其丰厚的语言资本。

经查阅，在傅大庆译本《战争论》中，译者并没有撰写译者序言等副文本信息。根据相关资料，傅大庆译本的产生有其独特的历史背景：

> 据《人物》杂志1989年第1期文载：抗战爆发后，在重庆担任苏联军事顾问团翻译的傅大庆，得知毛泽东在延安正研究克劳塞维茨的名著《战争论》，并苦于没有好的译本时，立即请缨，根据《战争论》俄译本第三版转译。是书分上、下两册，于1940年11月由学术出版社出版，并托人送往延安。这个译本曾被朱德、叶剑英誉为当时最好的译本。①

根据这段党史资料，傅大庆翻译《战争论》的原因是读者对优质译本的需求——"毛泽东在延安正研究克劳塞维茨的名著《战争论》，并苦于没有好的译本。"另外，傅大庆在译介《战争论》的过程中，选择的原文本是俄译本。译者的这种选择是由其意识形态惯习和语言资本决定的。傅大庆拥有丰厚的俄语语言资本，这是他主动请缨去承担翻译任务的前提条件；作为一名共产党员，他的共产主义意识形态惯习决定了他倾向于选择苏联的军事著作进行翻译。

五、黄焕文译本的成因及翻译策略

翻译活动从来都不会在真空中发生，它总是特定历史条件和特定场域中的产物，因而译本总会携带或反映其生成时的场域特征。1938年11月下旬，南京

---

① 夏征难. 毛泽东与克劳塞维茨的《战争论》[J]. 中共党史研究, 1994 (4): 9.

国民政府在湖南衡山召开"第一次南岳军事会议"，蒋介石在这次会议上提出了"以空间换时间作整个久远的打算，拿我们劣势的军备，一面逐次消耗优势的敌军，一面根据抗战的经验来培养我们自己的力量，以逐次完成我们最后战胜的布置"①，国民党方面宣称这次会议"诚为抗战史上重要之转折点，在军事教育上亦有极重要的意义"②。就抗战局势而言，这一时期已经进入战略相持阶段。1939 年 9 月 1 日，第二次世界大战爆发。1939 年 9 月中旬，第一次长沙会战爆发。1939 年 10 月，第一次长沙会战以中国军队的大获全胜而告终，极大地增强了国人抗战必胜的信念。黄焕文对 Vom Kriege 的翻译正是在这样的历史背景下展开的。

黄焕文，生卒年不详，曾执教于武汉右旗中央军校，担任过《现代战争丛书》的主编。1943 年起，担任李浴日、林薰南创办的军事杂志《兵学论丛》编委。1941 年 3 月 10 日，在给黄焕文译本所写的序言中，程晓华说道：

> 焕文兄于民国十八年在武汉右旗军校时即开始研究兵术思想，到现在已有十三年。自抗战军兴以来，他常对我说："研究兵学是以研究战史为基础，从前以研究上次欧战史为要务，现在应研究清代平三藩，湘军太平军战史为急务，才可证明我抗战战略的优秀"。他又说："以前非军队中人很难身历战境，现在人人亲眼看到大规模战争的进行，军事问题是我国生死存亡复兴的问题，你们也应当研究军事学才好。"
>
> ——民国三十年三月十日程晓华于桂林③

作为军校的教育工作者，研究军事、关注军事发展，这是职业军人译者的一种集体惯习。从上面资料可知，在翻译 Vom Kriege 前，黄焕文从事军事研究的时间已经长达 13 年，对军事研究有深刻的见解，黄焕文从事 Vom Kriege 的翻译工作也是这种职业惯习的内在要求。1940 年夏秋之间，黄焕文开始着手翻译 Vom Kriege，采取的翻译方法为编译，在"译者序"中，他明确地表达了翻译 Vom Kriege 的初衷。

> 编译者编译此书的动机远在我抗战第一期武汉未放弃之时。当时全国

---

① 罗玉明．第一次南岳会议述论［J］．怀化师专学报，2000（1）：43.
② 湖南省委党史研究室．三湘抗战纪实［M］．长沙：湖南师范大学出版社，1995：67.
③ 程晓华．程序［M］//克劳塞维茨（原题：克劳塞维兹）．大战学理．黄焕文，编译．桂林：国防书店，1941：15.

人心尚没有彻底了解我最高领袖抗战指导方针合乎真理，他们不十分明白"国内退军"是以弱敌强的唯一疲敌持久抵抗战法。以后经过衡山会议，我最高领袖对国人宣示"胜利第一，军事第一，精神胜于物质，抗战建军"等口号……然一般心理还没有彻底了解抗战必胜的真理，……要如何方能增进我们的攻击精神，编译者以为不只是国军各将领和各级军官，须全国知识分子，各界领袖，尤其是学生青年，对战争原理彻底了解，由"知"到"能"……全书充满了论理的发展和事物真理的认识，但愿能引起全国志士的研究兴趣，使我抗战建军建国有事半功倍之效，则编译者这一点苦心和目的就算达到了。

——民国三十年三月三日黄焕文于桂林①

随着抗日战争相持阶段的到来，国内弥漫着一股悲观主义气息，以汪精卫为首的"抗战必败，抗战必亡"的反动言论甚嚣尘上，为了振奋国人精神，让"全国知识分子，各界领袖，尤其是学生青年，对战争原理彻底了解，由'知'到'能'"，教育国人，特别是知识分子明白战争规律，理解蒋介石战略指导方针，这是黄焕文翻译《战争论》的第一个目的；黄焕文的翻译活动还有发扬军事文化的目的，希望《战争论》"愿能引起全国志士的研究兴趣"，使抗战军兴有事半功倍的效果。就翻译策略而言，黄焕文采取的是编译。在程晓华给黄焕文译本写的序言中，他详细交代了译者采取编译的原因，程晓华说道：

去年夏秋之间，焕文兄到桂林来，要我们创办现代战争周刊，发扬军事科学文化，……我于是贡献他与其翻译全本，不如编译精本，则我国军官青年学生很容易阅读研究。焕文兄立即同意我这个建议，他说：克氏思想精神，理论一贯，可惜他生前没有修正草稿，而普通翻译者又不敢更动。实则克氏大战学理八篇，系统鲜明……我可以取菁去芜，编译成为精本，用最普通的言语，使克氏思想可以明确了然，对我国知识分子不无一点禅益。

——民国三十年三月十日程晓华于桂林②

---

① 黄焕文.编译者序［M］//克劳塞维茨（原题：克劳塞维兹）.大战学理.黄焕文，编译.桂林：国防书店，1941：21.

② 程晓华.程序［M］//克劳塞维茨（原题：克劳塞维兹）.大战学理.黄焕文，编译.桂林：国防书店，1941：10.

根据上面引文，黄焕文采用编译法翻译《战争论》的一个重要原因，是为了方便我国军官、青年学生的阅读和研究，这表现出译者的读者意识，从本质上讲，这是译者读者意识惯习使然；由于克氏原著比较繁杂，采用编译手段可以"取菁去芜"，可以"用最普通的言语，使克氏思想可以明确了然"，可以更加有利于《战争论》在中国的传播。

第三节　*Vom Kriege* 汉译本译者之间的竞争

根据布迪厄的观点，竞争性或斗争性是场域的本质属性，军事翻译场域也是这样。在军事翻译场域中，译者或机构凭借自身所拥有的资本在场域中展开激烈的竞争，竞争的目标是军事翻译场域中更加有利的地位和位置。在民国时期的军事翻译场域中，*Vom Kriege* 的 5 个不同汉译本的出现和传播，本质上讲是军事翻译场域中不同行动者进行竞争的结果。

作为世界军事名著，*Vom Kriege* 附带大量的象征资本。在军事翻译场域中，翻译 *Vom Kriege* 的译者都会获得相当的象征资本。在北京政府时期，翟寿褆重译 *Vom Kriege*，表面上是对清廷原有译本的改进，实际上，翟寿褆译本《大战学理》得到了如黎元洪、蒋作宾这样军界高层的鼓励与赞扬，在获得 *Vom Kriege* 原有的象征资本的同时，译者翟寿褆以"个人刊"的形式出版了《大战学理》，他利用翻译获得了军事场域中的社会资本。

随着军事文化的兴起，关注军事逐渐变成许多非职业军人译者的惯习，柳若水译本《战争论》的出现就是例证。作为一名专门从事外国哲学著作翻译的译者而言，除了军事文化的浸染外，柳若水翻译 *Vom Kriege* 或许还有其他原因。在 1934 年《近世哲学史中之因果性研究》的"译者引言"中，柳若水说："回顾本书的译稿，恰是一周年了……朋友们时常催促我要将它付印，自己也想借此以偿宿债。"[①] 很明显，翻译稿酬作为一种经济资本，在柳若水的日常生活中发挥着重要的作用。同样，*Vom Kriege* 是附带大量象征资本的文化资源，将 *Vom Kriege* 翻译也可以获得较多文化资本，进而可以转化为译者的稿酬或版税等经济资本。

---

① 柳若水. 译者引言［M］//波格达诺夫，米哈诺夫. 近世哲学史中之因果性研究. 柳若水，译. 上海：新垦书店，1934：5.

　　20 世纪 30 年代，南京国民政府训练总监部根据马迅健之助在 1932 年 3 月出版的日译本，对 *Vom Kriege* 进行重译，并在 1937 年 6 月出版。在该中译本的序言中，军学编译处处长杨言昌指出了 1915 年翟寿禔译本《大战学理》"流传未广"的原因。杨言昌认为，*Vom Kriege* 第一个日译本有诸多缺点，"日人颇以此译文句冗长，诘屈难读，删衍误译，时有不免为病。吾人读之，亦感艰涩"①，这是造成翟寿禔译本《大战学理》没有广泛流传的主要原因。在柳若水译本《战争论》的"译者例言"中说："我这个译本，是根据马迅健之助自原书十三版（柏林伯尔（Bohr）书店版）译书（东京南北书院，又岩波书店）重译的。"② 而杨言昌在"汉译战争论序"中说："昭和六年（民国二十年）九月，马迅健之助氏，复从德文原本译以日本现代语言，读者称善，说着谓克氏原书德人亦苦难解，为应急需，因取马迅氏译本付之重译"③。由此得知，训练总监部译本和柳若水译本，均是以日本马迅健之助译本为蓝本而进行翻译的。柳若水翻译《战争论》，代表了非职业军人译者或民间知识分子参与军事翻译场域文化资本竞争的文化现象；而训练总监部没有采用柳若水译本，而是重新翻译，这也许是训练总监部认为柳若水译本错误较多的缘故。无论如何，柳若水和训练总监部对 *Vom Kriege* 的重译，充分体现了军事翻译场域中对不同资本的激烈的竞争。

　　至抗日战争爆发前，尽管 *Vom Kriege* 的汉译本已经出现了 3 个，国内翻译界对它的译介仍然没有停止。1940 年 11 月，中共党员傅大庆从俄文版转译的《战争论》在学术出版社出版发行，紧接着，1941 年，民党军校教官黄焕文翻译的《大战学理》在桂林的国防书店出版发行。傅大庆译本《战争论》得到了中共中央的高度评价——"中国当代最好的译本"④，然而，黄焕文则认为"至于前生活书店出版傅君根据俄文的译本，因译者完全没有兵学根底，所以错误更大"⑤。很明显，由于黄焕文信仰国民党三民主义，而傅大庆信仰共产主义，意

①　训练总监部. 汉译战争论序 [M] //克劳塞维茨. 战争论. 训练总监部, 重译. 南京：训练总监部军学编译处, 1937：2.
②　柳若水. 译者例言 [M] //克劳塞维茨. 战争论. 柳若水, 译. 上海：新垦书店, 1934：4.
③　训练总监部. 汉译战争论序 [M] //克劳塞维茨. 战争论. 训练总监部, 重译. 南京：训练总监部军学编译处, 1937：2.
④　袁小伦. "义无反顾"的革命家傅大庆 [J]. 党史纵横, 2009（3）：30.
⑤　黄焕文. 本书之不朽及其译本 [M] //克劳塞维茨. 大战学理. 黄焕文, 编译. 重庆：商务印书馆, 1944：5.

识形态惯习的对立使这两个译本呈现出激烈的竞争态势。

综上所述，从民国时期 *Vom Kriege* 汉译本的传播过程来看，*Vom Kriege* 的译者主体呈现出多元化的特点。译者翟寿褆、柳若水、训练总监部、傅大庆和黄焕文分别代表了不同历史阶段军事翻译场域中的行动者，他们所拥有的资本和惯习各不相同，其中，意识形态惯习是区别这些译者最显著的标志，也是译者翻译策略选择的决定性因素。他们凭借自身拥有的各种资本在所处的军事翻译场域中进行竞争。借助翻译，作为世界级军事名著的 *Vom Kriege*，以自身所特有的象征资本在汉语中不断获得新生，不同的译者将这种附带的象征性资本转化为其他形式的资本，以期在场域中占据有利地位。*Vom Kriege* 在民国时期的汉译历程，正是这一时期军事翻译场域的一个缩影，对认识这一时期的军事翻译活动具有重要意义。

结　论

民国时期，在特殊的社会历史环境下，国人进行了一场规模空前的译介西方军事著作活动，它是民国时期中国翻译史画卷中的重要构成部分。在探索民国时期西方军事著作汉译活动规律的基础上，我们需要总结这一时期军事翻译活动的历史贡献和社会功能，还要研究其学术意义。

本章将总结民国时期西方军事著作汉译活动的历史贡献，确立这一时期非职业军人译者和职业军人译者作为历史推动者的身份和地位，论证这一时期西方军事著作汉译活动的学术价值与意义。通过前面几章的论证，本章将提出四个观点作为对绪论中提出的研究问题的回答。（1）民国时期的军事翻译场域是存在的，并具有明显的阶段性特征。（2）在西方军事著作汉译活动中，译者惯习受不同意识形态因素影响显著，或者说，意识形态惯习是区分这一时期军事翻译场域中行动者的主要标志。另外，军事文化的兴起，是促使译者惯习改变的重要力量。在这一时期的军事翻译场域中，译者们为争夺文化资本、社会资本和经济资本的斗争比较激烈，其中对军事文化资本和社会资本的角逐较为明显。（3）在民国时期的军事翻译场域中，随着军事翻译实践的繁盛，军事翻译规范或标准逐步完善，形成了与"信、达、雅"三原则既有联系又有区别的军事翻译标准——"简洁性""精当性"和"顺畅性"，在军事翻译选材上，具有强烈的"价值性"诉求。在这些军事翻译规范的要求下，军事翻译的策略多采用意译、编译和变译的方法。（4）*Vom Kriege* 在民国时期军事翻译场域中的传播，正是这一时期军事翻译场域中不同译者或团体斗争的一个缩影，是理解民国时期军事翻译场域斗争的一把钥匙，具有突出的个案研究价值。

第一节　民国时期军事翻译场域的特点

纵观中国军事翻译史，从 19 世纪 60 年代洋务派创建新型海军，到甲午战后晚清政府编练新军，在每一次重大军事变革中，军事翻译都扮演着领航和先导的作用，当然，民国时期的军事变革也不例外。民国时期是一个社会大变革时期，由于不同历史阶段的社会语境不同，西方军事著作汉译活动在翻译内容、翻译策略和社会影响上都存在较大的差异。不过，总体上看，这一时期的军事翻译场域具有以下四个鲜明特点：第一，具有明显的阶段性，即在北洋政府时期、南京国民政府统治前期、抗日战争时期和解放战争时期的军事翻译场域各有独特的特点；第二，具有明显的阶级性，在军事翻译实践中，广大职业军人译者或翻译机构具有鲜明的意识形态惯习，军事文化的兴起，是构建军事翻译场域中译者惯习的重要力量；第三，具有明显的斗争性，斗争性是军事翻译场域的本质属性，场域中的译者或翻译机构利用自身掌握的各种资本参加场域斗争，文化资本、社会资本是他们争夺的主要目标；第四，具有一定的依附性，尽管一个场域的存在是以它的自治性和独特的逻辑性为前提的，但军事翻译场域与政治场域、科技场域等其他相关场域联系紧密，军事翻译实践会随着政治的变化而变化。

一、阶段性特质

所谓的"阶段性"特征，指的是民国时期军事翻译场域的发展过程具有阶段性。笔者认为：中国军事翻译场域的萌芽期界于甲午中日战争到清廷灭亡的这段时间；之后，虽然军事翻译场域在北洋政府时期有所发展，但这种发展并非完善；从蒋介石南京国民政府成立到抗日战争爆发前的这段时间，军事翻译场域有了较大的发展；从抗日战争爆发到解放战争时期，军事翻译场域逐渐完善。

根据布迪厄的观点，判断一个场域是否存在的标准要看这个场域是否具有相对独立的逻辑，也就是要看这个场域是否拥有自身的规范或规则。之所以认为甲午中日战争之前的军事翻译场域不存在，主要原因是那时的军事翻译实践基本上是在中外双方合作下完成的，这种翻译模式中的译者甚至不能被称为完全意义上的译者，更不用说构建具有相对自主性的场域。甲午中日战争后，军事翻译实践大部分依靠中方人员独立完成，这是近代中国军事翻译译者具有真正独立性的开始，也是军事翻译场域萌芽的开端。进入民国后，特别是在袁世凯统治时期，北洋政府曾颁布了《海军部编译委员会规则》（1915 年）等军事著述规章制度，这是民国时期构建军事翻译场域规范的开始。袁世凯死后，军阀混战连绵不断，军事翻译实践失去了和平的外部环境，军事翻译场域发展进入缓慢期。1928 年年底，南京国民政府实现了形式上的全国统一，为军事翻译实践的展开创造了外部条件。南京国民政府训练总监部军学编译处的成立，以及 1929 年《国民政府训练总监部审查各坊肆军用图书规则》和 1933 年《修正训练总监部审查军用图书规则》颁布，军事翻译的标准也明文规定，它标志着军事翻译场域中的规范或规则逐渐形成，这是军事翻译场域的逐渐形成期。卢沟桥事变爆发后，外患达到顶峰，"抗日救亡"成为国人，特别是知识分子和知识军人的普遍心声，军事文化兴起，军事翻译的内容向纵深方向发展。1938 年，南京国民政府颁布《军训部审查军用图书规则》，对军事翻译的标准又进行了调整，这标志着民国时期军事翻译场域的完全成熟。

二、阶级性特质

在布迪厄看来，阶级性是一种集体惯习，换句话说，阶级性就是一种意识形态惯习。因此，可以说，在民国时期的军事翻译场域中，阶级性或意识形态惯习是区分不同译者群体的重要标志。对于国民党军事翻译译者而言，资本主义就是其意识形态惯习；对于共产党军事翻译译者而言，共产主义就是其意识形态惯习；而对于一般的非职业军人译者而言，实用主义就是其意识形态惯习。

根据勒菲弗尔的观点，翻译是意识形态操纵下的一种改写行为。在民国时期，由于多种不同政治力量的存在，不同意识形态之间的矛盾对军事翻译产生了重大影响。十年内战时期，蒋介石政府的资本主义意识形态惯习与苏联共产主义意识形态之间存在矛盾，这在军事翻译上的主要表现是对苏联军事著作的改写，删除有关共产主义意识形态的一切内容，甚至连"工农红军"的字眼也被改写为"劳农赤军"。九一八事变后，中华民族抗日救亡的意识形态与日本法西斯主义意识形态之间的矛盾逐渐尖锐化，在军事翻译上其主要表现是对日本军事著作的改写，删除日本军事著作中的虚夸内容和谬误言论，使其符合国内的意识形态惯习的需要。另外，在翻译活动中，译者自觉选择那些与自己的意识形态一致的原作进行翻译，这是意识形态惯习在选择原本时发挥关键性作用的重要体现。

三、斗争性特质

根据布迪厄的文化生产理论，"斗争性"，或者说"竞争性"，是场域的本质属性，场域中的行动者凭借自身的资本在场域中进行激烈斗争或竞争，他们以自身的优势资本为斗争武器，以获得自身不占优势的资本，最终以占据场域中的有利位置为目标。斗争性也是民国时期军事翻译场域中的根本属性，这种斗争性主要体现在两个层面：第一个层面是具有相同意识形态惯习的译者或机构之间的斗争；第二个层面是具有不同意识形态惯习的译者或机构之间的斗争。

例如，1936 年 1 月，南京军用图书社出版了由训练总监部军学编译处译的《空军》，3 个月之后，南京国民政府航空委员会第二处第八科出版了由陶鲁书翻译的《现代空军》，这两个译本均译自日本陆军少将大场弥平的著作。很明显，南京国民政府航空委员会和训练总监部军学编译处具有相同的意识形态惯习，他们的翻译行为是为了争夺军事翻译场域中的文化资本，进一步说是为了争夺军事场域中的政治资本。

再如，1937 年 2 月，位于上海的商务印书馆和中国国民经济研究所，几乎同时出版了德国著名军事理论家鲁登道夫（Erich Von Ludendorff）*Der Totale Krige* 的汉译本——《全民战争》（董问樵译，1937）和《全民族战争论》（张君劢，1937）。1940 年 3 月，重庆军用图书社又出版了新的版本《整个战争》（邱祖铭译，1940）。董问樵（1909—1993）是中国著名德语专家及翻译家，曾在四川大学任教，属于典型的作家型译者；张君劢（1887—1969）中国政治家、哲学家，中国民主社会党领袖；邱祖铭（1902—?）曾担任南京国民政府驻开罗领事。显然，这三位译者的意识形态惯习各不相同，邱祖铭的翻译目的在于"非惟是供军人之参考，亦且可作一般国民之借镜"①；张君劢的翻译目的却在于个人兴趣爱好："译者以爱此书，乃着手翻译，及初稿已成，请友人蒋百里、汤住心两先生代为校阅。乃知此书中所含战略战术之原理甚多，战争器具之知识至繁。非治军事学者不易了解。经两公解释与校正，得免许多错误"②；而董

---

① 邱祖铭. 序 [M]//鲁登道夫. 整个战争. 邱祖铭，译. 重庆：军用图书社，1940：1.
② 张君劢. 译例 [M]//鲁登道夫. 全民族战争论. 张君劢，译. 长沙：商务印书馆，1938：27.

问樵说："在译者的译稿完竣时，还未见到有第二国语言的译本。我现在把它介绍到国内来，并不是为了国内研究战争和国防问题的人，更不是希望读者把这本书奉为金科玉律，无条件地接受鲁氏的一切思想，而是把本书介绍来给予国内的一般人，使大家对于现代战争本质得一个比较确定的观念"①。可见，这三位译者的翻译目的并不相同，董问樵利用自己的德语语言资本，第一时间将 *Der Totale Krige* 译介到汉语中，这对于增加董问樵的文化资本具有重要意义；张君劢则利用自己的社会资本让军界要人给其译本作序，其中包括军事学家蒋百里、曾担任江西省府主席的陆军中将熊式辉，这无疑大大地扩大了该译本的影响力；而邱祖铭则属于南京国民政府的工作人员，《整个战争》由国民政府所属的军用图书社直接出版，必定能增加译者的政治资本。尽管这些译者翻译 *Der Totale Krige* 的目的不同，但他们借助军事名著 *Der Totale Krige* 所附带的象征资本在军事翻译场域中展开了激烈的竞争。

四、依附性特质（依附于文学场域、翻译场域和政治场域）

军事翻译场域的依附性，指的是军事翻译场域与政治场域（或叫作权力场域）、文学场域和科技场域之间界限的模糊性。首先，军事翻译场域是整个翻译场域中的子场域，它与体育翻译场域、旅游翻译场域等其他形式的子翻译场域是并列的关系；其次，在整个翻译场域中，军事翻译场域是距离政治或权力场域最近的一个子场域，因为军事是政治的延续，是极端性政治的表现；最后，军事学是一门研究战争及其规律的综合性学科，它既包括武器装备、军工技术等纯科学的东西，也包括战略、战术、军事制度等比较人文化的东西。因此，军事翻译场域与文学场域、科学场域都有着千丝万缕的联系。

军事翻译场域的复杂性，决定了其场域规范或规则的复杂性。军事学纯科学性的一面，即军工技术、武器装备类的军事著作，在翻译这类著作时要求译笔务必"简洁"；而军事学人文性质的一面，即军事理论、军事制度等军事著作，在翻译时要求译笔务必"精当"和"顺畅"。从本质上讲，军事翻译场域的翻译规范——"简洁性""精当性"和"顺畅性"，与"信、达、雅"三原则具有同构性，该规范是在军事翻译场域、科技翻译场域、文学翻译场域的互动中逐渐形成的。

① 董问樵. 译者序［M］//鲁登道夫. 全民战争. 董问樵，译. 上海：商务印书馆，1937：1.

第二节　西方军事著作汉译活动的学术价值

军事翻译史具有跨学科的性质，一方面它属于翻译史中的一部分；另一方面它又属于军事科学的一部分。从历史学的角度来看，西方军事著作在中国的译介史又属于专史研究。军事翻译史的研究必须结合翻译学、历史学和军事学这三门学科的相关理论。然而，遗憾的是，前人对军事翻译史的相关研究多偏向于历史学方法，从翻译学视角切入的相关研究凤毛麟角，这很不利于军事翻译史的发展。

中国的军事近代化始于清末洋务派对于西方军事著作的译介，从时间上看，到中华民国成立时，国人译介西方军事著作的时间已经超过 40 年，然而，民国初期的军事学依然十分落后，"军学不振"成为军界一些知识分子的共识，造成这种现象的原因主要有三个方面：首先，清末"中体西用"的思想制约了对西方军事著作翻译的内容和深度。"纵观中国近代西方军事著作的翻译情况，内容多为制度、操练、武器这些偏技术性的内容，对理论的学习明显不足。"[1] 其次，忽视对西方军事理论著作的翻译产生了诸多不利因素，"对军事理论的忽视，影响了观察军事问题的视野和研究深度"[2]。最后，翻译方式上的弊端带来了许多负面影响。无论是先前"洋译华述"的翻译模式，还是后来从日译本转译的模式，都会严重影响翻译质量，进而影响国人对西方军事思想的借鉴和吸收。中华民国成立以后，特别是在南京国民政府统治时期，由于蒋介石对军事教育的重视，翻译西方军事著作的活动达到了空前的繁荣，自晚清以来译介西方军事著作的积弊逐渐不复存在，加上国内良好的军事翻译环境，极大地促进了中国军事理论本土化。因此，笔者认为，民国时期对西方军事著作的翻译活动可以作为一个专题史进行研究。

第一，就翻译活动的发起人而言，民国时期西方军事著作汉译活动是在多个层面进行的一场大规模的社会实践活动。军事翻译实践的发起人主要有北洋政府、南京国民政府、中国共产党以及民间的主要图书出版机构。无论是北洋政府陆军部的军学编译局，还是南京国民政府训练总监部的军学编译处，抑或

---

① 商海燕. 近代中国对西方军事著作翻译述评 [J]. 大家，2011 (6)：29.

② 商海燕. 近代中国对西方军事著作翻译述评 [J]. 大家，2011 (6)：29.

是中国共产党的中革军委会编译委员会，它们都是专门的军事翻译机构。在这些机构的领导下，相关的军事翻译政策和制度纷纷建立起来，这为军事翻译场域的发展及成熟奠定了坚实的基础。从军事翻译场域中行动者的角度来看，无论是译者的语言文化资本、职业惯习，还是翻译惯习，都与晚清时期的军事翻译译者不同，这使他们的翻译方式、翻译策略都发生了较大的变化，这些问题都很值得研究。

第二，从翻译的内容上讲，这一时期对西方军事著作译介的广度和深度是史无前例的。其原因主要有三个方面：首先，第一次世界大战和第二次世界大战相继爆发，战争成为时代的主题，两次世界大战所带来的军事科技和军事思想的变革，极大地促进了军事翻译实践的展开；其次，自晚清以来，在知识分子和知识军人中间兴起的"军国民思想"，极大地推动了军事翻译和军事文化建设；最后，随着九一八事变和全面抗战的爆发，抗战文化兴起，极大地改变了广大知识分子译者的翻译惯习，关心军事已经成为他们的一种生活常态。正是在这些因素的推动下，民国时期的军事翻译实践才能大放异彩。

第三，民国时期的西方军事著作汉译活动，具有明显的意识形态操纵痕迹。1927 年南京国民政府成立后，军事翻译场域中各种意识形态之间的矛盾错综复杂，并且在不同时期，其表现形式也不尽相同，例如，土地革命时期的共产主义意识形态与资本主义意识形态之间的矛盾、抗战时期抗日救亡意识形态与日本法西斯主义之间的矛盾，以及无党派人士与国共两党之间意识形态的矛盾等。在军事翻译场域中，不同译者或团体的意识形态惯习决定着军事翻译活动的走向，这种现象在清末的军事翻译实践中是不存在的。

第四，民国时期的西方军事著作汉译活动，极大地推动了西方军事理论本土化，加速了中国军事现代化的进程。自民国初期开始，一部分知识军人在翻译引进西方先进军事理论和军事制度的同时，开始探索中国的军事现代化问题。如端木彰编译《最新欧战改良军事丛编》、蒋方震编译《新兵制与新兵法》，他们在从事军事翻译实践的同时，积极探索适合中国国情的军事理论，并形成了自成一体的军事理论，如蒋方震在 1937 年出版了军事论著《国防论》、吴光杰在 1939 年出版的《国民军事常识》、杨杰将军在 1933 年出版的《军事诀要》等，为西方军事理论本土化做出了杰出的贡献。

第三节　研究局限性和后续研究必要性

　　本研究是从宏观层面对民国时期西方军事著作汉译活动的一个尝试性阐释，文章首先梳理了民国时期军事翻译实践的内容，接着结合布迪厄的文化生产理论，解析了民国时期军事翻译场域中的译者资本、译者惯习、场域规范、翻译策略等方面的问题。对于民国时期的西方军事著作汉译专题史而言，本研究的分析视角非常有限，在该专题史研究中，还有很多问题有待进一步研究。

　　第一，可以从微观层面对这一时期的军事著作翻译方法进行研究。军事科学属于综合性学科，主要包括军事理论科学和军事技术科学两大领域。军事理论科学又分为军事思想和军事学术，军事思想主要是对建军指导思想、战争指导战争观、战争与军事等哲学层面的研究。军事学术主要是对军队建设和战争指导规律的研究，包括战略学、战术学、战役学等。军事技术科学则是对军事武器装备、军事工程等方面的研究，属于纯科学性质的研究。根据军事科学的性质，我们可以从文本类型的视角入手，考察军事科技文本、军事学术文本和军事思想文本的翻译方法。在黄焕文编译《大战学理》的前言中，包括译者在内的多位学者已经意识到军事文本问题的复杂性，并提出了一些真知灼见，但在本书中，缺乏对该问题的研究，可谓是一大憾事。

　　第二，对军语的翻译进行系统性研究。限于篇幅，本书对军语的翻译没有进行研究，但在资料梳理的过程中，发现了许多关于军语的具体翻译方法和论述。从语言学上讲，某一特殊历史时期的军事翻译肯定会引起语言的变化，这是"语言现象与军事现象的共变关系"①，在这个过程中，军事翻译发挥着重要的作用，如一战后对"tank"的翻译，国内曾有人把它翻译为"唐克车"，这种因翻译而产生的语言变异需要我们重点关注。另外，对于军语的译名统一问题，也是很有研究的必要。从 1929 年训练总监部军学编译处出版编著《军语释要》开始，不同时期的知识军人在翻译西方军事著作时，均提到了军语翻译的统一问题。与汉唐佛经翻译一样，民国时期的军事翻译也对汉语产生了很大影响，许多汉语词汇来自这一时期的军事翻译，这也是很值得研究的课题。

　　第三，在写作及收集资料的过程中，笔者发现《民国时期总书目（军

---

① 李苏鸣. 军事语言研究［M］. 北京：人民武警出版社，2006：46.

事）》中所收录的书目不全，这会使本研究中的统计数据出现偏差，抑或一些重要译者的军事翻译思想会被遗漏，这也是本书的一个研究缺陷，在此特别提出，希望后续的研究者可以避免。

第四节　西方军事著作汉译活动的启示

从理论上讲，民国时期的军事翻译史包括军事笔译史和军事口译史两大部分，很明显，民国时期的西方军事著作汉译活动是军事笔译史的重要组成部分。目前，学界对这一时期的军事笔译史研究还十分欠缺，本书系首次对这一时期西方军事著作汉译活动进行了系统化的研究，希望能给这一方面的研究起到抛砖引玉的作用。回顾民国时期的西方军事著作汉译活动，我们可以得到很多有益的启发。

第一，构建良好的军事翻译场域。当今社会，和平与发展是时代主题。和平的国内外环境为军事翻译实践活动的进行创造了有利的外部条件。除此之外，良好的军事翻译场域还需要翻译活动发起人、赞助人、委托人、译者、读者、出版商等军事翻译场域行动者的共同努力。从场域的构成要素上讲，要不断提高军事翻译活动中译者主体的经济待遇，这样可以使译者的翻译活动从经济束缚中解放出来；从制度建设上看，要不断制定各种良好的军事翻译政策，如对译介外国重要军事书籍的译者给予重奖等；从语言文化上看，要构建良好的军事翻译文化平台，如创建军事翻译类期刊，搭建军事译作传播的渠道与平台。

第二，扩大军事翻译场域中的译者群体，优化军事翻译实践的准入制度，从事军事翻译实践的译者身份可以多元化。民国时期，随着九一八事变和全面抗战的爆发，"抗日救亡"成为时代主题，抗战文化兴起，"战争打落了原有的文化重心，同时也重建了更多的文化据点；动荡的生活摧毁了译家平静的书斋，但同时也唤起了大批文化人炽热欲燃的民族热情……为抗战服务、为抗战现身成了翻译家的神圣使命……"[1]，在抗战文化的熏陶下，"多数译家都放弃了自己多年从事的经典翻译而投入抗战需要的译述活动"[2]，这导致了军事翻译场域中译者主体的扩大，大批非职业军人知识分子加入军事翻译场域中。例如，文

---

[1]　邹振环. 疏通知译史：中国近代的翻译出版［M］. 上海：上海人民出版社，2012：81.
[2]　邹振环. 疏通知译史：中国近代的翻译出版［M］. 上海：上海人民出版社，2012：83.

学翻译家傅东华翻译了《欧洲与太平洋战争之胜利》、作家郑安娜翻译了《法兰达斯之战》、作家许天虹翻译《军事学讲话》等。在军事科技飞速发展的今天，我们依然需要不断扩大从事军事翻译的译者群体，制定相关政策鼓励广大知识分子译介外国先进军事类著作。

第三，军事翻译必须紧盯世界先进军事科学的前沿，这是由军事翻译的"价值性"或"时效性"要求所决定的。在人类历史上，先后经历了冷兵器时代、热兵器时代和以信息技术为核心的第三次军事变革。新军事革命通常包括四个方面，即新的组织体例、新的军事理论、新的武器装备和新的军事技术。以信息技术为核心的新军事革命方兴未艾，世界各国正在积极抢占军事技术制高点。民国时期的军事现代化建设，正是建立在对世界先进军事科学译介基础之上的，因此，我国的军事翻译必须要紧盯世界先进军事科学前沿，无论是组织体例、军事理论、武器装备，还是军事技术，都是军事翻译的方向。

第四，在军事翻译中，应采取灵活多变的翻译策略，尤其是变译策略的采用。在民国时期西方军事著作汉译活动中，许多译者都采取了变译的翻译策略，这是由多方面原因造成的，如意识形态因素、军事科技的时代性、译者惯习等。军事是政治的延续，军事著作中的意识形态因素更加明显，原作者和译者意识形态的差异要求译者采取变译策略，为了尽快掌握先进的军事技术，需要删繁就简，采取变译策略，军事科学的发展需要进行创新，译者采取变译策略也是对军事科学创新的一种表现。

本书系首次对民国时期西方军事著作汉译活动进行较为系统的研究，这对于丰富民国时期的军事笔译史研究具有重要的意义，然而，除了西方军事著作的汉译史以外，军事笔译史还应当包括军事情报史等方面，本研究尚存在许多不足之处，希望能为后续的研究者起到抛砖引玉的作用。

附　录

表 2-1　1929 年—1936 年"军队教育丛书"类译著统计表

序号	军事译著名称	译者及出版信息	备注
1	《阵中要务令之参考》（1929）	南京，军用图书社，训练总监部军学编译处译，138 页	军队教育丛书
2	《小部队教练计划指南》（1929）	南京，军用图书社，训练总监部军学编译处译，121 页	军队教育丛书
3	《小部队教练计划指南》（1929）	南京，军用图书社，训练总监部军学编译处译，121 页，国民革命军第八路教导队翻印本	军队教育丛书
4	《三四人哨之教育法》（1929）	上海，军用图书社，训练总监部军学编译处译，54 页	军队教育丛书
5	《实战的步兵操典之研究》（1930）	南京，军用图书社，训练总监部军学编译处译，138 页	军队教育丛书
6	《步兵射击》（1930）	南京，军用图书社，训练总监部译，121 页	军队教育丛书
7	《步兵排之战斗教练》（1931）	南京，军用图书社，训练总监部军学编译处译，142 页，1931 年 3 月初版，1934 年 1 月再版	军队教育丛书
8	《步兵连之战斗教练》（1931）	译者刊，训练总监部军学编译处译，114 页	军队教育丛书
9	《步兵营之战斗教练》（1931）	南京，军用图书社，训练总监部军学编译处译，156 页，1931 年 7 月初版，1933 年 3 月再版	军队教育丛书

表 2-2 1929 年—1937 年含军事译著的"丛书""文库"信息统计表

序号	丛书名称	所属出版社	军事译著种类
1	军队教育丛书	军用图书社	9 种
2	世界大战丛编	陆军大学（北平）	21 种
3	中央陆军军官学校航空班丛书	中央陆军军官学校航空班	1 种
4	军需学校丛书	不详	1 种
5	战斗教练丛书	军学研究社	1 种
6	抗战参考丛书	编者刊 （军事委员会军令部编译）	1 种
7	汉译世界名著 万有文库	商务印书馆	1 种
8	时代科学图画丛书	时代图书丛书社	1 种
9	国民军事常识丛书	译者刊（吴光杰）	1 种
10	国防丛书 国民军事常识丛书 国际丛书	中华书局	5 种
11	大风文库	大风社	2 种
12	申报丛书	申报馆；申报	2 种
13	军事丛书（王柏龄主编） 中德文化协会丛书	正中书局	3 种
14	内外类编 内外通讯社编	中国文化学会 编译者刊 内外通讯社	3 种
15	日本研究会小丛书	日本评论社	2 种
16	国民军事丛书	中国文化学会	1 种
17	通俗文化丛书	通俗文化社	1 种
18	世界小丛书	春耕书店	1 种
19	国防丛刊	钟山书局	2 种

表2-3 1928年—1936年主要学术研究机构的军事译著统计表

序号	研究会、学会名称	军事译著名称
1	陆军大学校兵学研究会	《国土防空讲义》（1931）
2	军学研究社	《军队的参谋工作》（1932）；《新兵器的战斗群之战斗教练》（1933）；《一九一四年至一九一九年世界大战史》（1933）；《最新基本战术》（1930）；《新兵器学教程》（1933）
3	东北讲武堂炮兵研究班	《根据战斗纲要关于炮兵队教育参考书》（1929）
4	东北问题研究会	《日本参谋本部满蒙国防计划意见书》（1932）
5	中国文化学会	《国际联盟军备年鉴》（1934）；《各国陆军之精锐》（1934）；《德国国防军》（1934）

表2-4 1937年至1945年含军事译著的"丛书"统计表

序号	丛书名称	所属出版社	书目
1	汉译世界名著人事心理研究社丛书	商务印书馆	《大战学理（上、下册）》（黄焕文编译，1944）；《德国心理战》（萧孝嵘、丁祖荫译 1943）；
2	兵法英华国际问题小丛书	南方印书馆	《克劳塞维茨战争原理》（陶希圣、杜衡译，1945）；《美日海军比较》（贞士编译，1942）；《现代军略论》（方炎译1942）；
3	战术丛书	兵学研究会	《克罗则维茨战争论之研究》（吴石编1937）；
4	兵学丛书	世界兵学社	《克劳塞维慈战争论纲要》（李浴日译，1944）
5	救亡建国理论丛书潘念之主编	天马书店	《军队论》（崔尚之译，1938）
6	改进文库	永安改进出版社	《军事心理学》（高君纯、郑庭椿译，1945）；《军事学讲话》（许天虹译，1941）
7	大时代丛书	棠棣社	《列强军力现势》（伍叔民译，1939）
8	中外经济拔萃月刊丛书	中国国民经济研究所	《列强军事实力》（张肖海译，1939）

续表

序号	丛书名称	所属出版社	书目
9	时代知识丛书	新兴书店	《武装的欧洲》（周新节译，1938）
10	青年知识丛书	大中国出版社	《列强的国防线与新战术》（王蔚然编译，1938）；《列强新军器》（王蔚然编译，1938）
11	国民军事常识丛书	中华书局	《青年军事训练读本》（吴光杰译，1937）；《战斗常识》（吴光杰译，1940）；《新时代之要塞》（吴光杰译，1940）
12	中央警官学校丛书 李世珍主编	拔提书店	《防空》（中央警官学校编译室译，1937）
13	中国科学社科学画报丛书　杨孝述主编	中国科学公司	《城市防空》（黄立之译，1941）
14	国民新闻丛书	国民新闻图书印刷公司	《第二次世界大战与各国军备》（国民新闻社译述，1942）
15	文摘小丛书	文摘社	《远东军备现势》（张一正译，1938）
16	陆大丛书	陆大出版社，陆军大学校；陆大期刊社；陆大季刊社	《高等战术之研究》（卓励之译，1943）；《平战时参谋业务》（孔祥铎译，1941）；《骑兵部队使用原则草案》（苏伟编译，1941）；《空战论》（邹陆夫译，1942）；《空中搜索》（黄培华译，1941）；《空降部队》（郭麟、郭道武译，1944）；《歼灭战》（魏国廷译，1941）；《苏联暂行野战参谋业务令》（郭观伟译，1941）；《苏联现代陆军作战之特质》（宋逢春译，1943）；《战时行军及输送组织教令》（卓励之译著，1942）；《抵御新论》（黄培华译，1944）；《战争中之奇袭》（吴国宾译，1944）；《法国军事情报及观察业务令》（魏文海译，1941）；《歼灭胜利》（魏国廷译，1944）；
17	战时常识小丛书	欧战文摘社	《论为将之道》（译者不详，1941）
18	新群丛书	新华日报馆	《军队的参谋工作》（黟布译，1938）；《论苏联红军的现状》（黄文杰译，1939）

序号	丛书名称	所属出版社	书目
19	国防知识丛书 国际问题小丛书	正中书局	《日本陆海空军国防观》（张孤山译著，1937）；《德国的实力》（中央宣传部国际宣传处编译，1941）；
20	抗战参考丛书	编者刊（军事委员会军令部编译）	《战车防御器材及其战术上之使用》（军事委员会军令部编译，1943）；
21	世界政治社丛刊	中国国际联盟同志会	《列强海军活动范围及其实力之比较》（张兆译，1939）
22	国际时事丛刊	文通书局	《美日两国海军实力之比较》（中央宣传部国际宣传处编译，1942）；《进展中的美国扩军计划》（中央宣传部国际宣传处编译，1942）；《美国的海军》（中央宣传部国际宣传处编译，1942）；《空军称霸时代》（中央宣传部国际宣传处编译，1942）
23	世界大战文库	中国书店	《世界的海军》（李秉钧、郭森麟译，1942）
24	青年航空小丛书 范德烈主编 空战小丛书	铁风出版社	《航空之过去与未来》（汤琪真、汤达明译，1941）；《夜间轰炸》（徐警青译，1941）；《英国空军之实力》（黄启宇编译，1941）；《轰炸空中目标》（徐警青译，1941）；
25	防空参考丛书	航空委员会防空总监部民防处	《降落伞部队之研究》（金铁男编译，1942）
26	抗日战争参考丛书	八路军军政杂志社	《步兵战例选集》（不详，1942）；《伏龙芝选集》（焦敏之等译，1940）；《军事化学》（常彦卿译，1942）；
27	时代丛书	时代批评社	《世界大战回顾录》（雷通群译，1939）
28	欧战丛刊	太平洋出版公司	《希特勒侵波记》（陈彬和编译，1940）
29	二次大战小丛书 蒋学楷主编	大时代书局	《法兰达斯之战》（郑安娜译，1941）；《大战随军记》（陈信友译，1941）；《二次大战新战术》（梁淑德、梁邦彦译，1941）；《机动防御战略》（蒋学模译，1941）；《战争与科学》（白明译，1942）；

续表

序号	丛书名称	所属出版社	书目
30	国际军事丛书	时与潮社	《攻欧登陆战纪实》（吴奚真译，1945）
31	偕行丛书	译者刊（戴坚）	《白纸战术集》（戴坚译，1938）
32	民众教育辅导丛书 黄式陵主编	浙江省教育厅	《防护团组织与训练》（赵俊生编译，1937）
33	防空处丛书	军事委员会防空处	《防护团干部必携》（孙世勋译，1937）
34	世界知识丛书 世界知识战时丛刊 百科小丛书	生活书店	《当日本作战的时候》（刘尊棋译，1937）；《苏联的红军》（黄文杰译，1938）；《军队》（傅大庆译，1940）；
35	中苏文化协会编译委员会丛书 西门宗华主编	中苏文化协会编译委员会	《苏联的红军》（吴清友等译，1945）
36	欧战文库	中国编译出版社	《英国空军》（黄国英译，1941）
37	兵工丛书	兵工署（印）	《美国陆军兵工署研究及发展工作概况》（华祖芳、张其耀译，时间不详）；《原子弹在广岛及长崎之战果》（管光晋译，1945）；
38	开明少年丛书	开明书店	《少年科学未来战》（刘振汉译述，1937）
39	五十年代翻译文库	五十年代出版社	《反闪击战》（周竞中、李秉钧译，1941）
40	少年科学知识丛刊	实学书局	《化学武器的故事》（沈西山译，1944）
41	敌军文件选择	译者刊（中央第二厅第一处译）	《敌军毒瓦斯用法》（中央第二厅第一处译，1939）

表2-5 1937年至1945年国统区共产党译者群体军事译著信息统计表

序号	军事译著名称	译者、出版社及时间	备注
1	《苏联红军是怎样长成的》	叶文雄译，汉口，生活书店，1938年7月再版，97页	世界知识战时丛刊，金仲华主编
2	《论苏联红军的现状》	黄文杰译，重庆，新华日报馆，1939年7月出版，54页	新群丛书

续表

序号	军事译著名称	译者、出版社及时间	备注
3	《苏联的红军(在联共十八次代表大会上的演说)》	黄文杰译,播种社,1939 年 11 月出版,54 页	《论苏联红军的现状 4067》一书的不同译本
4	《苏联的工农红军》	抗敌社(翻印),1940 年 7 月出版,52 页	《论苏联红军的现状 4067》一书的不同译本
5	《在联共(波)第十八次代表大会上的演说》	叶沃罗希洛夫著,译者不详,东北中苏友好协会,出版日期不详,47 页	1939 年 3 月 13 日的演说
6	《军队》	傅大庆译,重庆,生活书店,1940 年 2 月出版,74 页	百科小丛书
7	《伏龙芝选集》	焦敏之等译,曾勇泉校;八路军军政杂志社,1940 年 12 月出版,149 页	抗日战争参考丛书,第 12 种,八路军抗日战争研究会编译处编
8	《关于红军之三个特点》	斯大林著,译者不详;哈尔滨,中苏友好协会,1945 年 12 月出版,7 页	在莫斯科苏维埃为纪念红军十周年而召集的全体会议上的演说
9	《海陆空军在苏联》	邵芙编译,新生出版社,1938 年 4 月出版,97 页	
10	《苏联的红军》	吴清友等译,屈武校;中苏文华协会编译委员会出版,1945 年 2 月出版,146 页	中苏文华协会编译委员会丛书,西门宗华主编
11	《苏联军队中的政治工作》	伍双文译,上海,生活书店,1938 年 1 月初版;1938 年 2 月再版;1938 年 10 月 5 版,230 页	
12	《苏联红军中的政治工作》	杨末华译,汉口,大众出版社,1938 年 2 月初版,1938 年 5 月再版,216 页	《苏联军队中的政治工作 4107》一书的不同译本
13	《苏联红军中的政治工作》	新编第四军(翻印),1938 年出版,148 页	同《苏联军队中的政治工作 4107》
14	《苏联工农红军底步兵战斗条例》	中革军委会编译委员会译,中革军委编译委员会出版局,1937 年 5 月 3 版,324 页	

续表

序号	军事译著名称	译者、出版社及时间	备注
15	《苏联工农红军底步兵战斗条令（第 2 部上编）》	新华日报华北分馆（翻印），1939 年 4 月出版，102 页	
16	《苏联工农红军底步兵战斗条令（第 1 部：战士、班、排的动作)》	左权、刘伯承译，山东省军区司令部（翻印），1943 年 6 月出版，113 页	

表 2-6　1946—1949 年源于美国的军事译著信息统计表

序号	译著	译者及出版时间	备注	属性
1	《兵学研究纲要（中美合璧)》	戴坚撰译，同仇学社，1947 年 1 月出版，450 页	为国民党作战人员训练班编写的教材	军事学总论
2	《军事领导心理》	（美）宾尼顿等著，王书林、丁伯恒译；国防部史政局，1947 年 2 月出版，222 页	军事丛书，第 1 种，国防部史政局主编	军事理论之军事心理学
3	《一般参谋手册》	美国参谋大学编，陆军大学（印），1947 年出版，416 页		司令部工作
4	《空军对地面部队之支援》	美国陆军部编，译者不详，陆军大学，1947 年出版，90 页		空军战术
5	《欧洲与太平洋战争之胜利》	（美）马歇尔著，傅东华译；龙门出版公司，1946 年 1 月出版，201 页；		第二次世界大战史
6	《马歇尔报告书》	（美）马歇尔著，李志纯、乔海清译；出版日期不详，1946 年出版，227 页		第二次世界大战史
7	《马歇尔元帅第二次世界大战报告书简编》	马歇尔著，裴元俊、黄涤芜编译；国防部史政局，1947 年 2 月出版，126 页	战史丛刊第 1 种	第二次世界大战史
8	《马歇尔报告书》	（美）马歇尔著，陆军大学译；南京，国防部新闻局，1947 年 4 月出版，187 页	国防建设小丛书 邓文仪主编	第二次世界大战史

序号	译著	译者及出版时间	备注	属性
9	《大战报道》	(美)艾森豪威尔著,李志纯译;南京,拔提书局,1948年3月出版,212页		第二次世界大战史
10	《日军登陆作战》	美国作战部陆军情报服务处编,王镇编译;南京,国防部史政局,1947年2月出版,46页	战史丛刊 第4种	第二次世界大战史
11	《安诺德报告书》	(美)安诺德(Henry H. Arnold)著,吴家盛译;陆军大学校,1947年出版,218页		第二次世界大战史
12	《美国军队教育法》	颜卓中译述,联合勤务总司令部,1947年7月初版,1947年11月再版,438页	译自美国颁行的《军队教育法》(Army Instruction)一书	美国军事制度
13	《美国参谋业务》	乔海清译;①陆军大学(印),1946年出版,184页;②联合勤务学校教官训练班(翻印),1947年6月出版,226页		美国军事制度
14	《美军作战纲要》	黄希珍等译;①陆军大学,1946年出版,384页;②联合勤务学校教官训练班(翻印),1947年7月出版,370页		美国军事制度
15	《雪地与极寒地作战》	美国陆军部编,李铁铮译,陆军大学,1947年出版,322页		战术学之特种战术
16	《沙漠战》	吴家盛译,陆军大学,1947年出版,110页	美陆军部1942年3月14日修正颁行	战术学之特种战术

序号	译著	译者及出版时间	备注	属性
17	《前进观测射击法》	译者不详，南京，拔提书局，1946年5月出版，30页	1946年2月军训部颁行军事学校部队参考书，译自美《前进观测射击》	军事技术之炮兵武器
18	《美国炮兵射击教范》	军训部炮兵监译，南京，译者刊，1946年出版，2册，（196页；238页）	炮兵参考丛书16	军事技术之炮兵武器
19	《二十公厘炮》	（美）迈阿密海军训练团原著，海军总司令部编纂处编译，1947年2月出版，77页		军事技术之炮兵武器
20	《四十公厘炮》	（美）迈阿密海军训练团原著，徐汝霖译，海军总司令部编纂处，1947年3月出版，81页		军事技术之炮兵武器
21	《地雷搜索器使用法》	联合勤务总司令部工程署节译，译者刊，1947年出版，36页	摘译自美国TM11－1122及FM5－31两教范。	军事技术之弹药
22	《美国空军通信概论》	陈德生编译，空军通信学校，1948年4月出版		军事技术之军事通信
23	《化学战补给与战地勤务》	美国陆军部著，杨友桢译；化学兵干部训练班教材编汇委员会，1946年11月出版，200页	化学兵干部训练班教材丛书	军事后勤
24	《美洲战略资源》	（美）希塞尔·摩尔菲著，方一志译；国防研究院，1946年出版，238页	国防研究院丛书	各国军事美洲
25	《普通军训的重要性（美国大总统杜鲁门向国会建议）》	（美）杜鲁门著，国际出版社译；上海，国际出版社，1946年1月出版，16页	军事丛刊	美国军事教育与训练
26	《美国装甲师之编制及装甲部队战术上之运用》	军训部炮兵监译，译者刊，1946年出版，22页	炮兵参考书8	美国陆军

序号	译著	译者及出版时间	备注	属性
27	《美国步兵团与支援炮兵攻击间之协同战斗及炮兵火力运用计划》	军训部炮兵监译,译者刊,1946 年出版,44 页	炮兵参考书 5	美国陆军
28	《美国装甲师炮兵之运用》	军训部炮兵监译,译者刊,1946 年出版,26 页	炮兵参考书 7	美国陆军
29	《美国炮兵营攻击战斗》	军训部炮兵监译,译者刊,1946 年出版,20 页	炮兵参考书 9	美国陆军
30	《美国炮兵连干部必携》	军训部炮兵监译,译者刊,1946 年出版,84 页	炮兵参考丛书 14	美国陆军
31	《步兵连(作战手册 M-2-10)》	陆军总司令部编译,编译者刊,1948 年 9 月出版,342 页	译自美军战地手册 7-10	美国陆军
32	《美国装甲兵战术(战车排之部)》	刘明湘译,北平,武学印书馆,1947 年 1 月出版,105 页	译自美陆军部第二次世界大战后颁行的战车排战术材料	美国陆军
33	《美国化学兵编制装备表》	刘言明译,陆军大学印,1947 年出版,25 页		美国陆军
34	《装甲工兵营》	美国陆军部编,陆军大学,1947 年出版,42 页		美国陆军
35	《美国空军军事人员分科与任职》	美国空军总司令部公布,曾宪琳译,航空委员会人事处,1946 年 4 月出版,298 页		美国空军
36	《空军参谋手册》	空军参谋学校编译,编译者刊,1946 年 11 月出版,301 页	根据美国空军参谋手册译印	美国空军
37	《原子能之军事用途》	(美)史密斯(Henry Smyth)著,方光圻译;重庆,军政部兵工学校,1946 年 5 月出版,282 页		战略、战术之非常规战争

续表

序号	译著	译者及出版时间	备注	属性
38	《军用原子能(美国政府主办原子炸弹发展之正式报告，1940—1945年)》	（美）史密斯（Henry Smyth）著，章康直译；上海，中国科学图书仪器公司，1946年3月出版，254页	《原子能之军事用途4502》一书的不同译本	战略、战术之非常规战争

表 2-7　1946—1949 年译自俄语的军事译著信息统计表

序号	译著名称	译者及出版时间	备注	属性
1	《红军战士的战斗勤务》	（苏）M. 瓦西连科著，吴恺译，曾湧泉校；晋察冀军区司令部（翻印），1946年1月出版，190页	抗日战争参考丛书，第20种，八路军抗日战争研究会编	苏联陆军
2	《步兵侦察》	（苏）奥格洛布林等著，金涛译；晋冀鲁豫军区司令部，1946年出版，106页		战略、战术之军事情报工作与侦察勤务
3	《兵团战术概则（上部）》	（苏）齐列穆尼耶等著，编译局译；东北民主联军总司令部（翻印），1947年9月出版，202页	抗日战争参考丛书，第38种	中国军事之合成军
4	《苏联的军队》	（苏）依·明茨著，译著不详；①山东新华书店，1947年7月出版，184页；②冀中新华书店，1947年9月出版，184页；③太岳新华书店，1947年出版，173页；④苏北新华书店，1947年出版，167页		苏联军事史
5	《论苏军》	（苏）A. 科瓦列夫斯基著，青山译；大连，光华书店，1948年2月出版，54页		苏联建军理论
6	《苏联的军事科学》	（苏）A. 叶尔少夫等著，刘亚楼等译；江苏南通，华中新华书店；1949年4月出版，86页		苏联建军理论

序号	译著名称	译者及出版时间	备注	属性
7	《苏联红军三十年》	（苏）布尔加宁等著，于静纯等译；东北书店，1949年4月出版，73页		苏联国防建设与战备
8	《十个歼灭性的突击》	（苏）查玛金等编，付克、允携译；长春，东北书店，1949年5月出版，136页		苏联军事史
9	《法西斯德国军事思想与军事学派的破产》	（苏）朱布可夫著，赵明译；长春，东北书店，1949年3月出版，26页		德国建军理论
10	《论战略反攻》	（苏）塔林斯基著，译者不详；东北书店，1949年4月出版，29页		战略、战术之战略学
11	《运动战的战术原则》	（苏）浦考尔科吉诺夫等著，王子野等译校；北京，新华书店，1949年9月出版，168页		战略、战术之战术学
12	《库图佐夫的战略4674》	（苏）雅洛斯拉夫泽夫著，君达译；哈尔滨，光华书店，1948年11月出版，39页		战略、战术之古代兵法、战法
13	《火箭炮的历史及前途》	（苏）古列索夫、A. 厄斯杰廉科著，译者不详；沈阳，东北书店，1949年4月出版，31页		军事技术之炮兵武器

参考文献

一、中文参考文献

（一）著作类

［1］毛泽东．毛泽东选集（第四卷）［M］．北京：人民出版社，1970.

［2］毛泽东．毛泽东新闻工作文选［M］．北京：新华出版社，1983.

［3］北京图书馆．民国时期总书目·军事（1911—1949）［M］．北京：书目文献出版社，1994.

［4］蔡鸿源．民国法规集成（第20册）［M］．合肥：黄山书社，1999.

［5］蔡鸿源．民国法规集成（第10册）［M］．合肥：黄山书社，1999.

［6］陈石平，成英．军事翻译家刘伯承［M］．太原：书海出版社，1988.

［7］陈学恂．中国近代教育史教学参考资料［M］．北京：人民教育出版社，1986.

［8］陈志霞．社会心理学［M］．北京：人民邮电出版社，2016.

［9］方梦之．译学辞典［M］．上海：上海外语教育出版社，2004.

［10］付克．中国外语教育史［M］．上海：上海外语教育出版社，1986.

［11］高宣扬．布迪厄的社会理论［M］．上海：同济大学出版社，2004.

［12］侯昂妤．中国近代军事学的兴起：学科史的几个重要问题研究（1840—1949）［M］．北京：军事科学出版社，2007.

［13］湖南省委党史研究室．三湘抗战纪实［M］．长沙：湖南师范大学出版社，1995.

［14］黄忠廉．变译理论［M］．北京：中国对外翻译出版公司，2002.

［15］军事委员会．军事规章汇刊·第二辑［M］．南京：南京国民政府军

事委员会，1934.

　　［16］军训部．军训部法规［M］.重庆：军训部总务厅印刷所印，1941.

　　［17］军训部总务厅．军训部服务要览［M］.北京：全国图书馆文献缩微中心，2011.

　　［18］邝智文．民国乎？军国乎？第二次中日战争前的民国知识军人、军学与军事变革［M］.香港：中华书局，2017.

　　［19］黎难秋．中国科学翻译史［M］.合肥：中国科学技术大学出版社，2006.

　　［20］黎难秋．中国口译史［M］.青岛：青岛出版社，2002.

　　［21］李苏鸣．军事语言研究［M］.北京：人民武警出版社，2006.

　　［22］廖七一，杨全红，高伟，等．抗战时期重庆翻译研究［M］.天津：南开大学出版社，2015.

　　［23］刘伯承，汪荣华．刘伯承回忆录（第2集）［M］.上海：上海文艺出版社，1985.

　　［24］刘少杰．后现代西方社会学理论［M］.北京：社会科学文献出版社，2002.

　　［25］罗天，李毅．抗战时期的军事翻译史［M］.北京：外文出版社，2014.

　　［26］罗新璋．翻译论集［M］.北京：商务印书馆，1984.

　　［27］马祖毅．中国翻译通史［M］.武汉：湖北教育出版社，2006.

　　［28］邱少明．文本与主义［M］.南京：南京大学出版社，2014.

　　［29］沙莲香．社会心理学［M］.4版.北京：中国人民大学出版社，2014.

　　［30］史滇生．中国海军史概要［M］.北京：海潮出版社，2005.

　　［31］粟进英，易点点．晚清军事需求下的外语教育研究［M］.长沙：湖南大学出版社，2010.

　　［32］王秉钦．20世纪中国翻译思想史［M］.天津：南开大学出版社，2004.

　　［33］王宏志．翻译史研究第一辑［M］.上海：复旦大学出版社，2011.

　　［34］王焕琛．留学教育：中国留学教育史料（第2册）［M］.台北："台

湾编译馆”, 1980.

[35] 王兆春. 中国历代兵书 [M]. 北京: 中国国际广播出版社, 2010.

[36] 吴永贵. 民国出版史 [M]. 福州: 福建人民出版社, 2011.

[37] 萧仁源. 军事委员会军训部军官外国语文补习班教育概况 [M]. [出版地不详: 出版者不详], 1943.

[38] 训练总监部军学编译处. 训练总监部审查军用图书案牍汇编 [M]. 南京: 训练总监部军学编译处, 1934.

[39] 训练总监部. 训练总监部民国十八年工作报告书 [M]. 南京: 训练总监部, 1929.

[40] 张侠. 北洋陆军史料 [M]. 天津: 天津人民出版社, 1987.

[41] 张宪文. 江苏民国时期出版史 [M]. 南京: 江苏人民出版社, 1993.

[42] 中国社会科学院语言研究所词典编辑室. 现代汉语词典 [Z]. 6 版. 北京: 商务印书馆, 2012.

[43] 周领顺. 译者行为批评: 路径探索 [M]. 北京: 商务印书馆, 2014.

[44] 周棉. 中国留学生大辞典 [M]. 南京: 南京大学出版社, 1999.

[45] 邹振环. 疏通知译史: 中国近代的翻译出版 [M]. 上海: 上海人民出版社, 2012.

（二）译著类

[1] HANSLIAN R. 化学战争通论 [M]. 曾昭抡, 吴屏, 译述. 上海: 商务印书馆, 1935.

[2] ROBERTSON. 原子炮术及原子弹 [M]. 张理京, 译. 上海: 商务印书馆, 1948.

[3] 仓冈彦助. 日本军备论 [M]. 张一梦, 译. 天津: 白河社, 1932.

[4] 仓石忠一郎. 战术学教程讲授录 [M]. 王廷愈, 译. [出版地不详: 出版者不详], 1918.

[5] 戴维·斯沃茨. 文化与权力: 布尔迪厄的社会学 [M]. 陶东风, 译. 上海: 上海译文出版社, 2006.

[6] 可亨豪逊. 战术纲要 [M]. 吴光杰, 编译. [出版地不详]: 军用图书社, 1941.

［7］克劳塞维茨（原题：格鲁塞威止）. 大战学理（上册）［M］. 翟寿禔, 重译. 北京：个人刊, 1915.

［8］克劳塞维茨. 战争论［M］. 柳弱水, 译. 上海：辛垦书店, 1934.

［9］克劳塞维茨. 大战学理［M］. 黄焕文, 编译. 重庆：商务印书馆, 1944.

［10］克劳塞维茨. 战争论（上）［M］. 训练总监部军学编译处, 重译. 南京：军用图书社, 1937.

［11］克劳塞维茨. 战争论［M］. 傅大庆, 译.［出版地不详］：学术出版社, 1944.

［12］鲁登道夫. 全民战争［M］. 董问樵, 译. 上海：商务印书馆, 1937.

［13］鲁登道夫. 全民族战争论［M］. 张君劢, 译. 长沙：商务印书馆, 1938.

［14］鲁登道夫. 整个战争［M］. 邱祖铭, 译. 重庆：军用图书社, 1940.

［15］洛墨尔. 军官研究袖珍［M］. 戴坚, 译. 南京：同仇学社, 1941.

［16］马歇尔. 马歇尔元帅第二次世界大战报告书简编［M］. 裴元俊, 黄涤芜, 编译. 南京：国防部史政局, 1947.

［17］马歇尔. 欧洲与太平洋战争之胜利［M］. 傅东华, 译. 北京：龙门出版公司, 1946.

［18］布尔迪厄, 华康德. 反思社会学导引［M］. 李猛, 李康, 译. 北京：商务印书馆, 2015.

［19］布迪厄, 华康德. 实践与反思——反思社会学导引［M］. 李猛, 李康, 译. 北京：中央编译出版社, 1998.

［20］平田晋策. 日本的假想敌—劳农赤军［M］. 张孤山, 译. 上海：南京书店, 1933.

［21］日本研究会. 战术难题之解决［M］. 杨言昌, 译. 北京：广智书局, 1914.

［22］如风居士. 步兵操典证解［M］. 周斌, 译. 北京：武学书局, 1915.

［23］赛德尔. 空防要览［M］. 王光祈, 译. 上海：中华书局, 1935.

［24］实藤惠秀. 中国人留学日本史［M］. 谭汝谦, 林启彦, 译. 北京：北

京大学出版社，2012.

［25］史密斯（原题：史迈斯）．原子能之军事用途［M］．方光圻，译．重庆：军政部兵工学校，1946.

［26］史密斯（原题：史麦斯）．军用原子能［M］．章康直，译．上海：中国科学图书仪器公司，1946.

［27］寺岛柾史．科学战争［M］．赵立云，吕鹏博，译述．上海：商务印书馆，1936.

［28］泰晤士报社．凡尔登战纪［M］．张庭英，译．上海：商务印书馆，1921.

［29］英马诺尔．1914年至1919年世界大战史（上卷）［M］．周修仁，译．南京：军学研究社，1933.

［30］卓莱．新军论［M］．刘文岛，廖世勋，译．上海：商务印书馆，1922.

（三）期刊

［1］陈浩良，骆建成，戴萍．军事著作的分类与结构［J］．情报资料工作，2008（4）.

［2］陈忠华．谈科技英语汉译的"达"和"雅"［J］．中国翻译，1984（1）.

［3］程中原．中国共产党与抗日民族统一战线的建立［J］．抗日战争研究，2005（3）.

［4］方仪力．直译与意译：翻译方法、策略与元理论向度探讨［J］．上海翻译，2012（3）.

［5］逢增玉，孙晓平．解放战争时期的东北书店及出版事业［J］．现代出版，2014（5）.

［6］高云峰．中国近代兵学译著大成者舒高第［J］．兰台世界（上旬），2015（3）.

［7］李德超．TAPs翻译过程研究二十年：回顾与展望［J］．中国翻译，2005（1）.

［8］李文林．翻译家焦敏之的人生历程［J］．文史月刊，2014（9）.

［9］李霞．权力话语、意识形态与翻译［J］．西安外国语学院学报，2003（2）.

[10] 李学芹. 抗日战争时期同盟国军队译员的贡献 [J]. 兰台世界, 2014 (34).

[11] 林克雷. 广义资本和社会分层：布迪厄的资本理论解读 [J]. 烟台大学学报（哲学社会科学版），2007 (4).

[12] 刘树森. 编译：外语专业高年级学生应当掌握的一种能力 [J]. 中国翻译, 1991 (3).

[13] 黎难秋. 我国早期的兵工专业情报翻译机构：江南制造局翻译馆 [J]. 情报科学, 1982 (3).

[14] 骆萍. 翻译规范与译者惯习：以胡适译诗为例 [J]. 西安外国语大学学报, 2010 (2).

[15] 罗天, 胡安江. 分割的权力, 各异的翻译：从权力话语的视角看抗战时期的翻译活动 [J]. 外国语文, 2011, 27 (4).

[16] 晋琇. 军事翻译的巨匠军事改革的先驱：评新书《军事翻译家刘伯承》[J]. 军事历史, 1988 (1).

[17] 冯婧琨. 对布迪厄社会学理论中"资本"概念的解读 [J]. 内蒙古农业大学学报（社会科学版），2009, 11 (6).

[18] 穆雷, 王祥兵. 军事翻译研究的现状与展望 [J]. 外语研究, 2014 (1).

[19] 任力.《战争论》在中国的翻译和传播 [J]. 军事历史, 1991 (3).

[20] 邵璐. 翻译社会学的迷思：布迪厄场域理论释解 [J]. 暨南学报（哲学社会科学版），2011 (3).

[21] 邵霞. 副文本与翻译研究：从序跋角度窥探小说翻译 [J]. 西华大学学报（哲学社会科学版），2016 (3).

[22] 施渡桥. 西方兵书的译介与晚清军事近代化 [J]. 军事历史, 1996 (3).

[23] 孙立峰. 晚清编译德国军事著作活动考评 [J]. 德国研究, 2007 (2).

[24] 孙璐. 民国初年中国留学生群体考析：以1912—1925年留学生群体为对象 [J]. 学术界, 2014 (3).

［25］田跃安．清末新军建设的历史思考［J］．西安电子科技大学学报（社会科学版），2001（2）．

［26］陶德臣．民国军事留学生群体生成探析［J］．军事历史研究，2014（3）．

［27］屠国元．布尔迪厄文化社会学视阈中的译者主体性：近代翻译家马君武个案研究［J］．中国翻译，2015（2）．

［28］魏善玲．清末出国留学生的结构分析（1896—1911）［J］．历史档案，2013（2）．

［29］王海军．抗战时期国共两党在书刊发行领域的博弈［J］．中共党史研究，2014（4）．

［30］王传英，赵林波．从翻译场域看译入语社会经济网络的运行［J］．外语教学，2017（1）．

［31］王春侠，范立彬．清末民国时期中国外语教育的嬗变［J］．兰台世界，2015（21）．

［32］王东风．一只看不见的手——论意识形态对翻译实践的操纵［J］．中国翻译，2003（5）．

［33］王建国．从语用顺应论的角度看翻译策略与方法［J］．外语研究，2005（4）．

［34］王奇生．近代军事留学生述议［J］．军事历史研究，1990（2）．

［35］王祥兵，穆雷．中国军事翻译史论纲［J］．外语研究，2013（1）．

［36］吴树凡．浅谈军事翻译的地位和作用［J］．上海科技翻译，1991（2）．

［37］吴永贵，陈幼华．新图书馆运动对近代出版业的影响［J］．出版发行研究，2000（7）．

［38］夏征难．毛泽东与克劳塞维茨的《战争论》［J］．中共党史研究，1994（4）．

［39］向勇，周西宽．体育场域的型塑与弱势群体的体育境遇［J］．体育文化导刊，2006（1）．

［40］肖季文，吴琼．中华民国军事志略（之三）［J］．军事历史研究，2003（2）．

[41] 熊兵. 翻译研究中的概念混淆：以"翻译策略""翻译方法"和"翻译技巧"为例 [J]. 中国翻译, 2014 (3).

[42] 徐朝友.《变译理论》的两大问题：与黄忠廉先生商榷 [J]. 外语研究, 2006 (4).

[43] 徐健. 晚清官派留德学生研究 [J]. 史学集刊, 2010 (1).

[44] 徐珺, 田芳宁.《孙子兵法》英译及其研究综述 [J]. 商务外语研究, 2016 (1).

[45] 张建军. 民国北京政府陆军训练总监始末 [J]. 民国档案, 2011 (1).

[46] 赵洪宝. 抗战前南京国民政府军事教育述略 [J]. 教育评论, 1993 (4).

[47] 邹振环. 抗战时期的翻译与战时文化 [J]. 复旦学报（社会科学版）, 1994 (3).

（四）其他文献

[1] 邓同莉. 民初海军部研究（1912年—1919年）——以海军总长刘冠雄为中心 [D]. 西安：陕西师范大学, 2010.

[2] 丁光耀. 1941—1947：美国对华政策及其影响 [D]. 长沙：中南大学, 2012.

[3] 甘少杰. 清末民国早期军事教育现代化研究（1840—1927）[D]. 保定：河北大学, 2013.

[4] 高冰清. 抗战时期宋美龄的军事外交翻译研究 [D]. 长沙：国防科学技术大学, 2013.

[5] 李峰. 民初陆军部研究（1912—1916）[D]. 西安：陕西师范大学, 2011.

[6] 李伟. 北洋新军军事文化探析 [D]. 武汉：华中师范大学, 2008.

[7] 李孝燕. 袁世凯与中国军事教育近代化 [D]. 石家庄：河北师范大学, 2015.

[8] 李源源. "场域—惯习"理论视角下待业大学生群体生存状态研究 [D]. 上海：华东师范大学, 2010.

[9] 田利芳. 南京国民政府时期外语教育研究 [D]. 济南：山东师范大学, 2007.

［10］闫俊侠.晚清西方兵学译著在中国的传播（1860—1895）［D］.上海：复旦大学，2007.

［11］袁西玲.延安时期的翻译活动及其影响研究［D］.上海：上海外国语大学，2014.

［12］郑思洁.论译者群的主体性［D］.南京：江苏大学，2009.

［13］周静.1949年前国民党军队学习外军的历程与改革［D］.扬州：扬州大学，2008.

［14］王宏志.第一次鸦片战争中的译者［C］//王宏志.翻译史研究第一辑.上海：复旦大学出版社，2011.

二、外文参考文献

（一）著作类

［1］TROSBORG A. Text Typology and Translation［M］. Shanghai：Shanghai Foreign Language Education Press，2012.

［2］BAKER M. Translation and Conflict：A Narrative Account［M］. London：Routledge，2006.

［3］BAKER M，SALDANHA G. Routledge Encyclopedia of Translation Studies［M］. Second Edition. Shanghai：Shanghai Foreign Language Education Press，2010.

［4］BASSNETT S，LEFEVERE A. Constructing Cultures：Essays on Literary Translation［M］. Clevedon：Multilingual Matters Limited，1997.

［5］BOURDIEU P. Distinction：A Social Critique of the Judgement of Taste［M］. Masschusetts：Harvard University Press，1984.

［6］BOURDIEU P. In Other Words：Essays Towards a Reflexive Sociology［M］. Stanford：Stanford University Press，1990.

［7］BOURDIEU P. The Logic of Practice［M］. Massachusetts：Harvard University Press，1990.

［8］BOURDIEU P，WACQUANT L J D. An Invitation to Reflexive Sociology［M］. Chicago：The University of Chicago Press，1992.

［9］CRONIN M. Translation and Globalization［M］. London：Roultledge，

2003.

　　［10］ EDWIN G. Contemporary Translation Theories ［M］. Revised Second Edition. Clevedon： Multilingual Matters Ltd. ，2001.

　　［11］ FOUCAULT M. L'archéologie Du Savoir ［M］. Paris： Gallimard，1969.

　　［12］ GEORGES L B，PAUL F B. Charting the Future of Translation History ［M］. Ottawa： University of Ottawa Press，2006.

　　［13］ GIDEON T. Descriptive Translation Studies and Beyond ［M］. Shanghai： Shanghai Foreign Language Education Press，2007.

　　［14］ GUO T. Surviving in the Violent Conflict： Chinese Interpreters in the Second Sino－Japanese War（1931—1945） ［M］. Birmingham： Aston University，2009.

　　［15］ HILARY F，MICHAEL K. Languages and the Military： Alliances，Occupation and Peace Building ［M］. Hampshire： Palgrave Macmillan，2012.

　　［16］ JEREMY M. Introducing Translation Studies： Theories and Applications ［M］. London： Taylor & Francis Books Ltd. ，2001.

　　［17］ KATAN D. Translating Cultures ［M］. Manchester： St. Jerome Publishing，1999.

　　［18］ LEFEVERE A. Translating Literature： Practice and Theory in a Comparative Context ［M］. New York： Modern Language Association，1992c.

　　［19］ LEFEVERE A. Translation，Rewriting and the Manipulation of Literary Fame ［M］. London： Routledge，1992.

　　［20］ NEWMARK P. A Textbook of Translation ［M］. London： Prentice － Hall，1988

　　［21］ PYM A. Method in Translation History ［M］. Beijing： Foreign Language Teaching and Research Press，2007.

　　［22］ SCHLEIERMACHER F. Translating ／ History/Culture： A Source Book ［M］. London： Routledge，1992.

　　［23］ SHUTTLEWORTH M，COWIE M. Dictionary of Translation Studies ［M］. Manchester： St. Jerome Publishing，1997.

［24］THEO H. Translation in Systems：Descriptive and System - Oriented Approaches Explained［M］. Shanghai：Shanghai Foreign Language Education Press，2007.

［25］WILLIAMS J，CHESTERMAN A. The Map：A Beginner's Guide to Doing Research in Translation Studies［M］. Manchester：St. Jerome Publishing，2004.

［26］YOUNG A N. China and the Helping Hand（1937—1945）［M］. Massachusetts：Havard University Press，1963.

［27］WILSS W. The Science of Translation：Problems and Methods［M］. Shanghai：Shanghai Foreign Language Education Press，2001

（二）期刊类

［1］BAKER M. Interpreters and Translators in the War Zone：Narrators and Narrated［J］. The Translator，2010，16（2）.

［2］COLLA E. Dragomen and Checkpoints［J］. The Translator，2015，21（2）.

［3］INGHILLERI M，HARDING S - A. Translating Violent Conflict［J］. The Translator，2010，16.

［4］BAKER M. Reframing Conflict in Translation［J］. Social Semiotics，2007，17（2）.

［5］DANIEL S. The Pivotal Status of the Translator's Habitus［J］. International Journal of translation studies，1998（1）.

［6］BROWNLIE S. Situating Discourse on Translation and Conflict［J］. Social Semiotics，2007，17（2）.

（三）论文集

［1］FOOTITT H. Introduction：Languages and the Military：Alliances，Occupation and Peace Building［C］//FOOTITT H，KELLY M. Languages and the Military：Alliances，Occupation and Peace Building. Hampshire：Palgrave Macmillan，2012.

［2］FITCHETT L. The AIIC Project to Help Interpreters in Conflict Areas［C］//FOOTITT H，KELLY M. Languages and the Military：Alliances，Occupation and Peace Building. Hampshire：Palgrave Macmillan，2012.

［3］ KLEINMAN S. Amidst Clamour and Confusion: Civilian and Military Linguist at War in the Franco-Irish Campaigns against Britain (1792-1804) ［C］// FOOTITT H, KELLY M. Languages and the Military: Alliances, Occupation and Peace Building. Hampshire: Palgrave Macmillan, 2012.

［4］ DENIS T, FAIRBANK J K. Republican China 1912—1949 ［C］//FAIR-BANK J K. The Cambridge History of China. Cambridge: Cambridge University Press, 1993.